Ratschläge für Prediger

21 Vorlesungen

von

Charles Haddon Spurgeon

Oncken Verlag Wuppertal und Kassel
Verlag Evangelische Gesellschaft Wuppertal

Mit freundlicher Genehmigung des Calwer-Verlags, Stuttgart
Nachdruck der Ausgabe von 1925 (gekürzt)
Deutsch von L. Öhler

3. Taschenbuchauflage 1984

Umschlaggrafik: Ralf Rudolph, Ratingen
Gesamtherstellung: Breklumer Druckerei Manfred Siegel
ISBN 3-7893-7024-X (Oncken)
ISBN 3-87857-133-4 (Ev. Gesellschaft)

INHALTSVERZEICHNIS

Charles Haddon Spurgeon (1834–92) war einer der größten Prediger des 19. Jahrhunderts. Als junger Mann wurde er durch die Predigt eines »Primitiv-Methodisten« angesprochen. Er verdiente sich, noch nicht sechzehn Jahre alt, seinen Lebensunterhalt als Hilfslehrer und predigte in den kleinen Gemeinden der umliegenden Dörfer. Beim Studium der Bibel stieß er auf die Tauffrage, die ihn, den Sohn und Enkel unabhängiger (independentistischer) Prediger zu den Baptisten führte. Er wurde Prediger der Gemeinde Waterbeach und nur zwei Jahre später, im Alter von knapp zwanzig Jahren, an die Londoner Baptistengemeinde in der New Park Street berufen. Die Kapelle mit ihren 1200 Sitzplätzen reichte für die wachsende Hörerzahl bald nicht mehr aus. Die Gemeinde baute daraufhin das »Metropolitan Tabernacle«, in dem Spurgeon Sonntag für Sonntag vor 6000 und mehr Menschen predigte. Männer wie Dickens, Tennyson, Gladstone, Livingstone, Ruskin saßen unter seiner Kanzel. Die Tiefe und Gewalt seiner Predigt, Natürlichkeit und heiliger Ernst verliehen ihr eine ungewöhnlich starke seelsorgerliche Kraft.

Nach einjährigem Aufenthalt in London wurde der Prediger auch als Schriftsteller tätig. Bald erschienen seine Predigten wöchentlich in einer Auflage von 30 000 Exemplaren; es folgten Andachten und Betrachtungen. Sorgfältig redigierte Spurgeon alles selbst, denn »der ernste Beruf des Predigers fordert alles und das allerbeste, was ein Mensch geben kann«.

1. Wachsamkeit

> Hab acht auf dich selbst und auf die
> Lehre.   1. Tim. 4, 16.

Jeder Handwerker weiß, daß er sein Handwerkszeug gut instand halten muß; »wenn das Eisen stumpf ist und er die Schneide nicht wetzt, so muß er desto mehr Kraft aufwenden«.*) Wenn die Axt nicht mehr schneidet, so muß er sich mehr anstrengen, oder die Arbeit fällt schlecht aus. Michelangelo, der große Künstler, wußte so gut, wie wichtig das Werkzeug ist, daß er sich seine Pinsel immer eigenhändig machte. Das ist uns ein Bild davon, wie der Gott der Gnade sich die Diener des Worts erzieht und bildet. Er kann freilich auch mit schlechtem Werkzeug arbeiten, wenn er z. B. eine sehr schwache Predigt gebraucht, um einen Menschen zu bekehren. Er kann auch das Werkzeug ganz entbehren und dem Menschen das Wort durch den Heiligen Geist unmittelbar nahe bringen. Aber was Gott in seiner Allmacht tut, können wir nicht zur Richtschnur unseres Handelns machen. Er kann in seinem freien Walten tun, was ihm gefällt; wir müssen uns nach den klaren Gesetzen richten, die wir sonst in seinem Haushalt wahrnehmen. Da sehen wir z. B. ganz deutlich, daß der Herr Mittel und Wege benutzt, mit dem Ziel, uns in die beste geistliche Verfassung zu bringen, in der wir dann auch am meisten zustande bringen. Wir werden des Herrn Werk am besten treiben, wenn unsere natürlichen und unsere Gnadengaben gut instand sind, und am schlechtesten, wenn wir sie verwahrlost haben. Von diesem Grundsatz müssen wir uns leiten lassen. Wenn der Herr Ausnahmen macht, so bestätigen diese nur die Regel.

Wir sind sozusagen selbst unser Werkzeug, und deshalb müssen wir uns selbst gut instand halten. Wenn ich das Evangelium predige, so brauche ich meine Stimme, darum muß ich diese Stimme schulen. Ich kann nur mit meinem eigenen Gehirn denken und mit

*) Prediger 10, 10.

meinem eigenen Herzen fühlen, deshalb muß ich die Kräfte meines Verstandes und Gemüts entwickeln und ausbilden. Ich kann nur mit meiner eigenen, erneuerten Natur um die Seelen andrer weinen und ringen, darum muß ich die Liebe, wie sie in Christus Jesus war, in mir hegen und pflegen. Wenn ich mir viele Bücher kaufe, Vereine gründe, große Pläne mache und darüber versäume, an mir selbst zu arbeiten, so hilft mir das alles nichts. Bücher, Vereine, Systeme kann ich nur mittelbar meinem Beruf dienstbar machen. Mein eigener Geist, meine Seele, mein Leib sind mir die nächstliegenden Werkzeuge für den heiligen Dienst. Meine Geisteskräfte und mein inneres Leben sind meine Streitaxt und meine Kriegsrüstung. Mac Cheyne schrieb an einen ihm befreundeten Geistlichen, der in Deutschland reiste, um Deutsch zu lernen: »Ich weiß, du lernst fleißig Deutsch, aber vergiß darüber nicht die Bildung des Herzens.«

Wenn der Bote des Evangeliums selbst geistlich nicht in gutem Stand ist, so hat das sehr schlimme Folgen für ihn selbst und für seinen Beruf. Und doch, meine Brüder, wie leicht kann es schlimm gehen, und wie wachsam müssen wir sein!

Vor allen Dingen müssen wir selbst das Heil ergriffen haben. Daß ein Lehrer des Evangeliums dieses zuerst selbst in sich aufnehmen muß, ist eine einfache, aber zugleich eine ungeheuer wichtige Wahrheit. Die Ordination gibt einem jungen Mann noch nicht die apostolische Salbung. Hat er auf der Universität mehr lustig als geistlich gelebt, sich mehr im Sport als im Wirken für Christus hervorgetan, so müssen wir andere Proben der Tüchtigkeit haben, als er sie uns geben kann. Auch daß er so und so viel Kollegiengelder bezahlt und dafür so und so viel gelehrtes Wissen eingesogen hat, ist kein Beweis für einen göttlichen Ruf. Wahre und echte Frömmigkeit ist die erste, unerläßliche Forderung. Fühlt sich einer nicht zur Heiligung berufen, so hat er sicherlich keinen Beruf fürs Predigtamt, was für einen Ruf er auch vorschützen möge.

»Erst sei selbst geschmückt, und dann schmücke deinen Bruder«, sagen die Rabbiner. »Die Hand, die eine andere waschen will, darf selbst nicht schmutzig sein«, sagt Gregor. Wenn dein Salz dumm ist, wie kannst du andere würzen? Bekehrung ist die unerläßliche Bedingung für einen Prediger. Ihr Kandidaten des Predigtamts, ihr müßt von neuem geboren werden. Aber wir dürfen den Besitz dieser wichtigsten Eigenschaften nicht als selbstverständlich voraussetzen, denn wie leicht täuscht man sich selbst über seinen Gnadenstand! Glaubt mir, es ist kein Kinderspiel, seinen Beruf und seine Erwählung festzumachen. Die Welt ist voll von unechten Dingen, sie wimmelt von willfährigen Dienern fleischlichen Selbstbetrugs, die sich um einen Prediger sammeln wie die Geier um das Aas. Auch unsere eigenen Herzen sind voll von Betrug, deshalb liegt die Wahrheit nicht auf der Oberfläche, sondern muß aus der Tiefe geschöpft werden. Wir müssen uns sorgfältig und gründlich prüfen, damit wir nicht andern predigen und selbst verwerflich werden. Wie schrecklich, ein Prediger des Evangeliums und doch unbekehrt sein!

Jeder angehende Prediger sollte sich in seiner innersten Seele sagen: Wie schrecklich wäre es für mich, wenn mir selbst die Kraft der Wahrheit, die ich verkündigen will, unbekannt wäre! Ein unbekehrter Pfarrer redet wie ein Blinder von der Farbe, wie ein Tauber von der Musik; er ist wie ein Maulwurf, der junge Adler unterrichten, wie eine Schnecke, die Engel das Fliegen lehren wollte. Mag er noch so begabt sein, wenn er kein geistliches Leben hat, so paßt er nicht für den geistlichen Beruf, und es wäre seine Pflicht, demselben so lange zu entsagen, bis er die erste Bedingung dafür erlangt hat. In welch unnatürlicher Lage ist ein Prediger, der zu seinem Beruf untüchtig ist und sich doch der freiwillig übernommenen Verantwortlichkeit nicht entziehen kann! Welchen Trost findet er in den Erfahrungen seiner Gemeindeglieder? Was soll er sagen, wenn er den Hilferuf der Bußfertigen hört? Was, wenn sie sich mit ihren Zweifeln und Ängsten an ihn wenden? Muß er sich nicht über die Wirkung seiner eigenen Worte wundern? Vielleicht ist sein Wort gesegnet zur Bekehrung andrer, denn der Herr kann ja die Predigt segnen, wenn er sich auch zum Prediger nicht bekennt. In welche Verlegenheit muß ein solcher Mann kommen, wenn ihn reife Christen um geistlichen Rat bitten; denn auf dem Weg der Erfahrung, den seine wiedergeborenen Zuhörer gehen, findet er sich nicht zurecht. Wie kann er Zeuge ihres seligen Sterbens sein oder mit ihnen in freudiger Gemeinschaft dem Tisch des Herrn nahen? Ein solcher Mann kann nicht davonlaufen wie ein Junge, den man zu einem verhaßten Handwerk zwingen will. Er ist für Lebenszeit an den heiligen Beruf gebunden und kennt doch nicht die Kraft der Gottseligkeit. Wie kann er die Gemeinde täglich einladen, zu Christus zu kommen, solange er die Kraft seines Versöhnungstodes nicht erfahren hat? Das ist ja eine fortwährende Sklaverei. Muß ihm nicht der Anblick der Kanzel so verhaßt sein wie dem Galeerensklaven der Anblick des Ruders?

Ist nun der Pfarrer über seinen Glauben mit sich im reinen, so kommt der nächstwichtige Punkt: *Seine Frömmigkeit muß kräftig sein.* Er darf sich nicht begnügen, mit den Gläubigen in Reih und Glied zu stehen, er muß ein gereifter und geförderter Christ sein. Mit Recht nennt man die Diener Christi die Auserlesensten aus seinen Auserlesenen, die Erwähltesten aus seiner Wahl, eine aus der Kirche auserwählte Kirche. In einem gewöhnlichen Stand und Beruf könnte man sich ja an gewöhnlicher Gnade genügen lassen – freilich eine träge Genügsamkeit; aber wer für ein besondres Werk und für eine besonders gefährliche Stelle berufen ist, der muß nach der höheren Kraft streben, die ihn allein seiner Stellung gewachsen macht. Der Puls seiner lebendigen Gottseligkeit muß stark und regelmäßig schlagen. Sein Glaubensauge muß hell dreinschauen; sein Fuß muß entschlossen auftreten, seine Hand kräftig zugreifen, sein ganzer innerer Mensch muß vollkommen gesund sein.

Was die Sittlichkeit anlangt, so muß der Ruf eines Geistlichen fleckenlos sein. Viele sind ganz gute Gemeindeglieder, aber sie passen nicht für das kirchliche Amt. Ich bin sehr streng im Blick auf Christen, die in grobe Sünden gefallen sind. Ich freue mich, wenn sie sich wieder wirklich bekehren, wenn man sie – freilich unter einer Freude mit Zittern – wieder in die Gemeinde aufnehmen kann; aber eine andere und sehr ernste Frage ist es, ob man es einem Mann, der in grobe Sünden gefallen ist, erleichtern soll, wieder die Kanzel zu betreten. John Angell James sagt: »Wenn ein Prediger der Gerechtigkeit den Weg der Sünder betreten hat, sollte er seine Lippen nicht wieder vor der großen Gemeinde auftun, ehe seine Buße so offenkundig ist wie seine Sünde.« Offenbare Unsittlichkeit ist – auch bei ernster Buße – das traurige Zeichen, daß im Charakter des Mannes die Voraussetzungen fehlen, deren ein Prediger bedarf. Gerüchte, daß die Vergangenheit des Pfarrers nicht rein sein, daß sein früheres Leben nicht mit seiner Predigt übereinstimme, werden seine Wirksamkeit sehr hemmen. In der Kirche können solche Gefallenen als Bußfertige wieder aufgenommen werden: ins geistliche Amt auch, wenn sie Gott wieder einsetzt, ich zweifle nur daran, ob Gott sie überhaupt in das Amt gesetzt hatte, und wir sollten uns deshalb nicht beeilen, Predigern, die den Aufgaben und Gefahren des geistlichen Amts nicht gewachsen waren, wieder auf die Kanzel zu helfen.

Für viele Berufsarten kann man nur kräftige Leute brauchen, und wenn uns Gott ins geistliche Amt beruft, so müssen wir nach der Gnade streben, die uns stark und tüchtig macht, damit wir nicht Neulinge bleiben, die zu ihrem eigenen Verderben und zu der Kirche Schaden den Versuchungen des Satans unterliegen. Wir müssen mit der ganzen Rüstung Gottes gewappnet sein, bereit für Heldentaten, die man andern nicht zumutet. Selbstverleugnung, Selbstvergessenheit, Geduld, Ausdauer, Langmut müssen für uns die Alltagstugenden sein. Wer kann diesen Anforderungen genügen? Wir müssen recht nahe bei Gott leben, wenn wir uns in unserem Beruf erproben wollen.

Bedenkt, daß, wenn ihr Prediger seid, euer ganzes Leben, besonders aber euer Leben im Amt, durch die Kraft eurer Frömmigkeit beeinflußt wird. Wenn euer Eifer erlahmt, so werdet ihr auf der Kanzel nicht gut beten. Im Familienkreis wird euer Gebet noch schlechter sein und am schlechtesten in eurer Studierstube. Wenn eure Seele dürre wird, so werden eure Zuhörer unbewußt fühlen, daß eure Gebete weder Saft noch Kraft haben. Sie werden eure Unfruchtbarkeit ahnen, vielleicht ehe ihr selbst etwas davon merkt. Ihr braucht vielleicht ebenso treffende Worte und gutgebaute Sätze wie früher, aber es ist viel weniger geistige Kraft da. Manchmal schüttelt ihr euch wie Simson, aber die große Stärke ist verschwunden. Im Verkehr mit den Gemeindegliedern werden diese bald merken, wie die Gnadengaben bei euch weniger werden. Wenn einer ein Herzleiden hat, so leidet der ganze Körper: Magen, Lunge, Eingeweide, Muskeln und Nerven, und wenn das Herz geistlich schwach ist, so siecht das ganze innere Leben dahin. Und alle eure Zuhörer werden mehr oder weniger mit euch leiden. Die Stärkeren schütteln vielleicht den lähmenden Druck von sich, aber die Schwachen werden jedenfalls schwer geschädigt. Es ist mit den Menschen wie mit den Uhren. Eine falschgehende Taschenuhr täuscht vielleicht nur den Besitzer, aber wenn die Turmuhr falsch geht, so wird die ganze Stadt irre geführt. Der Prediger ist eine solche öffentliche Uhr. Viele richten ihre Uhr nach ihm; wenn er nicht recht geht, so gehen sie falsch, und er ist in hohem Maße verantwortlich für die Sünde, die er veranlaßt hat. Das ist ein unerträglicher Gedanke, meine Brüder, und doch müssen wir dem Übel ins Gesicht sehen, wenn wir uns dagegen schützen wollen.

Wir bedürfen auch einer kräftigen Frömmigkeit, weil wir größeren Gefahren ausgesetzt sind als andere. Die Leute denken freilich, wir seien in einer geschützten Ecke, wo keine Versuchung an uns heran kann; aber unsere Gefahren sind im Gegenteil größer und heimtückischer als die gewöhnlicher Christen. Wir stehen freilich auf der Höhe, aber diese Höhe ist gefährlich, und für viele wird das geistliche Amt zum tarpejischen Felsen. Ich kann nicht alle Versuchungen einzeln aufzählen; es gibt gröbere und feinere. Zu den gröberen gehört z. B., daß man zu gerne und zu lange an einem wohlbesetzten Tisch sitzt. Die Versuchung dazu ist groß, wenn man gastfreie Gemeindeglieder hat. Für unverheiratete Prediger, die eine Schar von jugendlichen Verehrerinnen haben, ist die Versuchung zur Sinnenlust besonders stark. Doch genug davon. Wenn eure Augen nicht geblendet sind, werdet ihr selbst tausenderlei Schlingen wahrnehmen. Es gibt aber geheime Schlingen, denen man viel schwerer entgeht. Eine der schlimmsten Versuchungen ist die, unser persönliches Christentum im Amt aufgehen zu lassen, nur in unserer Eigenschaft als Pfarrer in der Bibel zu lesen und zu predigen. Die persönliche Buße, den persönlichen Glauben zu verlieren, wäre ein furchtbarer Verlust. »Niemand wird andern gut predigen, wenn er die Predigt nicht zuerst sich selber hält«, sagt John Owen. Es ist sehr schwer, diesem Grundsatz treu zu bleiben. Die Verdorbenheit der menschlichen Natur macht, daß unser Amt, anstatt uns in der Frömmigkeit zu fördern, wie viele behaupten, uns gerade ein recht schweres Hindernis wird. Mir wenigstens geht es so. Man mag sich noch so sehr wehren gegen den Amtsgeist, er hängt sich an uns, wie ein langes Gewand sich um die Füße des Wettläufers wickelt und ihn im Laufe hemmt. Hütet euch, liebe Brüder, vor diesen und andern Gefahren eures Berufs. Und wenn ihr es bisher getan habt, so fahret in der Wachsamkeit fort bis zu eurer letzten Stunde.

Also noch einmal: Wir müssen uns in die höchste Gottseligkeit heranbilden, weil unser Werk das gebieterisch fordert. In dem Maß, als unser erneuertes Wesen kräftig ist, werden wir in unserem geistlichen Beruf segensreich wirken. Wie der Arbeiter, so die Arbeit. Den Feinden der Wahrheit entgegentreten, die Bollwerke des Glaubens verteidigen, in dem Hause Gottes wohl regieren, die Betrübten trösten, die Heiligen erbauen, die Ratlosen führen, die Widerspenstigen ertragen, Seelen gewinnen und pflegen – diese und tausend andere Dinge kann nur ein ganzer Mann tun, den der Herr für seinen Dienst stark gemacht hat. Suchet also Stärke bei dem Starken, Weisheit bei dem Weisen, suchet alles bei dem, der alles hat und alles kann.

Selbst in kleinen Dingen muß der Pfarrer darauf achten, daß sein Leben mit seinem Amt übereinstimmt. Besonders soll er immer halten, was er versprochen hat. In diesem Punkt können wir gar nicht zu peinlich sein. Die Wahrheit soll nicht nur in uns sein, sondern sie soll aus uns strahlen. Ein berühmter Doktor der Theologie in London, ein vortrefflicher und frommer Mann, verkündigte am Sonntag, er wolle alle seine Gemeindeglieder der Reihe nach im Lauf des Jahres besuchen. Ein armer Mann, den ich gut kenne, freute sich sehr auf den Besuch seines Pfarrers, und ein paar Wochen, ehe er dachte, die Reihe sei an ihm, fing die Frau an, das Haus besonders rein und ordentlich zu halten, und der Mann eilte etwas früher als sonst von der Arbeit heim, in der Hoffnung, den Pfarrer zu treffen. Der aber blieb aus und kam überhaupt nie. Ich weiß nicht, hatte er sein Versprechen vergessen, oder war es ihm zuviel geworden mit den Besuchen, oder hatte er sonst einen Grund, jedenfalls besuchte er den armen Mann nicht. Dieser verlor dadurch alles Zutrauen zu den Pfarrern. »Sie kümmern sich nur um die Reichen, von uns Armen wollen sie nichts«, sagte er. Der Mann schloß sich jahrelang keiner Kirche mehr an; endlich kam er in die Exeter-Halle und blieb mein Zuhörer, bis die Vorsehung ihn hinwegnahm. Es kostete keine kleine Mühe, ihm beizubringen, daß ein Pfarrer ein redlicher Mann sein und Reiche und Arme gleich lieben könne. – Solchen Schaden müssen wir vermeiden und unser Wort gewissenhaft halten.

Achtet also nicht nur auf euer Leben im allgemeinen, sondern auch auf die kleinsten Einzelheiten. Vermeidet kleine Schulden, Unpünktlichkeit, Klatsch, Witzeleien, Zänkereien, kurz alle die kleinen Fehler, die wie Fliegen in einer guten Salbe sind. Wir dürfen uns nicht gehen lassen, wie es manche zum Schaden ihres guten Rufes tun. Die zu große Vertraulichkeit, die den guten Ruf etlicher geschädigt hat, müssen wir keusch vermeiden. Hinweg mit der Derbheit und den Torheiten, durch die sich manche lästig oder verächtlich machen. Unsere Mittel erlauben uns nicht, daß wir uns Kleinigkeiten zuliebe in große Gefahr begeben. Unser Grundsatz muß sein, nirgends Anstoß zu erregen, damit das Amt nicht verlästert werde.

2. Der Ruf zum geistlichen Amt

Jeder Christ, der die Fähigkeit hat, hat auch das Recht, den Samen des Evangeliums auszustreuen, und nicht nur das, sondern er hat die Pflicht, es sein Leben lang zu tun. Jeder Jünger Christi ist verpflichtet, nach dem Maß der Gabe, die ihm der Heilige Geist gegeben hat, seiner Zeit und seinem Geschlecht unter Gläubigen und Ungläubigen mit dem Evangelium zu dienen. Diese Pflicht beschränkt sich nicht auf die Männer, sondern alle Gläubigen, Männer und Frauen, müssen, wenn Gottes Gnade sie dazu befähigt, ihre Kräfte anstrengen, um die Erkenntnis Christi zu fördern. Aber nicht jeder hat den Beruf zu predigen, und den Frauen z. B. ist dies ja ausdrücklich verboten. Wenn wir aber predigen können, so müssen wir es tun. Ich spreche hier nicht von gelegentlichem Predigen und sonstiger geistlicher Handreichung, die die Aufgabe aller wahren Christen ist, sondern von dem geistlichen Amt im engeren, im eigentlichen Sinn, das sowohl das Lehren als das Regieren in der Kirche umfaßt, das eines Mannes ganzen Lebensberuf ausmacht und ihm die Ausübung eines weltlichen Berufes verbietet, das ihn aber auch berechtigt, von der Kirche, deren Gliedern er all seine Zeit und Kraft weiht, seinen Unterhalt zu fordern. Nicht alle können regieren in der Kirche. Wir glauben, daß der Heilige Geist in der Kirche einige zum Regieren beruft und andre zu ihrem eigenen Besten willig macht, sich regieren zu lassen. Nicht alle sind zum Dienst im Wort oder zu dem Amt eines Ältesten oder Bischofs berufen, aber alle, die wie der Apostel fühlen, daß sie dies Amt empfangen haben (2. Kor. 4, 1), sollten diesem ernsten Rufe folgen. Kein Mann soll sich als Unterhirte in die Schafhürde eindrängen; er muß zu dem Oberhirten aufblicken und seines Winks gewärtig sein. Wer Gottes Bote sein will, muß den Ruf von oben abwarten. Denen, die das nicht tun, sondern das heilige Amt irgendwie an sich reißen, gilt das Wort des Herr: Ich habe sie nicht gesandt und ihnen nichts befohlen, und sie sind auch diesem Volk nichts nütze, spricht der Herr (Jer. 23, 32).

Wie kann ein junger Mann wissen, ob er berufen ist oder nicht? Das ist eine wichtige Frage, und ich will sie sehr ernst behandeln. Gott schenke mir Weisheit dazu!

1. Das erste Kennzeichen des Rufes von oben ist *ein feuriges, überwältigendes Verlangen nach dem Beruf eines Predigers*, eine unwiderstehliche Sehnsucht, ein brennender Durst, anderen zu sagen, was Gott an unserer Seele getan hat. Ich möchte es einen Instinkt (storge) nennen, wie ihn der Vogel zu einer bestimmten Zeit hat, die Jungen aufzuziehen, wo die Vogelmutter lieber stürbe, als daß sie das Nest verließe. »Werde nicht Pfarrer, wenn es dir möglich ist. etwas andres zu werden«, war der weise Rat, den ein Theologe einem Fragenden gab. Wenn einer von unsern Studenten hier in diesem Saal auch als Zeitungsschreiber oder Kaufmann oder Landwirt oder Doktor oder Jurist oder Staatsmann glücklich sein könnte, so soll er doch ums Himmels willen seiner Wege gehen; er

ist nicht der Mann, in dem Gottes Geist in seiner Fülle wohnt, denn ein Mann, so voll seines Gottes, würde es verschmähen, nach etwas andrem zu streben als nach dem, wonach seine Seele lechzt. Wenn ihr aber sagen könnt, daß ihr um alle Reichtümer Indiens keinen andern Beruf ergreifen könnt und dürft als den eines Predigers des Evangeliums Jesu Christi, dann verlaßt euch darauf, ihr habt, wenn auch die andern nötigen Bedingungen vorhanden sind, das Zeichen des Apostelberufs. Wir müssen wie Paulus sagen können: »Wehe mir, wenn ich das Evangelium nicht predige!« Das Wort Gottes muß wie ein Feuer in unsern Gebeinen sein. Sonst sind wir unglücklich in unserem Beruf, wir sind der Selbstverleugnung, die er von uns verlangt, nicht gewachsen, und unsere Predigt schafft keine Frucht. Ich darf wohl von Selbstverleugnung reden, denn ein rechter Pfarrer hat sehr viel Veranlassung dazu, und wenn er keine Liebe zum Beruf hat, wird es ihm bald zuviel. Er gibt entweder den Frondienst ganz auf oder macht unzufrieden im Schlendrian weiter, wie ein blindes Pferd in einer Mühle. »In wahrer Liebe Kraft ist großer Trost, leicht und erträglich macht sie das, was sonst das Herze bricht.« Mit dieser Liebe umgürtet, habt ihr immer frischen Mut, aber ohne den Zaubergürtel eines unwiderstehlichen Berufs werdet ihr elend dahinsiechen.

Der Wunsch soll aber wohlüberlegt sein, nicht bloß ein plötzlich aufflackerndes, unüberlegtes Verlangen. Er soll die Sehnsucht unseres Herzens sein in seinen besten Augenblicken, das Ziel unseres andächtigen Strebens, der Gegenstand unseres feurigen Gebets. Er muß siegen über etwaige lockende Aussichten auf Reichtum und Wohlleben, er muß uns bleiben als ein ruhiger, klarer Entschluß, auch nachdem alle andern Dinge nach ihrem richtigen Wert geschätzt und die Kosten überschlagen sind.

Der Wunsch muß in uns bleiben; er muß eine Leidenschaft sein, die die Probe besteht, eine Sehnsucht, der wir nicht entgehen können, auch wenn wir es versuchen, ein Wunsch, der mit den Jahren an Kraft zunimmt, bis er ein Verlangen, ein Schmachten, ein Lechzen wird, das Wort zu predigen. Dieses Verlangen ist etwas so Edles und Schönes, daß ich einem jungen Mann, bei dem ich es bemerke, nicht gerne abrate, selbst wenn mir seine Begabung zweifelhaft ist. Es kann ja unter Umständen nötig sein, die Flamme zu ersticken, aber dies sollte nur nach reiflicher Überlegung und mit Weisheit geschehen. Ich halte so viel auf dieses Feuer in den Gebeinen, daß, wenn ich es nicht selbst fühlte, ich sogleich mein Amt aufgeben müßte. Wenn ihr die Glut nicht fühlt, so bitte ich euch, geht heim und dient Gott auf dem euch gewiesenen Wege; wenn aber das Feuer in euch brennt, so dämpfet es nicht, es sei denn, daß andre wichtige Rücksichten euch zeigen, daß es kein Feuer vom Herrn ist.

2. Neben dem ernstlichen Verlangen, ein Prediger zu werden, muß *Lehrgabe vorhanden sein und auch ein gewisses Maß andrer für einen öffentlichen Lehrer nötiger Eigenschaften.* Darin muß ein Mann die Probe bestehen, vorher ist sein Beruf nicht erwiesen. Das Urteil von Männern und Frauen, die in Gemeinschaft mit Gott leben, wird selten irren, darf aber doch noch nicht als entscheidend und unfehlbar gelten, denn es kommt auch auf das Maß des Verstandes und der Frömmigkeit der betreffenden Personen an. Ich weiß, wie ernstlich mir eine sehr fromme Frau vom Predigen abriet. Ich besann mich aufrichtig und demütig, ob sie wohl recht habe, aber das ganz anders lautende Urteil von erfahreneren Leuten gab den Ausschlag. Junge Leute, die noch im ungewissen sind, sollten, wenn sie aufs Land gehen, um in der Kirche oder im Betsaal das Wort zu verkündigen, ihre verständigsten Freunde mitnehmen. Ich habe bemerkt, daß ihr, meine jungen Freunde, im Urteil über einen von euch selten fehlgeht. Junge Männer sind gar nicht so unfähig, ihre Kameraden richtig zu beurteilen, wie man manchmal denkt. Wenn ihr im Hörsaal, in der Gebetsstunde, bei geselliger Unterhaltung oder bei christlichen Veranstaltungen zusammenkommt, so schätzt ihr einander ab. Der kluge Mann wird sich nicht vorschnell über den Spruch des Hauses hinwegsetzen.

Der Vollständigkeit wegen muß ich noch hinzufügen, daß die Gabe, andre zu belehren und zu erbauen, allein noch nicht genügt für einen rechten Geistlichen. Ihr bedürft auch gesunden Urteils und tüchtiger Erfahrung, eines freundlichen Benehmens und liebevollen Gemüts; ihr müßt Mut und Festigkeit zeigen, dürft es aber auch nicht an Milde und Teilnahme fehlen lassen. Die Gabe, wohl zu regieren, wird euch ebenso nötig sein wie die Gabe, wohl zu lehren. Ihr müßt tüchtig sein zu leiten, zu ertragen, nicht müde zu werden. In der Gnade solltet ihr eines Hauptes länger sein als alles Volk, so daß ihr die Väter und Berater eurer Gemeinden sein könnt. Lest aufmerksam, was 1. Tim. 3, 2–7 und Titus 1, 6–9 von den Erfordernissen eines Bischofs gesagt ist. Wenn solche Gaben und Gnaden nicht reichlich in euch sind, so möget ihr vielleicht ganz gute Evangelisten werden, aber als Pfarrer werdet ihr nicht viel leisten.

3. Wenn ein Mann in der schon besprochenen Weise seine Gaben eine Weile geübt hat, so möge er seinen Beruf noch weiter daran erproben, *ob durch seine Predigt Bekehrungen zustandekommen.* Ist dies nicht der Fall, so hat er sich getäuscht und soll sich zurückziehen, so geschwind er kann. Man kann nicht verlangen, daß er nach seiner ersten oder auch nach seiner zwanzigsten öffentlichen Predigt von solchem Erfolg hört: ein Mann, der sich berufen fühlt zu predigen, mag sogar sein ganzes Leben mit Versuchen fortfahren, aber das glaube ich, daß die Berufung eines Mannes nicht verbrieft und versiegelt ist, ehe durch seine Wirksamkeit Seelen für die Erkenntnis Jesu gewonnen sind. Als Arbeiter muß er fortarbeiten, ob er Erfolg sieht oder nicht, aber seinen Beruf als Prediger hat er erst sicher, wenn sich eine Frucht gezeigt hat. Wie hüpfte mein Herz vor Freude, als ich von meinem ersten Bekehrten hörte! Volle Kirchen und die freundlichen Gesichter meiner Freunde genügten mir nie. Mich verlangte, von zerbrochenen Herzen und Bußtränen zu hören. Ich freute mich wie einer, der eine große Beute kriegt, als eine arme Arbeiterfrau mir sagte, sie fühle ihre Sündenschuld und habe in meiner Predigt am Sonntagnachmittag den Heiland gefunden. Ich sehe noch im Geist ihr kleines Häuschen, weiß, wie sie in die Gemeinde aufgenommen wurde und wie ihr Sterben ein seliger Heimgang war. Sie war das erste und recht köstliche Siegel auf meine Berufung. Keine Mutter konnte sich mehr freuen beim Anblick ihres Erstgeborenen. Meine Seele erhob den Herrn, der meine Niedrigkeit angesehen und mir die Gnade geschenkt hatte, ein Werk zu tun, für das

mich Kindeskinder selig preisen würden; denn als ein solches Werk betrachte ich die Bekehrung einer Seele.

4. Wir müssen in unserer Prüfung noch einen Schritt weitergehen. Ob ihr vom Herrn berufen seid, werdet ihr aus dem vom Gebet getragenen Urteil seiner Kirche sehen. Es ist ein notwendiger Beweis für euren Beruf, *daß eure Predigt dem Volke Gottes wohlgefällig ist.* Gott öffnet denen, die er berufen hat, die Tür des Wortes (Kol. 4, 3). Die Ungeduld möchte die Tür einschlagen, aber der Glaube wartet auf den Herrn, der zur rechten Zeit eine Gelegenheit gibt. Mit der Gelegenheit kommt die Prüfung. Wenn wir predigen, so wird unser Geist gerichtet von der Versammlung; wird er verworfen, oder wird die Gemeinde nicht durch uns erbaut, so ist der Schluß unwiderruflich, daß wir nicht von Gott gesandt sind. Die Zeichen eines wahren Bischofs sind uns in Gottes Wort gegeben. Wenn eine Gemeinde sich dadurch leiten läßt und uns nicht tüchtig findet und nicht erwählt, so mögen wir wohl evangelisieren, aber das Pfarramt ist nicht für uns. Freilich urteilen nicht alle Gemeinden in der Kraft des Heiligen Geistes. Bei manchen kommt das Urteil auch aus dem Fleisch. Doch möchte ich über so etwas Persönliches, wie meine eigenen Gnadengaben, lieber auf das Urteil einer Gemeinde von Gläubigen als auf mein eigenes Urteil gehen.

Ein Bruder kam zu mir – was sag' ich, einer? 10, 20, 100 Brüder, die mir versicherten, sie seien ihres Berufs zum Predigtamt vollkommen gewiß, weil – es ihnen in keinem andern Beruf geglückt sei. Folgendes Beispiel ist eines von vielen. Der Bewerber sagte:

»Ich war auf dem Büro eines Rechtsanwalts, aber ich ertrug das Eingesperrtsein nicht, und das Studium der Rechte sagte mir nicht zu. Die Vorsehung trat mir in den Weg, denn ich verlor meine Stelle.«

»Und was taten Sie dann?«

»Ich fing ein Spezereigeschäft an.«

»Ging das Geschäft gut?«

»Ich glaube nicht, daß ich fürs Geschäft bestimmt bin, denn der Herr versperrte mir auch hier den Weg. Ich fallierte und kam in große Not. Ich war dann Agent einer Lebensversicherung, versuchte es auch mit Schule halten und mit dem Teehandel, aber der Weg ist mir überall versperrt worden, und eine innere Stimme sagt mir, ich solle ein Prediger werden.« Meine Antwort in einem solchen Fall lautet gewöhnlich:

»Also, alles andere ist Ihnen mißlungen, und deshalb glauben Sie, der Herr habe Sie zum Prediger berufen; Sie haben aber leider vergessen, daß man fürs geistliche Amt die allerbesten Männer braucht und nicht solche, die zu nichts andrem taugen.«

Wer das Zeug zu einem tüchtigen Pfarrer hat, gäbe wahrscheinlich auch einen guten Kaufmann oder Juristen. Ein wirklich guter Pfarrer würde sich in jedem andern Beruf auszeichnen. Einem Mann, der eine Gemeinde jahrelang zusammenhalten und sie viele Hundert Sonntage nacheinander erbauen kann, ist eigentlich nichts unmöglich. Er darf kein Dummkopf oder Tunichtgut sein. Jesus verdient es, daß sich die besten Männer der Predigt vom Kreuze widmen, nicht die Strohköpfe und die, die sonst nichts anzufangen wissen.

Ihr werdet Kämpfe genug haben, und wehe euch, wenn ihr nicht von Kopf zu Fuß in einer gut gestählten Rüstung steckt. Ihr werdet mit den Reitern laufen müssen, drum laßt euch nicht durch Fußgänger ermüden (Jer. 12, 5), solange ihr noch die vorbereitenden Studien treibt. Der Teufel geht umher, und mit ihm viele andere. Prüfet euch, und möge der Herr euch für den Schmelztiegel und den Schmelzofen vorbereiten, die euch sicher bevorstehen.

3. Des Predigers Gebet im Kämmerlein

Natürlich zeichnet sich der Prediger vor allen andern aus als ein Mann des Gebets. Er betet wie ein gewöhnlicher Christ, sonst wäre er ein Heuchler. Er betet mehr als gewöhnliche Christen, sonst wäre er untauglich für sein Amt. »Welch ein Widerspruch!« sagt der heilige Bernhard, »wenn ein Mann dem Amt und der Stellung nach der höchste, der Seele und dem Leben nach der geringste wäre.« Die hohe, verantwortliche Stellung des Predigers umgibt alle seine andern Beziehungen mit einem verklärenden Schein, und wenn er ein treuer Diener seines Herrn ist, so zeichnet er sich vor allem durch seinen Gebetsgeist aus. Als Bürger betet er für sein Vaterland, als Nachbar gedenkt er in seiner Fürbitte derer, die um ihn her wohnen. Er betet als Gatte und Vater, er bemüht sich, seine Hausandacht zum Vorbild für seine Herde zu machen; wenn das Feuer auf dem Altar an andern Orten schwach brennt – bei dem erwählten Diener des Herrn hat es Nahrung, denn er sorgt, daß das Morgen- und Abendopfer seine Wohnung heiligt. Aber hier müssen wir besonders von dem Gebet sprechen, das sich auf sein Amt bezieht. Er betet besonders als Pfarrer, er kommt vor allem in dieser Eigenschaft zu Gott.

Ich nehme an, daß er als Pfarrer ohne Unterlaß betet. So oft er im Geist oder in Wirklichkeit bei seinem Beruf ist, spricht er eine Bitte aus und sendet seine heiligen Wünsche wie wohlgezielte Pfeile zum Himmel. Wenn er auch nicht immer eigentlich betet, so lebt er doch in dem Gebetsgeist. Wenn er mit seinem Herzen bei seinem Beruf ist, so kann er nicht essen oder trinken, nicht sich erholen, zu Bett gehen oder aufstehen, ohne immerdar ein brünstiges Sehnen, ein ängstliches Sorgen und eine kindliche Abhängigkeit von Gott im Herzen zu tragen; in einer oder der andern Form ist er daher immerdar im Gebet. Wenn es irgendeinen Menschen unter der Sonne gibt, der das Gebot: »Betet ohne Unterlaß« befolgen muß, ist es der christliche Prediger. Er hat eigentümliche Versuchungen, besondere Kämpfe, große Schwierigkeiten und schwere Pflichten; er muß in furchtbar ernster Eigenschaft mit Gott und in geheimnisvollen Angelegenheiten mit den Menschen verhandeln; er braucht daher auch viel mehr Gnade als gewöhnliche Menschen, und da er das weiß, so treibt es ihn beständig, zu dem Starken um Stärke zu flehen und zu sprechen: »Ich hebe meine Augen auf zu den Bergen, von welchen mir Hilfe kommt.« Der Prediger Allein schrieb einmal an einen guten Freund: »Wiewohl ich schnell aus der rechten Fassung herausfalle und leicht aus den Angeln gehoben werde, so komme ich mir dann doch wie ein Vogel außer dem Neste vor und werde nicht eher wieder ruhig, als bis ich wieder in alter Weise Gemeinschaft mit Gott genieße, der

Magnetnadel im Kompaß gleich, die unruhig ist, bis sie sich dem Pole zuwendet. Ich kann durch Gottes Gnade auch sagen (Jes. 26, 9): ›Von Herzen begehre ich deiner des Nachts, dazu mit meinem Geiste in mir wache ich frühe zu dir. Mein Herz ist früh und spät bei Gott; es ist das Geschäft und die Wonne meines Lebens, ihn zu suchen.‹« So muß denn auch die Richtung eures Lebens, ihr Männer Gottes, beschaffen sein. Wenn ihr als Prediger nicht rechte Beter seid, so seid ihr sehr zu bedauern. Werdet ihr in der Zukunft dazu berufen, die Aufsicht über große oder kleine Herden zu führen, und ihr werdet träge in eurem Gebet, so wird es schlimm für euch und für eure Gemeinden, und der Tag wird kommen, wo ihr zu Spott und Schanden werdet.

Es ist wohl kaum nötig, daß ich euch die köstliche Gewohnheit des Betens in der Stille anpreise, und doch kann ich's nicht unterlassen. Für euch als die Gesandten Gottes hat der Gnadenthron eine ganz unschätzbare Kraft. Je bekannter ihr im himmlischen Heiligtum seid, um so besser werdet ihr euer himmlisches Amt verwalten. Unter all den bildenden Einflüssen, die einen Mann zu einem von Gott anerkannten Prediger machen, weiß ich keinen mächtigeren, als seinen eigenen, vertraulichen Verkehr mit dem Gnadenthron. Was ein Zögling im Seminar lernt, ist roh und äußerlich im Vergleich mit der geistlichen Hebung und Veredlung, die er im Umgang mit Gott empfängt. Während sich der noch unfertige Prediger auf der Töpferscheibe der Vorbereitung dreht, ist das Gebet das Werkzeug des großen Töpfers, mittels dessen er das Gefäß formt. All unsere Büchereien und Studierstuben sind leere Räume im Vergleich mit unserm Kämmerlein. Wir wachsen, wir gedeihen mächtig, wenn wir viel im Kämmerlein beten.

Das Gebet ist euer wichtigster Gehilfe, solange die Predigt noch auf dem Amboß ist. Wenn andre, wie Esau, jagen gehen nach einer Mahlzeit, werdet ihr durch das Gebet ein köstliches Mahl zu Hause finden und könnt wie Jakob – aber mit voller Wahrheit – sagen: »Der Herr hat mir's beschert.« Wenn ihr eure Feder in euer Herz taucht und dabei ernstlich zu Gott ruft, werdet ihr gut schreiben, und wenn ihr den Inhalt eurer Predigt auf den Knien an den Toren des Himmels sucht, werdet ihr auch gut reden. Das Gebet als geistige Übung wird euch eine Reihe von Gegenständen vorführen und euch so zur Wahl eines Themas helfen, und als eine hohe geistliche Beschäftigung wird es euer inneres Auge reinigen, damit ihr die Wahrheit in dem Lichte Gottes seht. Bibelworte offenbaren ihre Schätze oft erst, wenn man sie mit dem Schlüssel des Gebets öffnet. Wie wunderbar wurde dem Daniel, während er im Gebet war, die Schrift aufgetan! Wie viel hat Petrus auf dem Söller gelernt! Das Kämmerlein ist die beste Studierstube. Die Erklärer der h. Schriften sind gute Lehrer, aber der Verfasser selbst ist der beste, und durchs Gebet wenden wir uns unmittelbar an ihn und gewinnen ihn für unsere Sache.

Das Gebet wird euch merkwürdig helfen beim Halten eurer Predigt. Wirklich, nichts kann euch so herrlich geschickt machen zum Predigen, als wenn ihr unmittelbar von dem Berg der Gottesgemeinschaft herabsteigt, um mit den Menschen zu reden. Niemand kann die Menschen besser ermahnen, als wer ihretwegen mit Gott gerungen hat. Von Allein heißt es: »Er strömte sein ganzes Herz im Gebet und in der Predigt aus. Seine Bitten und Ermahnungen waren so herzlich, so voll heiligen Eifers, so voll Leben und Kraft, daß sie seine Zuhörer ganz überwältigten; er zerfloß über ihnen, so daß er die härtesten Herzen auftaute, erweichte und manchmal auflöste.« Diese heilige Auflösung der Herzen hätte nicht stattfinden können, hätte er nicht seinen eigenen Geist vorher den brennenden Strahlen der Sonne der Gerechtigkeit ausgesetzt durch stille Gemeinschaft mit seinem auferstandenen Herrn. Ein wahrhaft ergreifender Vortrag kann nur aus dem Gebet geboren werden. Die echte Redekunst ist die des Herzens, und man lernt sie nirgends so gut wie am Fuße des Kreuzes.

Wenn wir mit der Predigt fertig sind, werden wir aber, wenn wir rechte Pfarrer sind, nicht mit Beten fertig sein, denn die ganze Kirche ruft uns zu: »Komm herüber und hilf uns durchs Gebet.« Wenn ihr durchs Gebet etwas erreichen könnt, so werdet ihr viel für andere zu beten haben, besonders für Freunde und Zuhörer, die eure Fürbitte begehren. Mir geht's wenigstens so, und ich freue mich, daß ich meinem Herrn solche Bitten vortragen darf. Es wird euch nie an Stoff fürs Beten fehlen, auch wenn ihr ihn nicht von andern bekommt. Seht eure Gemeinde an: Da habt ihr solche, die am Körper, und noch mehr, die an der Seele krank sind, solche, die noch nicht bekehrt sind und solche, die suchen und nicht finden können. Viele sind verzagt, und nicht wenige Gläubige gehen rückwärts oder trauern. Ihr habt Tränen der Witwen und Seufzer der Waisen vor dem Herrn auszuschütten. Wenn ihr echte Diener Gottes seid, so werdet ihr als Priester vor dem Herrn stehen, angetan mit dem geistlichen Leibrock und Brustschildlein, auf dem ihr den Namen der Kinder Israel tragt, und werdet hinter dem Vorhang für sie bitten. Ich kenne Brüder die sich die Namen derer, für die sie besonders beten müssen, aufschreiben, und dadurch fällt ihnen gewiß oft etwas ein, was sie sonst vergessen würden. Aber eure Gemeinde nimmt euer Gebet nicht ganz in Anspruch. Euer Volk und die ganze Welt wollen daran Anteil haben. Ein gewaltiger Beter ist eine feurige Mauer um sein Vaterland her, er ist sein Schutzengel und sein Schild. Wir wissen, daß die Feinde der protestantischen Sache die Gebete eines Knox mehr fürchteten als die feindlichen Heere. Auch der berühmte Welch war eifrig in der Fürbitte für sein Volk. Er sagte oft, er begreife nicht, daß ein Christ die ganze Nacht im Bette liegen könne und nicht zwischendurch aufstehe, um zu beten. Seine Frau fürchtete, er möchte sich erkälten, und folgte ihm einmal auf sein Zimmer; da hörte sie ihn in gebrochenen Sätzen beten: »O Herr, schenke mir doch Schottland.« Möchten wir auch so um Mitternacht ringen und rufen: »Herr, schenke uns doch die Seelen unserer Zuhörer!«

Ein köstlicher Segen, den das Gebet in der Stille unserem Amt bringt, ist ein unbeschreibliches und unaussprechliches Etwas, das man leichter verstehen als ausdrücken kann. Es ist ein Tau von dem Herrn, es ist Gottes Gegenwart. Ihr werdet verstehen, was ich meine, wenn ich sage, es ist eine Salbung von dem Heiligen. Wir könnten uns lange den Kopf zerbrechen, ehe wir in Worten ausdrücken können, was es heißt, mit Salbung predigen, aber der Prediger merkt, wenn er sie hat, und der Zuhörer merkt bald, wenn sie fehlt. Jedermann fühlt die köstliche Morgenfrische, wenn jeder Grashalm mit leuchtenden Perlen bedeckt ist, aber wer kann sie beschreiben oder gar sie schaffen? So ist das Geheimnis der Salbung durch den Geist. Wir kennen es, aber wir können andern nicht sagen, was es ist. Es ist ebenso leicht als töricht, diese Salbung nachzuahmen mit Ausdrücken, die innige Liebe zeigen sollen, aber viel eher ein Zeichen von krankhafter Gefühlsschwärmerei, wenn nicht gar von Heuchelei sind. Es gibt Leute, die mit »teurer Herr, süßer Jesus« um sich werfen, bis es einem zum Ekel wird. Solch vertrauliche Ausdrücke waren ursprünglich nicht nur erträglich, sondern schön, wenn ein Heiliger des Herrn sie gleichsam aus der Fülle der Herrlichkeit heraus sprach, aber wenn man sie gedankenlos wiederholt, so ist das nicht nur widerlich, sondern unanständig, ja frivol. Manche versuchen, sich durch eine weinerliche Stimme, durch Augenverdrehen oder durch lächerliche Handbewegungen den Anschein der Salbung zu geben; aber alle Manier ohne Lebenskraft ist wie ein verwesender Leichnam, bloß widerlich und schädlich. Manche möchten durch Anstrengung und lautes Geschrei die Inspiration erzeugen, aber sie kommt nicht; andere halten in der Rede inne und rufen: Gott segne euch! und wieder andere machen wilde Gebärden und drücken sich die Nägel in die Hände, wie wenn sie vor Begeisterung in Zuckungen verfielen. Nein! Das schmeckt alles nach dem Theater und dem Schauspiel. Die Hörer durch erheuchelte Andacht andächtig machen wollen, ist ein widerlicher Betrug, den ehrliche Prediger verschmähen müssen. »Erheuchelte Gefühle«, sagt R. Cecil, »sind etwas Widerwärtiges, und die Gemeinde merkt bald die Falschheit; aber echtes Gefühl zu zeigen, ist der sicherste Weg zu den Herzen der Zuhörer.« Die Salbung ist etwas, was man nicht machen kann, und die Nachbildungen sind schlimmer als wertlos. Aber sie ist unschätzbar und ganz unentbehrlich, wenn ihr Gläubige erbauen und Sünder zu Jesus bringen wollt. Dem, der im stillen darum bittet, wird diese geheime Kraft anvertraut.

4. Das öffentliche Gebet

Seid überzeugt, das freie Gebet ist das schriftgemäßeste und sollte die vortrefflichste Art des öffentlichen Betens sein. Wenn ihr den Glauben an eure Sache verliert, so werdet ihr sie nicht gut vollbringen. Seid euch deshalb darüber klar, daß das freie Gebet schriftgemäß ist und daß auch der Herr so gebetet hat.

Machen wir es uns zur Aufgabe, die Vorzüge des freien Gebets dadurch zu erweisen, daß wir mit mehr Ernst und Innerlichkeit beten, als wenn wir geschriebene Gebete hätten. Es ist traurig, wenn die Zuhörer den Eindruck haben: Unser Pfarrer predigt besser als er betet. Das ist nicht nach dem Vorbild unseres Herrn. Er redete, wie nie ein Mensch geredet hatte, und sein Gebet machte seinen Jüngern solchen Eindruck, daß sie sagten: Herr, lehre uns beten! – All unsere Geisteskräfte sollten zusammen wirken und aufs höchste angespannt sein, der ganze Mensch sollte auf der höchsten Höhe seiner Kraft stehen, während der Heilige Geist zu gleicher Zeit Seele und Geist mit seinem heiligen Einfluß tauft. Aber ein träges, gleichgültiges, seelenloses Gerede in Gebetsform, nur dazu da, eine Lücke im Gottesdienst auszufüllen, ist den Menschen eine Qual und ein Greuel vor Gott. Das Gebet im Kämmerlein ist die Vorübung für unser öffentliches Gebet, und wir können das eine nicht lange versäumen, ohne daß das andere dadurch leidet.

An den Herrn allein richtet eure Gebete. Hütet euch davor, nach den Zuhörern zu schielen; hütet euch, ihnen zulieb schöne Worte zu machen. Das Gebet darf auch nicht eine verdeckte Predigt sein. Es ist nicht viel besser als Gotteslästerung, wenn man das Gebet zu einer Schaustellung macht. Schöne Gebete sind meistens gar nicht fromm. In der Gegenwart des Herrn der Heerscharen ziemt es einem Sünder schlecht, mit dem Flitterstaat schöner Worte um Beifall zu werben. Wir können das Sehnen und Streben derer, die uns beten hören, zu erwecken suchen, aber jedes Wort und jeder Gedanke muß auf Gott gerichtet sein; an die Gemeinde dürfen wir nur so weit denken, als nötig ist, um sie und ihre Bedürfnisse vor Gott zu bringen. Gedenket der Gemeinde in eurem Gebet, aber betet nicht mit der Absicht, Ehre von ihr zu erwerben. Blickt aufwärts, aufwärts, mit beiden Augen!

Wenn ihr zum Predigen aufgefordert werdet, so übernehmet womöglich auch das Gebet, und vermeidet die Unsitte, jemand zum Beten aufzufordern, um ihm damit eine Ehre zu erweisen. Dazu ist das öffentliche Gebet zu gut. Man nennt jetzt manchmal Gesang und Gebet die Einleitung zum Gottesdienst. Hoffentlich geschieht dies bei uns selten. Es wäre eine große Schmach, wenn eine solche Ansicht allgemein würde. Ich bestrebe mich immer, den ganzen Gottesdienst zu halten, um meinetwillen und auch um der Gemeinde willen. Ich glaube nicht, daß jeder Beliebige beten kann. Es ist meine ernste Überzeugung, daß das Gebet einer der wichtigsten, segensreichsten und verantwortungsvollsten Teile des Gottesdienstes ist und daß man es noch wichtiger nehmen sollte als die Predigt. Man darf nicht den unbedeutenden Mann beten und den fähigeren predigen lassen. Es mag ja dem Pfarrer, wenn er sich ausnahmsweise einmal schwach fühlt, eine Erleichterung sein, wenn sich jemand anbietet, das Gebet zu halten, aber wer seinen Beruf wirklich liebt, wird sich nicht oft vertreten lassen. Und wenn du überhaupt einen andern aufforderst zu beten, so sei es nur ein Mann, von dem du weißt, daß er geistlich gesinnt und tüchtig ist. Einen unbegabten Bruder plötzlich zu überfallen und vorzuschieben, ist schändlich. Der tüchtigste Mann soll beten, und lieber noch werde die Predigt nachlässig gehalten als das Gebet. Dem unendlichen Gott müssen wir unser Bestes geben, und unsere Anrede an die göttliche Majestät muß sorgfältig erwogen und mit allen Kräften eines erweckten Herzens und geistlichen Verständnisses dargebracht werden. Wer sich durch Gemeinschaft mit Gott für die Predigt vorbereitet hat, ist auch am tüchtigsten zum Beten. Wenn man einen andern Bruder für das Gebet bestimmt, so wird dadurch die Einheit des Gottesdienstes gestört und der Prediger gerade der Übung beraubt, die ihn für die Predigt frisch und kräftig machen kann; außerdem veranlaßt man leicht die Hörer, Vergleiche zwischen den beiden Teilen des Gottesdienstes anzustellen. Ich würde viel lieber einem unvorbereiteten Bruder die Predigt abtreten als das Gebet. Ich sehe gar nicht ein, warum ich mir den heiligsten, liebsten und segensreichsten Teil meines Berufs nehmen lassen soll. Soviel sage ich, um euch ans Herz zu legen, daß ihr das öffentliche Gebet hochhaltet und euch von dem Herrn die dazu nötigen Gnadengaben erbitten müßt.

Nun noch einige negative Regeln: *Betet nicht zu lange.* Ich glaube, es war John Macdonald, der sagte: »Wenn du von dem Gebetsgeist erfüllt bist, so bete nicht lange, weil die andern nicht lange mit dir Schritt halten könnten, und wenn du nicht von dem Geist erfüllt bist, so bete erst recht nicht lange, weil du sonst die Zuhörer ermüdest!« Von Robert Bruce, dem berühmten Zeitgenossen Andrew Melvilles, sagt Livingstone: »Kein Mann seiner Zeit sprach mit so viel Bezeugung des Geistes und der Kraft als er; keines Mannes Zeugnis wurde durch so viele Bekehrungen besiegelt, ja, manche seiner Zuhörer glaubten, es habe überhaupt seit den Aposteln keiner mit solcher Kraft gesprochen. Er betete in Gegenwart andrer sehr kurz, aber jeder Satz war wie ein starker Pfeil nach dem Himmel abgeschossen.« Im stillen Kämmerlein könnt ihr nie zu lange beten; je länger ihr auf den Knien seid, desto besser. Ich spreche jetzt vom öffentlichen Gebet vor und nach der Predigt. Kaum einer unter tausend wird sich beklagen, daß ihr zu früh aufhört, aber viele werden unzufrieden, wenn ihr zu lange betet.

Bereitet euch auf euer Gebet vor. In einer Gesellschaft von Pfarrern wurde die Frage, ob man sich aufs Gebet vorbereiten solle, besprochen. Einige sagten nein, und sie hatten recht. Die andern sagten ja, und sie hatten auch recht. Die Einen verstanden unter der Vorbereitung das Suchen nach dem Ausdruck, das Anordnen einer Gedankenreihe, und sie sagten, das sei keine Anbetung im Geist, denn da müßten wir uns ganz dem Geist Gottes überlassen, daß er uns den Inhalt und die Worte gebe. Damit stimme ich überein. Wer sein Gebet aufschreibt und die Bitten einstudiert, der soll lieber eine Liturgie nehmen. Aber die andre Partei verstand unter Vorbereitung etwas anderes, eine Vorbereitung nicht mit dem Kopf, sondern mit dem Herzen: eine ernste Betrachtung der Wichtigkeit des Gebets, ein Überdenken dessen, was die Menschenseelen bedürfen, und eine Erinnerung an die Verheißungen des Herrn, so daß wir vor den Herrn treten mit den Bitten, die in

unser Herz geschrieben sind. Dies ist gewiß besser, als aufs Geratewohl vor den Herrn zu kommen ohne bestimmte Anliegen oder
Wünsche. »Ich werde des Betens nie müde«, sagte ein Mann,
»denn ich habe immer ein bestimmtes Anliegen.« Meine Brüder,
sind eure Gebete auch so beschaffen? Strebt ihr nach der rechten
Verfassung, um eurer Gemeinde vorbeten zu können? Wir müssen uns durch einsames Gebet fürs öffentliche Gebet vorbereiten.
Wenn wir immer in Gottes Nähe leben, so bleiben wir in dem Gebetsgeist, und unser mündliches Gebet wird uns nicht mißlingen.

5. Der Stoff der Predigt

*Die Predigt muß wirklich belehrend und der Lehrstoff muß kräf-
tig, gediegen und reichlich sein.*
Pferde beurteilt man nicht nach den Schellen und dem Geschirr,
sondern nach den Gliedern, den Knochen und der Rasse, und verständige Hörer beurteilen eine Predigt hauptsächlich nach der
Menge von Evangeliumswahrheit und nach der Kraft des Evange-
liumsgeistes, den sie enthält. Brüder, wäget eure Predigten. Ver-
kauft sie nicht nach der Elle, sondern gebt sie pfundweise her. Legt
keinen Wert auf die Menge eurer Worte, sondern sorget, daß ihr
nach der Gediegenheit des Inhalts geschätzt werdet. Es ist töricht,
mit Worten freigebig und mit der Wahrheit geizig zu sein. Nur ein
Schwachkopf würde sich geschmeichelt fühlen, wenn Shakespeares Schilderung im Kaufmann von Venedig auf ihn paßte: »Gra-
tiano spricht eine unendliche Menge von Nichts, mehr als sonst
jemand in ganz Venedig. Seine Gründe sind wie zwei Körner Wei-
zen in zwei Scheffeln Spreu verborgen; man sucht den ganzen
Tag, bis man sie findet, und wenn man sie gefunden hat, sind sie
des Suchens nicht wert.« Wirkung auf das Gefühl ist sehr gut, aber
wenn die Belehrung ihr keinen Rückhalt gibt, ist sie wie das bloße
Verpuffen von Pulver, ohne das es wirklich geschossen wird. Die feurigsten Erweckungspredigten lösen sich in bloßen Rauch auf,
wenn ihnen nicht durch Belehrung Brennstoff zugeführt wird. Die

göttliche Art ist es, dem Verstand das Gesetz klar zu machen und es dann dem Herzen einzuprägen; dadurch wird das Urteil erleuchtet und die Leidenschaft gedämpft.

Eine Predigt muß inhaltsreich sein, und *der Inhalt muß mit dem Text übereinstimmen.* Eigentlich sollte die Predigt immer aus dem Text entspringen, und je deutlicher man dies sieht, desto besser; jedenfalls aber – und das ist wohl das mindeste, was man verlangen kann, – muß sie in genauer Beziehung zum Text stehen. Man kann ja oft den Text geistig auslegen oder ihn einem bestimmten Zweck anpassen; darin hat man ziemlich viel Freiheit, nur darf diese Freiheit nicht zur Zügellosigkeit werden. Irgendein Zusammenhang muß da sein, und zwar nicht bloß ein loser Zusammenhang, sondern eine innige Beziehung zwischen Predigt und Text.

Eine Predigt macht auch viel mehr Eindruck auf die Gewissen der Hörer, wenn sie das klare Wort Gottes ist, nicht ein Vortrag über die Schrift, sondern die aufgeschlossene und angewandte Schrift selbst. Ihr seid es der Majestät des göttlichen Worts schuldig, daß ihr einen Spruch, über den ihr predigen wollt, nicht beiseite schiebt, um für eure eigenen Gedanken Platz zu machen. Haltet euch genau an den Sinn eures Schrifttextes, aber haltet euch auch genau an den Wortlaut, an die eigenen Worte des Heiligen Geistes. Predigten allgemeinen Inhalts sind ja manchmal ganz am Platz, aber die Predigten, die die eigenen Worte des Heiligen Geistes auslegen, sind segensreicher und auch den meisten Gemeindegliedern lieber. Die große Menge ist meistens nicht imstande, den reinen Gedanken zu erfassen, gleichsam die körperlose Wahrheit anzuschauen. Aber wenn man ihnen die Worte immer wiederholt und bei jedem einzelnen Ausdruck verweilt, dann werden sie erbaut, und die Wahrheit sitzt fest in ihrem Gedächtnis. Sorgt also für reichlichen Stoff, und laßt ihn aus dem inspirierten Wort herauswachsen, wie die Veilchen und Schlüsselblumen von selbst aus der Erde sprossen, oder wie Honig aus den Waben tropft.

Sorgt, daß eure Predigt immer gehaltvoll und lehrreich sei. Baut nicht mit Holz, Heu und Stoppeln, sondern mit Gold, Silber und Edelsteinen. Ich denke, es ist kaum nötig, euch vor grober Entweihung der Kanzel durch Späße und Tagesneuigkeiten zu warnen. Es wäre uns besser, nie geboren zu sein, als daß man uns so etwas nachsagen dürfte. Bei Gefahr unserer Seele sind wir verpflichtet, von den ernsten, ewigen Dingen und nicht von irdischen Angelegenheiten zu sprechen. Es gibt aber auch andere verführerischere Arten, mit Holz und Heu zu bauen, und ihr dürft euch von ihnen nicht verblenden lassen. Diese Warnung gilt besonders denen, die hochtrabende Redensarten für Beredsamkeit und lateinische Zitate für einen Beweis von Gedankentiefe halten. Es ist schändlich, von der Kanzel Redeströme auszugießen, in denen einige selbstverständliche Wahrheiten aufgelöst sind wie winzige homöopathische Kügelchen im Weltmeer. Lieber gebt der Gemeinde eine Menge ungekochter Wahrheit wie große Stücke Fleisch, die der Fleischer aufs Geratewohl mit Knochen und allem heruntergehauen hat, als auf einem Porzellanteller ein köstliches Stückchen Nichts, mit der Petersilie der Poesie verziert und mit der Sauce der Affektiertheit gewürzt.

Wenn ihr in eurer Predigt wichtige Wahrheiten abhandeln wollt, *so dürft ihr nicht immer an den Ecken und Rändern der Wahrheit hängen bleiben.* Die Lehren, die nicht einmal für das praktische Christentum, geschweige für der Seelen Seligkeit notwendig sind, brauchen nicht in jeder Predigt behandelt zu werden. Zeigt alle Seiten der Wahrheit nach dem Maß ihrer Wichtigkeit, denn ihr sollt nicht nur die Wahrheit, sondern die ganze Wahrheit predigen. Bleibt also nicht immer an einer Wahrheit hängen. Die Nase ist ein wichtiger Teil des Gesichts, aber um ein ähnliches Bild von jemand zu bekommen, dürfte man doch nicht die Nase allein malen. Eine Wahrheit mag sehr wichtig sein, aber wenn sie einseitig betont wird, schadet das der Harmonie des Ganzen. Macht untergeordnete Wahrheiten nicht zur Hauptsache. Malt die Einzelheiten des Hintergrunds nicht mit demselben starken Pinsel, mit dem ihr den Vordergrund der evangelischen Wahrheit malt. Theologische Fragen, wie über das Tausendjährige Reich u. a., mögen manchen Leuten sehr anziehend sein, aber sie haben wenig praktischen Wert für die fromme Witwe, die ihre sieben Kinder mit ihrer Nadel erhalten muß und die viel lieber von der Liebe und Fürsorge Gottes hört, als von jenen tiefen Geheimnissen. Wenn ihr ihr von

Gottes Treue gegen seine Kinder predigt, so wird sie froher und mutiger den Kampf des Lebens aufnehmen; aber schwere Fragen werden sie verwirren oder einschläfern. Und so wie sie gibt es Hunderte, auf die ihr besonders Rücksicht zu nehmen habt. Unser Hauptthema muß immer die frohe Botschaft von der Gnade durch den Versöhnungstod Jesu sein.

Wir müssen bei der Predigt des Evangeliums unsern ganzen Verstand, unser ganzes Gedächtnis, unsere ganze Einbildungskraft und Beredsamkeit anstrengen. Wir dürfen nicht Nebensachen gründlich behandeln und dafür, wenn wir das Wort vom Kreuz predigen, sagen, was uns gerade einfällt. Wenn wir den Verstand eines Locke oder Newton und die Beredsamkeit eines Cicero mitbrächten, um die einfache Wahrheit »glaube, und du wirst leben« zu verkündigen – wir hätten noch keine überflüssige Kraft. Meine Brüder, zuerst und vor allen Dingen bleibt bei der klaren, evangelischen Wahrheit! Was ihr auch sonst predigen oder nicht predigen möget, – verkündigt unaufhörlich die seligmachende Wahrheit von dem gekreuzigten Christus. Ich kenne einen Geistlichen, dem ich nicht wert bin, die Schuhriemen aufzulösen, dessen Predigten aber oft nichts sind als eine christliche Miniaturmalerei, ich möchte fast sagen, eine christliche Tändelei. Er redet schön über die vier Gesichter der Cherubim und den bildlichen Sinn der Bundeslade, aber die Sünden und Gebrechen, die Leiden und Freuden der Menschen, die Versuchungen und Sünden unserer Zeit berührt er kaum. Eine solche Predigt kommt mir vor, wie wenn ein Löwe Mäuse finge, oder ein Kriegsschiff nach einer verlorenen Tonne kreuzte. Es ist unter der Würde eines Botschafters Gottes, ein Kleinigkeitskrämer zu sein.

Meine nächste Bemerkung ist vielleicht unnötig, deshalb bringe ich sie mit einer gewissen Zaghaftigkeit vor. *Überladet eure Predigten nicht mit Stoff.* Man kann nicht alle Wahrheit in eine Rede zusammen drängen; eine Predigt soll kein ganzes theologisches System enthalten. Man kann auch zu viel sagen wollen und damit fortfahren, bis die Zuhörer übersättigt sind. Ein alter Pfarrer, der mit einem jungen Prediger spazieren ging, deutete auf ein Kornfeld und sagte: »Ihre Predigt enthielt viel unverarbeiteten Stoff.

Sie war wie dies Weizenfeld, voll von Nahrungsstoff, der nicht zum Essen zugerichtet ist. Eine Predigt sollte wie ein Laib Brot sein, den man gleich essen kann.« Unsere Vorfahren hatten freilich einen besseren Magen für die Gottesgelehrtheit. Sie konnten ein ganzes Pfund verdauen, das man ihnen im Lauf von drei bis vier Stunden unverdünnt und unversüßt eingab, aber unser heruntergekommenes Geschlecht will nur ein Lot auf einmal, und zwar nicht die rohe, unverarbeitete Masse, sondern einen feinen Extrakt. Wir müssen lernen, mit wenig Worten viel zu sagen, aber nicht zu viel und nicht zu weitläufig. Ein Gedanke, der sich einprägt, ist besser als fünfzig, die zu einem Ohr hinein- und zum andern hinausgehen. Lieber einen tüchtigen Nagel fest einschlagen, als ein paar Dutzend Reißnägelchen lose hineinstecken, daß man sie in der nächsten Stunde wieder herausziehen kann.

Die Lehre, die ihr verkündigt, muß klar und unmißverständlich sein. Manche Leute denken im Rauch und predigen in einer Wolke. Aber eure Zuhörer wollen keinen leuchtenden Nebel, sondern den festen Boden der Wahrheit. Philosophische Spekulationen versetzen manche Gemüter in eine Art Rausch, so daß sie entweder gar nichts oder alles doppelt sehen. Neue Bücher, die eine merkwürdige Wahrheit zu verkünden vorgeben, haben manchem redlichen Mann den Kopf verdreht, daß der meint, er sei verpflichtet, solche Dinge zu lesen, um auf der Höhe der Zeit zu stehen. Mit demselben Recht könnte man auch sagen, man müsse ins Theater gehen, um die neuen Stücke kennenzulernen, oder den Pferderennen nachlaufen, um ein Urteil über diese Dinge zu bekommen. Meiner Ansicht nach werden ketzerische Bücher hauptsächlich von Pfarrern gelesen, und wenn diese sich nicht um derlei Bücher kümmerten, blieben sie totgeborene Kinder. Ein Pfarrer lasse sich nicht hinters Licht führen, dann ist er auf dem richtigen Weg, verständlich zu predigen. Wer nicht verständlich predigt, kann nicht hoffen, auf die Herzen zu wirken. Wenn wir unserer Gemeinde die reine, abgeklärte Schriftwahrheit in möglichst klarem Ausdruck predigen, dann sind wir wahre Hirten der Schafe, und der Segen wird sich bald offenbaren.

Erhaltet den Stoff eurer Predigten möglichst frisch. Wiederholt nicht fünf oder sechs Wahrheiten in gleichmäßiger Eintönigkeit. Wenn wir reichlich Stoff haben und ihn fleißig durch neue Bilder und Lebenserfahrungen beleben, dann werden wir unsere Zuhörer nicht langweilen, sondern mit Gottes Hilfe ihre Ohren und Herzen gewinnen.

Laßt euren Predigtstoff wachsen und zunehmen. Laßt ihn sich vertiefen mit euren eigenen Erfahrungen und höher steigen in dem Maß, als eure Seele wächst. Ihr sollt keine neuen Wahrheiten verkündigen. Im Gegenteil: glücklich der Mann, der von Anfang an seiner Sache so gewiß ist, daß er auch nach fünfzigjährigem Predigen nicht zu widerrufen braucht, nicht beklagen muß, daß er eine wichtige Wahrheit verschwiegen hat. Aber eure Tiefe und euer Verständnis sollen immer zunehmen, und dies wird auch geschehen, wenn geistliches Wachstum bei euch vorhanden ist. Timotheus konnte nicht predigen wie Paulus. Die Predigten unserer reiferen Jahre müssen besser sein als die der früheren. Diese dürfen nie unsere Vorbilder sein. Am besten wäre es, sie zu verbrennen oder sie nur aufzuheben, damit wir uns später wegen ihrer Oberflächlichkeit schämen. Es wäre schlimm, wenn wir jahrelang in Christi Schule wären und nichts lernten. Unsere Fortschritte mögen langsam sein, aber wenn wir gar keine Fortschritte machten, so wäre das ein Beweis, daß wir kein gesundes inneres Leben haben. Seid immer überzeugt, daß ihr's noch nicht ergriffen habt, und Gott schenke euch Gnade, daß ihr danach strebt, wie ihr's ergreifen möchtet. O, daß ihr alle rechte Prediger des neuen Testaments würdet und kein bißchen zurückbliebet hinter den größten Verkündigern der Wahrheit, wenn ihr auch in euch selbst nichts seid.

Die Summe von allem, was ich euch sagen möchte, ist: Meine Brüder, predigt *Christus und immer wieder Christus!* Er ist das ganze Evangelium. Seine Person, sein Amt, sein Werk muß unser großes, alles umfassendes Thema sein. Der Welt muß immer noch ihr Heiland und der Weg zu ihm verkündigt werden. Die Rechtfertigung durch den Glauben sollte viel mehr, als es geschieht, von den protestantischen Kanzeln gepredigt werden. Und wenn in Verbindung mit dieser ersten und Hauptwahrheit auch die andern großen Wahrheiten der Gnade mehr verkündigt würden, so wäre es um so besser für unsere Kirche und unsere Zeit. Wenn wir in unsern Predigten mit dem Eifer der Methodisten die Dogmatik der Puritaner vortragen könnten, so hätten wir eine große Zukunft. Das Feuer Wesleys und die Kohlen Whitefields würden einen Brand entzünden, der die Wälder des Irrtums verzehren und die innerste Seele dieser kalten Erde durchwärmen könnte. Wir sollen nicht Philosophie und Gelehrsamkeit predigen, sondern das einfache Evangelium. Des Menschen Fall, die Notwendigkeit einer neuen Geburt, Vergebung der Sünden durch Christi Versöhnung, Seligkeit durch den Glauben, – das sind unsere Schlachtschwerter und Kriegswaffen. Wir haben genug zu tun, diese Wahrheiten zu lernen und zu lehren, und verflucht sei die Gelehrsamkeit, die uns von diesem Beruf ablenkt, und die selbstverschuldete Unwissenheit, die unser Streben aufhält. Immer dringender möchte ich mahnen, daß sich doch keiner von uns durch Ansichten über Weissagen, Kirchenregiment, Politik oder auch durch die systematische Theologie davon abbringen lasse, seinen Ruhm allein in dem Kreuz Christi zu suchen. Ich möchte jede geheiligte Zunge werben, die Seligkeit zu verkündigen. Mich hungert nach Zeugen für das herrliche Evangelium Gottes. O daß die rechten Gottesmenschen immer und immer wieder nur den Gekreuzigten predigten! Forschungen und Vermutungen über einen persönlichen Antichrist u. dergl. haben wenig Wert. Wohl denen, die die Worte der Weissagung in der Offenbarung hören und lesen; aber die, die vorgeben, sie könnten sie auslegen, haben bis jetzt nicht viel Segen gestiftet. Eine Reihe solcher Ausleger nach der andern ist durch die Zeitereignisse Lügen gestraft worden, und auch die gegenwärtigen Ausleger werden bald ein ruhmloses Grab finden. Lieber einen einzigen Brand aus dem Feuer reißen, als alle Geheimnisse erklären. Eine Seele vom Abgrund zu erretten ist ruhmvoller, als in der Arena theologischen Disputierens zum Doktor Sufficientissimus gekrönt zu werden. Wenn ihr treulich die Herrlichkeit Gottes im Angesicht Jesu Christi geoffenbart habt, so wird das im letzten Gericht höher geschätzt werden, als wenn ihr die Rätsel der dogmatischen Sphinx gelöst oder den gordischen Knoten apokalyptischer

Schwierigkeiten zerhauen hättet. Gesegnet die Predigt, in der Christus das Ein und Alles ist!

6. Die Wahl des Textes

Ist es schwer, Texte zu finden? In meiner ersten Zeit las ich einmal in einer Sammlung von homiletischen Vorträgen eine Behauptung, die mich damals sehr beunruhigte. Sie lautete ungefähr so: »Wenn jemand Schwierigkeiten hat bei der Wahl des Textes, so kehre er lieber gleich an den Ladentisch oder zum Pflug zurück, denn er ist offenbar nicht tüchtig fürs geistliche Amt.« Da ich oft diese Schwierigkeit gehabt hatte, fragte ich mich, ob ich nicht dem Predigtamt entsagen und einen weltlichen Beruf ergreifen solle. Ich habe das aber nicht getan, denn obgleich mich der Machtspruch jenes Schriftstellers verdammt, so weiß ich doch gewiß, daß ich einem Ruf folge, auf den Gott deutlich sein Siegel gedrückt hat. Ich kam aber doch damals in solche Gewissensnot, daß ich meinen Großvater, der seit fünfzig Jahren Pfarrer war, fragte, ob ihm die Wahl der Texte manchmal Not mache. Er gestand mir offen, daß dies bei ihm die Hauptschwierigkeit sei, während das Predigen selbst ihm verhältnismäßig leicht gehe. Ich weiß noch die Worte des ehrwürdigen Mannes: »Die Schwierigkeit ist nicht die, daß es nicht genug Texte gibt, sondern es gibt so viele, daß mir die Wahl weh tut.« Es geht uns oft wie einem Blumenfreund, der in einem herrlichen Garten steht und aus den Tausenden herrlicher Blumen sich nur eine nehmen darf. Ich gestehe, daß mir die Textwahl immer schwer wird; wie die Franzosen sagen, »embarras de richesses«; ich möchte so gerne von den vielen wichtigen Wahrheiten die allerwichtigste auswählen; so bitten alle um Gehör; und so viele Pflichten sollte man einschärfen, so vielen geistlichen Bedürfnissen entgegenkommen. Ich sitze oft stundenlang betend und nach einem Text ausschauend da; meine Vorbereitung besteht hauptsächlich darin. Viel mühsame Arbeit kostet es mich, ein Thema zu finden, über einzelne Lehrsätze nachzudenken, aus einer Bibelstelle einen Predigtentwurf zu machen und dann alles wieder dem Meer der Vergessenheit zu übergeben; ich schiffe weiter und weiter, bis ich endlich die roten Lichter sehe und auf den Hafen lossteure. Ich glaube, ich mache jeden Samstag so viele Predigtentwürfe, daß ich einen Monat damit reichen könnte, aber ich erlaube mir ebensowenig, sie zu benützen, wie ein ehrlicher Schiffer sich erlauben würde, Schmugglerwaren zu laden. Texte ziehen vor dem Auge meines Geistes hin wie Bilder vor der Linse des Photographen; aber ehe der Geist wie eine empfindliche Platte das Bild festhält, sind die Texte wertlos.

Was ist der richtige Text? Woran erkennt man ihn? Wir erkennen ihn, wie man einen Freund erkennt. Wenn ein Spruch deinen Geist kräftig packt und ihn nicht wieder losläßt, dann hast du den rechten Text. Wie ein Fisch schnappst du nach verschiedenen Ködern, aber wenn dich die Angel gepackt hat, so schnappst du nicht mehr weiter. Wenn der Text uns hält, so halten auch wir ihn und können mit Ruhe unser Herz über ihn ausströmen lassen. Um ein anderes Bild zu gebrauchen: Du hast eine Anzahl von Texten und versuchst, sie aufzuschlagen; du hämmerst mit aller Macht, aber alle Mühe ist vergeblich; endlich schlägst du auf einen, der beim ersten Schlag auseinanderfällt. Die einzelnen Stücke glänzen, und du siehst, daß die herrlichsten Edelsteine darin sind. Das Bibelwort wächst vor deinen Augen wie das Samenkorn im Märchen, das vor den Augen des Beobachters zu einem Baum heranwuchs. Es entzückt und bezaubert dich, oder es drückt dich nieder auf die Knie und legt eine Last vom Herrn auf dich. Wisse dann, das ist die Botschaft, die du nach dem Willen des Herrn verkündigen sollst. Wenn du dies fühlst, bist du so durch die Schrift gebunden, daß du nicht ruhen kannst, bis du dich ganz ihrer Macht hingibst und redest, was dir der Herr in den Mund legt. Warte darauf, und wenn du auch bis eine Stunde vor dem Gottesdienst warten müßtest. Kühle, berechnende Männer, die nicht wie wir einem innern Trieb folgen, verstehen dies vielleicht nicht, aber manchen unter uns sind diese Dinge ein Gesetz im Herzen, das wir nicht übertreten dürfen. Wir bleiben in Jerusalem, bis wir Kraft aus der Höhe empfangen.

35

»Ich glaube an den Heiligen Geist.« Das ist ein Artikel unseres Glaubens; aber nicht alle, die diesen Glauben bekennen, handeln danach. Viele Prediger denken, sie müssen den Text wählen, sie müssen entdecken, welche Wahrheit er enthält, sie müssen eine Predigt darin finden. Ich bin nicht dieser Ansicht. Natürlich müssen wir unsern Willen, unsern Verstand, unser Gemüt gebrauchen, denn ich behaupte nicht, daß der Heilige Geist uns nötigt, gegen unsern Willen über einen Text zu predigen. Er behandelt uns nicht, als ob wir Spieluhren wären, die man nur aufzuziehen braucht, damit sie eine bestimmte Melodie spielen. Sondern dieser herrliche Eingeber aller Wahrheit behandelt uns als vernünftige Wesen und beherrscht uns durch geistige Kräfte, die unserer eigenen Natur entsprechen. Aber fromme Gemüter wünschen immer, daß nicht ihr eigener, dem Irrtum unterworfener Verstand, sondern der allweise Geist Gottes den Text wähle; darum übergeben sie sich demütig in seine Hände und bitten ihn, er möge ihnen zu rechter Zeit die Speise zeigen, die er seinem Volk bestimmt hat. Gurnall sagt: »Kein Pfarrer ist von sich selbst tüchtig für seinen Beruf. O wie lange sitzen sie oft da, schlagen in den Büchern nach und quälen ihr Gehirn, bis Gott ihnen zu Hilfe kommt, und dann wird es ihnen beschert. Wenn Gott nicht seine Hilfe auf uns triefen läßt, so schreiben wir mit einer Feder ohne Tinte. Wenn ein Mensch vor andern sich stets von Gott abhängig fühlen muß, so ist es ein Pfarrer.«

Wenn man mich fragt: »Wie erhalte ich den passendsten Text?« So sage ich: »Flehe zu Gott darum!«

Nach dem Gebet *müssen wir mit allem Ernst die geeigneten Mittel anwenden, um unsere Gedanken auf einen Punkt zu sammeln und in die richtige Bahn zu leiten.* Denkt euch in eure Zuhörer hinein. Bedenkt den geistlichen Zustand der ganzen Gemeinde und der einzelnen Glieder, und verschreibt dann die Arznei für die gerade herrschende Krankheit, oder bereitet die Speise, die gerade Bedürfnis ist. Hütet euch aber, auf besondere Liebhabereien eurer Zuhörer oder auf die Eigentümlichkeiten der Wohlhabenden und Einflußreichen Rücksicht zu nehmen. Kümmert euch nicht zu viel um den Herrn und die Dame, die in dem gepolsterten Kirchenstuhl sitzen, wenn nämlich unglücklicherweise in eurer Kirche so ein vornehmer Platz ist, während doch in Gottes Haus alle Menschen gleich sein sollen. Ihr müßt euch um den, der eine reiche Kirchensteuer zahlt, natürlich so gut kümmern wie um die andern und dürft ihn nicht geistlich verwahrlosen; aber ihr dürft ihn nicht behandeln, als wäre er die ganze Gemeinde, sonst betrübt ihr den Heiligen Geist. Seht mit derselben Teilnahme nach den Armen in den hinteren Plätzen, und wählt ein Thema, das ihnen verständlich ist und sie in ihren vielen Leiden trösten kann. Laßt euch nicht den Kopf verdrehen durch jene einseitigen Gemeindeglieder, denen ein Teil des Evangeliums gar wohl schmeckt, während sie für andre Seiten der Wahrheit nur taube Ohren haben. Geht ihnen zuliebe oder zuleide nicht aus eurem Geleise. Wenn sie gute Leute sind, würde man ihnen ja gern eine Freude machen und auf ihre Eigentümlichkeiten Rücksicht nehmen, aber ein treuer Geistlicher darf sich nicht dazu hergeben, seinen Zuhörern die Stückchen aufzuspielen, die sie gerne hören; wir müssen des Herrn Mund bleiben und alle seine Ratschlüsse verkündigen. Also noch einmal: Überlegt, was eure Gemeinde wirklich zu ihrer Erbauung bedarf, und das sei euer Thema!

Erwägt, was für Sünden in eurer Gemeinde im Schwange sind; weltlicher Sinn, Habsucht, Lässigkeit im Gebet, Zorn, Hochmut, Mangel an brüderlicher Liebe. Afterreden u. dergl. Denkt auch teilnehmend an die Trübsal eurer Gemeinde, und sucht einen Balsam für ihre Wunden. Es ist nicht nötig, in Gebet und Predigt alle Einzelheiten zu erwähnen, wie jener ehrwürdige Pfarrer, der in seiner überströmenden Liebe so viele Anspielungen auf Geburten, Heiraten und Todesfälle machte, daß es gewiß zum Sonntagsnachmittagsvergnügen seiner Zuhörer gehörte, herauszubringen, wen er gemeint hatte. Zu gewissen Zeiten werden eure Gemeindeglieder besonders heimgesucht sein. Diese Heimsuchungen, gegen deren Ruf ihr nicht taub sein dürft, werden euren Geist in neue Gedankenbahnen lenken. Wir müssen über den geistlichen Zustand unserer Gemeinde wachen, wenn wir eine Gefahr des Rückfalls bemerken und wenn wir den Einfluß schädlicher Irrlehren oder eines verkehrten Wahnes fürchten – kurz, wenn in dem geistlichen Zustand der Kirche uns etwas auffällt, so müssen wir schnell eine Predigt machen, die mit Gottes Hilfe der Plage Einhalt tut. Solche Winke in Beziehung auf die Zuhörer gibt der Geist Gottes dem gewissenhaften, wachsamen Pfarrer. Der sorgsame Hirt untersucht seine Herde oft und richtet sich in seiner Behandlung nach dem Zustand, in dem er sie findet. Je nachdem er es aus seiner Erfahrung heraus für zuträglich hält, gibt er vielleicht von einer Speise wenig und von der andern viel und Arznei nach Bedürfnis. Wir werden gewiß richtig geführt, wenn wir nur mit dem großen Hirten der Schafe in Fühlung bleiben.

Aber obgleich wir unserer Gemeinde ernstlich die Wahrheit sagen müssen, dürfen wir uns doch nicht unterstehen, sie auszuschelten. Man nennt die Kanzel des Feiglings Burg, und der Name ist oft nicht ganz unpassend, besonders wenn ein hochmütiger Tor darauf steht und die Fehler und Schwächen seiner Zuhörer dem öffentlichen Spott preisgibt. Man kann auf eine beleidigende, übermütige, unverzeihliche Weise persönlich werden; davor hütet euch, es ist von der Erde und irdisch. Man kann es aber auch auf verständige, geistliche, himmlische Art werden; danach strebet unaufhörlich. Das Wort Gottes ist schärfer als ein zweischneidig Schwert; überlasset ihm das Töten und Verwunden, und verwundet nicht auch noch mit beleidigenden Reden. Gottes Wahrheit erforscht alles; so laßt sie die Herzen erforschen, und meinet nicht, ihr müßt durch eure kränkenden Zugaben mithelfen. Der ist ein schlechter Porträtmaler, der den Namen unter das Bild schreiben muß, wenn es in dem Zimmer hängt, wo der Gemalte sitzt. Zwingt eure Zuhörer zu merken, daß ihr von ihnen sprecht, auch ohne Anspielung auf bestimmte Personen.

Wenn ein Pfarrer einen Text sucht, muß er an die Texte denken, über die er früher gepredigt hat, damit er nicht immer eine Wahrheit treibt und anderes darüber vernachlässigt. Einige tiefe Denker können vielleicht dieselbe Sache in einer Reihe von Predigten behandeln und wie durch eine Drehung des Kaleidoskops immer neue Schönheiten an demselben Gegenstand zeigen, aber die meisten sind nicht so fruchtbar und werden besser tun, das Thema öfter zu wechseln und sich auf einem weiteren Gebiet der Wahrheit zu bewegen. Ich sehe oft das Verzeichnis meiner Predigten durch und besinne mich, ob eine Wahrheit oder eine christliche Tugend meiner Aufmerksamkeit entgangen ist. Wir müssen uns fragen, ob wir vielleicht in der letzten Zeit zu lehrhaft oder auch zu ausschließlich praktisch gepredigt haben. Wir dürfen in unserer Predigt das Gesetz nicht vergessen, dürfen aber auch nicht bloß eine kalte Sittlichkeit predigen, sondern wir müssen Gesetz und Evangelium zur Geltung bringen. Jeder Teil der Schrift muß seine ihm gebührende Stelle in unserem Kopf und Herzen haben. Die ganze göttliche Wahrheit: Lehre, Vorschrift, Geschichte, Sinnbild, Psalm, Sprichwort, Erfahrung, Verheißung, Einladung, Drohung, Verweis wollen wir in den Kreis unserer Lehrtätigkeit ziehen. Laßt uns alle Einseitigkeit, alle Übertreibung der einen und Herabsetzung der andern Wahrheit fliehen, laßt uns das Bild der Wahrheit mit harmonischen Zügen und Farben malen, damit schließlich nicht anstatt eines ähnlichen Bildnisses ein Zerrbild herauskommt.

Es können Verhältnisse eintreten, die euch nötigen, die wohlstudierte Predigt wegzuwerfen und, indem ihr euch auf die augenblickliche Hilfe des Heiligen Geistes verlaßt, ganz unvorbereitet zu sprechen. So ging es dem verstorbenen Kingman Nott, als er in einem Theater New Yorks predigte. Er erzählt: »Das Gebäude war gedrängt voll, und zwar meistens von ziemlich verwilderten Knaben und jungen Männern. Ich hatte mir eine Predigt ausgedacht, aber als ich auf die Bühne trat, mit Gelächter begrüßt wurde und die buntgemischte, lärmende Menge sah, da verzichtete ich auf meine Predigt, nahm das Gleichnis vom verlorenen Sohn und suchte das Interesse der Zuhörer dafür zu gewinnen. Sie blieben auch fast alle da und waren ziemlich aufmerksam.« Wie dumm wäre es gewesen, wenn er die vielleicht ganz ungeeignete Predigt gehalten hätte. Meine Brüder, ich bitte euch, glaubt an den Heiligen Geist, und handelt nach diesem Glauben.

Als weitere Hilfe für einen armen, gestrandeten Prediger, der sein Geistesschiff nicht flott machen kann, weil keine Gedankenwellen kommen, empfehle ich ihm, *daß er sich immer wieder an das Wort Gottes wende;* er lese ein Kapitel und überdenke einen

Vers nach dem andern, oder er suche sich einen einzelnen Vers heraus und vertiefe sich darein. Sollte er auch nicht gerade in dem Gelesenen einen Text finden, so wird ihm doch das rechte Wort eher einfallen, wenn er sich recht mit heiligen Dingen beschäftigt. Ein Gedanke erzeugt einen zweiten und dieser wieder einen, und in der Gedankenreihe, die vor dem Geist vorüberzieht, wird doch wohl der bestimmte Text sein. Lest auch gute, anregende Bücher, durch die euer Geist geweckt wird. Wenn man Wasser aus einem lange nicht gebrauchten Brunnen heraufpumpen will, so gießt man zuerst Wasser hinunter, und dann arbeitet das Pumpwerk. Holt einen alten Puritaner aus der Bibliothek und studiert ihn gründlich, und ihr werdet bald so viel Leben und Bewegung in euch fühlen, wie ein Vogel im Flug.

Übrigens *müssen wir immer auf der Suche nach Texten sein, immer im Geist an einer Predigt arbeiten.* Unser Geist muß immer in heiliger Tätigkeit sein. Wehe dem Pfarrer, der sich erlaubt, eine Stunde zu vergeuden. Lest John Fosters Aufsatz über die Benützung der Zeit, und nehmt euch vor, nie einen Augenblick zu verlieren. Wer von Montag früh bis Samstag abend müßig herumschlendert und meint, ein Bote vom Himmel werde ihm noch vor Torschluß den Text bringen, der versucht Gott und verdient es, am Sonntag auf der Kanzel steckenzubleiben. Als Pfarrer haben wir keine freie Zeit; wir haben immer Dienst und müssen Tag und Nacht auf der Warte stehen. Es ist eure heilige Pflicht, die Zeit aufs strengste zu Rate zu halten; wenn ihr sie vertändelt, so tut ihr es auf eure eigene Gefahr. Die Blätter eures Predigtamts werden bald verwelken, wenn ihr nicht wie der im 1. Psalm selig gepriesene Mann »Tag und Nacht über das Gesetz des Herrn nachsinnet«.*)

Man hat mich gefragt, ob es gut sei, eine Reihe von Predigten über im voraus bestimmte Texte anzukündigen. Ich antworte: Jeder folge darin seinem eigenen Ermessen. Ich bin nicht Richter über andre, aber ich würde so etwas nicht unternehmen, es würde mir auch jedenfalls mißlingen. Viele berühmte Theologen haben

---

*) In der englischen Übersetzung heißt es nicht redet, sondern nachsinnt (meditate).

allerdings wertvolle Reihenfolgen von Predigten über vorher bestimmte Texte gehalten, aber wir sind nicht berühmt und müssen andre wie uns selbst zur Vorsicht mahnen. Ich wage nicht, im voraus zu sagen, worüber ich morgen, geschweige worüber ich in sechs Wochen oder sechs Monaten predigen werde. Der Grund ist, daß ich nicht die besondre Gabe besitze, die man braucht, um die Teilnahme einer Versammlung für einen Gegenstand oder eine Reihe von Gegenständen längere Zeit rege zu erhalten. Brüder von außerordentlicher Begabung und gründlicher wissenschaftlicher Bildung können das tun, Brüder ohne diese Vorzüge und ohne gesunden Menschenverstand mögen behaupten, daß sie es können – ich kann es nicht.

Die Kraft des Predigers ist wesentlich dadurch bedingt, daß seine ganze Seele mit dem Thema übereinstimmt. Ich würde es nicht wagen, im voraus einen Text zu wählen, aus Furcht, ich wäre dann, wenn die Zeit käme, nicht in der richtigen Stimmung. Außerdem begreife ich nicht, wie man unter der Leitung des Heiligen Geistes stehen will, wenn man sich schon selbst den Weg vorgezeichnet hat. Vielleicht werdet ihr sagen: »Das ist ein komischer Einwand. Kann man sich nicht ebensogut für 20 Wochen wie für eine auf des Heiligen Geistes Leitung verlassen?« Wohl wahr, aber wir haben keine Verheißung, die uns zu solchem Glauben berechtigte. Gott verheißt uns die Gnade, die wir jeden Tag brauchen, aber er hat uns nirgends so viel versprochen, daß wir einen Vorrat für die Zukunft anlegen können. Wie den Israeliten jeden Tag ihr Manna vom Himmel fiel, so wird auch uns eine Predigt frisch vom Himmel kommen, wenn wir sie brauchen. Ich bin eifersüchtig auf alles, was eure tägliche Abhängigkeit von dem Heiligen Geist stören könnte.

7. Über geistliche Deutung

Viele homiletische Schriftsteller halten es für ganz unerlaubt, hier und da einen Spruch geistlich zu deuten. »Wählet Texte«, sagen sie, »deren Wortsinn auf der Hand liegt; schweift nie ab von dem klar zutage liegenden Sinn der Bibelstelle; erlaubt euch nie, eine Stelle einem Gedanken anzupassen. Solche Künsteleien treiben Leute mit verkünstelter Bildung; es sind Taschenspielerstücke, die einen schlechten Geschmack und einen gewissen Grad von Frechheit verraten.« Allen Respekt vor den gelehrten Herren, aber ich erlaube mir in aller Bescheidenheit, anderer Ansicht zu sein. Jene Behauptung scheint mir mehr gesucht als richtig, mehr in die Augen fallend als wahr. Es kann sehr viel Segen bringen, wenn man zuweilen vergessene, seltsame, merkwürdige, außerhalb des gewöhnlichen Geleises liegende Texte wählt. Wenn wir einen Gerichtshof von Predigern entscheiden ließen, die wirkliche Erfolge aufzuweisen haben, die keine Studierstubenmenschen sind, sondern wirklich auf dem Kampfplatz stehen, so würde die Mehrheit für uns stimmen. Die gelehrten Rabbiner unserer Zeit sind vielleicht zu erhaben und zu himmlisch, um sich zu Leuten niederen Ranges herabzulassen; aber wir, die wir uns keiner hohen Bildung, keiner gründlichen Gelehrsamkeit und keiner gewaltigen Beredsamkeit rühmen können, halten es für weise, gerade die Methode anzuwenden, die von den großen Herren in Acht und Bann getan wird. Sie ist eins der besten Mittel, uns vor dem handwerksmäßigen Schlendrian zu bewahren; sie liefert uns das Salz, mit dem wir die nicht immer schmackhafte Wahrheit den Leuten mundgerecht machen können. Viele große Seelenfischer halten es für ein bewährtes Mittel, zuweilen dem Herkommen ein Schnippchen zu schlagen und durch Einschlagen eines neuen, unbetretenen Pfades die Zuhörer anzuregen. Die Erfahrung gibt ihnen recht. Innerhalb gewisser Schranken ist es erlaubt, allegorisch zu deuten und eigentümliche Texte zu wählen.

Erklärt den Wortsinn der Schriftstellen, wie es eure Pflicht ist, aber sucht auch noch einen Sinn darin zu finden, der nicht auf der Oberfläche liegt. Folgt meinem Rat, soweit ihr es für recht haltet, aber zeigt den hochweisen Kritikern, daß nicht jedermann ihr goldenes Kalb anbetet. Übt die geistliche Deutung innerhalb gewisser Grenzen, aber stürzt euch nicht in ungesunde, phantastische Deuteleien. Wenn man euch rät zu baden, braucht ihr euch nicht gleich zu ertränken; ihr braucht euch nicht an eine Eiche zu hängen, weil

Tannin ein gutes Arzneimittel ist. Etwas Erlaubtes zu weit getrieben, schlägt ins Gegenteil um, wie das Feuer im Herd ein guter Diener ist, ein böser Herr aber, wenn es in einem brennenden Hause wütet. Etwas Gutes im Übermaß genossen, wird zum Ekel, und das gilt ganz besonders von der Sache, die wir hier besprechen.

Die erste Regel ist: *Tut keiner Stelle Gewalt an durch unerlaubte Vergeistlichung.* Das ist eine Sünde gegen den gesunden Menschenverstand. Wie schrecklich haben manche Prediger das Wort Gottes mißhandelt und verstümmelt; wie haben sie Sprüche auf die Folter gespannt, um ihnen etwas auszupressen, was sie von selbst nie ausgesagt hätten; wie jener Prediger, von dem Rowland Hill erzählt und der nur ein Beispiel unter vielen ist. Er nahm den Text: »Ich hatte drei weiße Körbe auf dem Kopf«, aus dem Traum von Pharaos Bäcker, und hielt darüber eine Predigt über die Dreieinigkeit!

Vollständiger Unsinn kommt heraus, wenn Dummheit und Aufgeblasenheit zusammenwirken. Nur ein Beispiel. Ein Mann sprach über die 29 Messer Esras (Esra 1, 9) und fand in der ungeraden Zahl eine Hinweisung auf die 24 Ältesten der Offenbarung! Das sind nur einige Proben jener homiletischen Merkwürdigkeiten, die so häufig und so wertvoll sind wie die Reliquien, die man in Menge auf dem Schlachtfeld von Waterloo sammelt und die die Einfältigen als unschätzbare Kleinode hinnehmen. Aber ihr werdet genug und übergenug an diesem Unsinn haben, und ich brauche euch nicht erst von dergleichen Torheiten abzumahnen. Solche Faseleien sind der Bibel unwürdig, sie beleidigen den gesunden Menschenverstand der Zuhörer und setzen den Pfarrer in den Augen andrer herunter. So etwas ist aber ebensowenig eine wirklich geistliche Deutung, als eine Distel des Libanon eine Zeder des Libanon ist. Laßt die kindische Spielerei, und verdreht die Worte nicht, sonst werdet ihr bei den Narren für einen Weisen und bei den Weisen für einen Narren gelten.

Verdreht nie das Bibelwort, um ihm einen neuen sogenannten geistlichen Sinn zu geben, damit nicht der Fluch, der am Schluß der ganzen Bibel ausgesprochen ist (Offenb. 22, 18. 19), auf euch komme. Ferner, laßt eure Zuhörer nie vergessen, daß die Erzäh-

43

lungen, die ihr geistlich deutet, Tatsachen, nicht bloße Sagen enthalten. Der eigentliche Sinn einer Stelle darf nie in dem Strom eurer Einbildungskraft ertrinken. Er muß immer die erste Stelle einnehmen; eure Deutung darf nie den ursprünglichen Sinn beiseite schieben oder in den Hintergrund drängen. Die Bibel ist nicht eine Sammlung von geistreichen Allegorien oder lehrreichen, poetischen Sagen; sie erzählt uns wirklich geschehene Ereignisse und offenbart uns furchtbar ernste Tatsachen. Alle, die eure Predigt hören, müssen es euch anmerken, daß ihr von dieser Wahrheit fest überzeugt seid. Es wäre ein böser Tag für die Kirche, wenn die Kanzel auch nur scheinbar der ungläubigen Ansicht beipflichtete, nach der die Heilige Schrift nur die Urkunde einer hochentwickelten Mythologie ist, wo gleichsam Atome von Wahrheit in einem Meer der Dichtung schwimmen.

Für den, der die Gabe besitzt, geistlich zu deuten, ist immer noch ein weites Gebiet vorhanden, auf dem er sich ergehen darf. Die Vorbilder der Heiligen Schrift geben reichen Stoff, an denen eine wahrhaft geheiligte Genialität sich üben kann. Ihr habt die Stiftshütte in der Wüste mit ihrem heiligen Gerät, dem Brandopfer, dem Sühnopfer usw. Warum wollt ihr durchaus etwas Neues? Ihr habt ja den Tempel mit all seiner Herrlichkeit vor euch. Der stärkste Trieb, geistlich zu deuten, findet reichlichen Stoff in den unzweifelhaften Sinnbildern von Gottes Wort, und eine solche Übung ist sehr nützlich, denn diese Sinnbilder sind von Gott selbst gegeben. Habt ihr alle Sinnbilder des Alten Testaments erschöpft, so bleiben euch noch zahllose Gleichnisse. Eine geschickte Erklärung der dichterischen Gleichnisse der Heiligen Schrift wird eurer Gemeinde sehr wohlgefallen und ihr auch mit Gottes Hilfe zum Segen werden.

Eine zweckmäßige Art, geistlich zu deuten, besteht auch darin, *daß man kleine und vereinzelte Tatsachen unter allgemeine Gesichtspunkte bringt.* Dies ist eine geistreiche, lehrreiche und erlaubte Beschäftigung. Ihr hättet wahrscheinlich nicht Lust, über die Worte: »Nimm sie beim Schwanz« zu predigen, aber es läßt sich ganz natürlich die Lehre aus den Worten ziehen, daß man alles beim richtigen Ende anfassen muß. Moses nahm die Schlange

44

beim Schwanz. So können wir auch unsere Prüfungen fassen und werden finden, daß sie uns in der Hand zu Zauberstäben werden. Man kann die Lehre von der Gnade auf richtige Art festhalten, man kann in der richtigen Weise weltlichen Menschen entgegentreten usw. In Hunderten von biblischen Tatsachen finden wir allgemeine Wahrheiten, die vielleicht sonst nirgends in Worten ausgesprochen sind. Nehmen wir einige Beispiele von Jay: Psalm 74, 14: »Du zerschlägst die Köpfe der Walfische und gibst sie zur Speise dem Volk in der Einöde.« Daraus zieht er die Lehre, daß die schlimmsten Feinde von Gottes Volk vernichtet werden sollen und daß die Erinnerung an Gottes Güte die Heiligen stärkt. Bei 1. Mose 35, 8: »Da starb Debora, der Rebekka Amme, und ward begraben unter Beth-El, unter der Eiche, und ward genannt die Klageeiche«, spricht er über gute Dienstboten und über die Gewißheit des Todes. Bei 2. Sam. 15, 15: »Da sprachen die Knechte des Königs zu ihm: was mein Herr, der König, erwählet, siehe, hier sind deine Knechte«, zeigt er, daß solche Sprache ganz geziemend von Christen Christus gegenüber gebraucht werden kann. Sollte jemand diese Art, geistlich zu deuten, tadeln, so braucht ihr euch darum nicht zu kümmern. Ich habe nach dem Maß meiner Begabung dasselbe getan, und die Umrisse für manche Predigt dieser Art finden sich in meinem Büchlein »Auf jeden Abend«, sowie – jedoch in geringerer Zahl – in dessen Seitenstück »Für jeden Morgen«.

Wenn wir die Gleichnisse des Herrn auslegen und die nötigen Ermahnungen daran knüpfen, so finden wir weiten Spielraum für die gereifte und in der Zucht gehaltene Phantasie, und haben wir alle Gleichnisse behandelt, so bleiben noch die Wunder, aus denen wir eine Fülle von sinnbildlicher Wahrheit schöpfen können. Die Wunder sind in Taten umgesetzte Predigten unseres Herrn Jesu. So habt ihr seine Predigten in Worten in seiner unvergleichlichen Unterweisung und seine Predigten in Taten in seinen unvergleichlichen Werken. Trenchs Schrift über die Wunder kann euch da viel nützen. obgleich sie in der Lehre manche Irrtümer enthält. Alle die mächtigen Werke unseres Herrn sind voll von Lehrweisheit. Nehmt die Geschichte von der Heilung des Taubstummen. Die

Krankheit des Armen ist ein gutes Bild für den Seelenzustand des verlorenen Menschen, und die Art, wie Jesus ihn heilte, ist ein Bild des Heilsplans. Jesus nahm ihn von dem Volk besonders – die Seele muß sich als ein selbständiges, persönliches Wesen empfinden und muß in die Einsamkeit geführt werden. Er legte ihm die Finger in die Ohren – die Quelle des Schadens wird gezeigt, die Sünder erkennen ihren Zustand. Und er spuckte – das Evangelium ist ein einfaches und verachtetes Mittel; der Sünder, der selig werden will, muß sich demütigen, ehe er es empfängt. Er berührte seine Zunge – ein weiterer Hinweis auf die Ursache des Schadens: wir fühlen unsere Not mehr. Er blickte auf gen Himmel – Jesus erinnert den Kranken daran, daß alle Kraft von oben kommt, eine Wahrheit, die jeder Suchende lernen muß. Er seufzte – das zeigt, daß der Schmerz des Heilenden unser Heilmittel ist. Und dann sprach er: Hephata, tue dich auf! – Das war das Wort der Gnade, das eine augenblickliche, vollkommene und dauernde Heilung bewirkte. Diese eine Erklärung diene als Beispiel für alle andern. Die Wunder Christi sind eine große Sammlung von Bildern zur Erläuterung seines Werks unter den Menschenkindern. Aber merkt es euch alle, die ihr die Gleichnisse und Bilder behandelt, tut es immer auf verständige und bescheidene Art.

Nur Bunyan konnte den Umstand, daß die Türen aus Tannenholz waren, auf folgende Art erklären: »Der Tannenbaum ist auch das Haus des Storches, eines unreinen Vogels, gleichwie Christus ein Obdach und ein Zufluchtsort für Sünder ist. Die Reiher (oder Störche), heißt es in den Psalmen wohnen auf den Tannen; und Christus spricht zu den Sündern, die sich nach einer Zufluchtsstätte sehnen: ›Kommet her zu mir, so werdet ihr Ruhe finden‹. Der Herr ist des Armen Schutz, ein Schutz in der Not (5. Mos. 14, 18; 3. Mos. 11, 19; Ps. 104, 17; 74, 2. 3; Matth. 11, 27. 28; Hebr. 6, 17–20).«

Bunyan ist das Haupt und der König der Ausleger dieser Art, und wir brauchen ihm nicht in die Tiefen seiner bildlichen und geistlichen Deutung zu folgen. Er war ein Schwimmer, wir können nur warten und dürfen nicht soweit gehen, daß wir den Grund verlieren.

In den ersten Jahren meiner Amtstätigkeit hörte ich manchmal merkwürdige Proben geistlicher Deutung von einem ungebildeten aber begabten Mann, der in meiner Gegend Pfarrer war. Ich kann mir nicht versagen, am Schluß dieses Vortrags einige Beispiele anzuführen. Einmal las mir der Mann selbst das Konzept einer Predigt vor, deren Thema lautete: Der Nachtfalk, die Eule und der Kuckuck. Der Mann zeigte, daß dies dem Gesetz nach unreine Vögel seien, daß sie also Sünder vorstellen sollten. Die Nachtfalken seien schlaue Spitzbuben, auch Leute, die ihre Waren verfälschten und ihre Nebenmenschen so pfiffig zu übervorteilen wüßten, daß man sie gar nicht als Betrüger erkenne. Die Eulen seien Trunkenbolde, denn die sind nachts munter, aber bei Tag so schläfrig, daß sie fast mit dem Kopf an einen Pfosten anrennen. Auch unter den Bekennern gibt es Eulen. Die Eule ist gerupft ein kleiner Vogel; sie scheint nur groß, weil sie so viele Federn hat. So sind viele Bekenner nichts als Federn, und wenn man ihnen ihre schönen Reden nimmt, bleibt nicht viel übrig. Die Kuckucke seien die Geistlichen der Staatskirche, die immer nur denselben Ton ausstoßen und die mit ihren Kirchensteuern und Zehnten von andrer Vögel Eiern leben. Die Kuckucke seien auch solche, die die Werkgerechtigkeit lehren, denn sie schreien ja immer: Tu-tu, tu-tu!

Das war doch fast des Guten zuviel. Doch in dem Munde jenes Mannes schien die Predigt gar nicht seltsam. Derselbe ehrwürdige Bruder hielt eine Predigt, die ebenso eigentümlich, aber viel origineller und praktischer war. Die, die sie gehört haben, werden sie ihr Leben lang nicht vergessen. Der Text war: »Der Träge brät nicht, was er auf der Jagd gefangen hat« (Englische Übersetzung von Sprüche 12, 27). Der gute Alte lehnte sich auf das Kanzelbrett und sagte: »Nicht wahr, meine Brüder, das war ein fauler Strick.« Das war die Einleitung. Dann fuhr er fort: »Er ging auf die Jagd und fing nach vieler Mühe einen Hasen und war dann zu faul, ihn zu braten. Er war ein recht fauler Mensch.« Wir alle fühlten, wie lächerlich solche Trägheit war. Der Prediger fuhr fort: »Aber ihr seid auch nicht besser als dieser Mann, denn ihr macht es gerade so. Ihr hört, daß ein beliebter Prediger von London kommt; ihr spannt den Wagen an und fahrt mehrere Meilen, um ihn zu hören.

Aber wenn ihr die Predigt gehört habt, so lernt ihr nichts daraus. Ihr fangt den Hasen, aber ihr bratet ihn nicht; ihr jagt nach der Wahrheit, aber ihr nehmt sie nicht in euch auf.« Dann zeigte er, daß, wie man das Fleisch zubereite, damit es der Körper aufnehmen könne, so auch die Wahrheit zubereitet werden müsse, damit sich der Geist davon nähren und wachsen könne. Er sagte, er wolle uns zeigen, wie man eine Predigt kocht. Er begann wie ein richtiges Kochbuch. »Erst fange einen Hasen; erst verschaffe dir eine evangelische Predigt.« Nicht alle Predigten verlohnten die Mühe des Jagens, und gute Predigten seien leider sehr selten. Einer gediegenen calvinistischen Predigt alten Schlags zulieb dürfe man wohl einen weiten Weg machen. Hat man die Predigt glücklich gefangen, so muß man allerlei Unnützes wegtun, was ihr von der menschlichen Schwäche des Predigers anhängt. Man muß das Gehörte überdenken und beurteilen und nicht jedem Wort des nächsten Besten glauben. Nun kommt das Braten der Predigt. Stecke den Spieß des Gedächtnisses durch von einem Ende zum andern, drehe sie auf dem Bratenwender des Nachdenkens vor dem Feuer eines warmen und aufrichtigen Herzens; so wird die Predigt zubereitet zu einer geistlichen Speise.

Den Zuhörern kam die Predigt gar nicht lächerlich vor. Gerade die Fülle von Bildern hielt die Aufmerksamkeit vom Anfang bis zum Ende wach.

Ich schließe diesen Vortrag, indem ich noch einmal meine Ansicht wiederhole, daß das geistlich Deuten gut und nützlich sein kann, wenn es mit Takt und Geschmack geschieht. Es wird dann das Interesse der Zuhörer wecken und ihre Aufmerksamkeit rege erhalten.

8. Die Stimme

Eigentlich könnte man als erste Regel sagen: *Legt nicht zu viel Wert auf die Stimme;* denn was nützt eine schöne Stimme, wenn man nichts zu sagen hat?

Doch – *legt der Stimme auch nicht zu wenig Wert bei,* denn eine gute Stimme kann eure Wirksamkeit sehr erhöhen. Plato erwähnt, wo er von der Macht der Beredsamkeit spricht, auch die Stimme des Redners. Er sagt: »So stark klingt mir die Sprache und die Stimme des Redners im Ohre, daß ich kaum am dritten und vierten Tage zu mir selber komme und merke, daß ich auf der Erde bin; denn unterdessen glaubte ich, ich sei auf den Inseln der Seligen.« Herrliche Wahrheiten können langweilig scheinen, wenn man sie eintönig vorträgt. Ein sehr geachteter Prediger, der aber nur vor sich hin zu murmeln pflegte, wurde treffend mit einer Hummel in einem Krug verglichen. Wie schade, daß ein so tüchtiger Mann sich um alle Wirksamkeit brachte, weil er nur auf einer Saite spielte, während ihm der Herr doch ein vielsaitiges Instrument gegeben hatte. Ach, die klägliche Stimme! Sie summte immer denselben Ton, wie ein Mühlrad, der Redner mochte von Himmel oder Hölle, vom ewigen Leben oder vom ewigen Zorn sprechen. Es war eine schreckliche Klangwüste, eine Einöde ohne Erfrischung, ohne Abwechslung, ohne Musik, nichts als das entsetzliche Einerlei.

Hütet euch auch, daß ihr nicht in den affektierten Kanzelton verfallt, der gegenwärtig Mode ist. Kaum einer von einem Dutzend spricht auf der Kanzel wie ein Mann. Dieser Ziererei machen sich nicht nur Protestanten schuldig, denn der Abbé Mullois schreibt: »Überall sonst sprechen die Männer; sie sprechen im Gerichtssaal und auf der Rednerbühne, aber auf der Kanzel sprechen sie nicht, da hören wir nur eine erkünstelte Rede, einen falschen Ton. Nur in der Kirche ist so etwas erlaubt, weil es unglücklicherweise so allgemein ist; anderswo würde es nicht geduldet. Ein Mann, der im Gesellschaftszimmer so spräche, würde ausgelacht. Vor einiger Zeit war im Pantheon ein Aufseher, der ganz in dem gewöhnlichen Kanzelton die Schönheiten des Gebäudes aufzählte und dadurch unfehlbar die Heiterkeit der Besucher erregte, die an seinen Predigten ebenso große Freude hatten wie an den Merkwürdigkeiten, die er ihnen zeigte.« Einem Mann, der keinen natürlichen, wahren Vortrag hat, sollte man die Kanzel verbieten, denn von der Kanzel wenigstens sollte alles Unwahre ein- für allemal verbannt werden. In unserer Zeit des Mißtrauens sollte man

alles Unechte abtun. Wer sich den unnatürlichen Kanzelton abgewöhnen will, für den weiß ich kein besseres Mittel, als oft gewisse,
eintönige Predigten zu hören. Ihr Vortrag wird uns mit solchem
Ekel und Entsetzen erfüllen, daß wir uns lieber zum Schweigen
verurteilen, als ihn nachahmen. Sobald du nicht mehr natürlich
sprichst, kannst du nicht verlangen, daß man dir glaubt und dich
hört. Geht umher in den Versammlungshäusern der Staatskirche
und der Freikirchen, – ihr werdet finden, daß die Mehrzahl der
Prediger einen besonders heiligen Sonntagston hat. Sie haben eine
Familienstimme und eine Kanzelstimme und sind, wenn nicht im
moralischen, doch ganz gewiß im buchstäblichen Sinn doppelzün-
gig.

Wenn ich jetzt einige Proben verschiedener Vortragsweisen
gebe, so wird euch manches anheimeln. Der würdevolle, lehrhaf-
te, aufgeblasene, großtuerische Vortrag ist jetzt nicht mehr so
häufig wie früher, wird aber doch noch von manchen bewundert
(Spurgeon liest ein Lied auf die genannte Weise vor). Als einmal
ein hochwürdiger Herr auf diese Art Dampf herauspustete, sagte
einer aus der Gemeinde: »Ich glaube, der Herr Pfarrer hat einen
Knödel verschluckt.« »Nein, Hans«, sagte ein andrer, »verschluckt hat er ihn nicht, er kocht ihn im Munde.« Bei Männern,
denen diese Sprechweise natürlich ist, mag sie ja ganz großartig
und wie vom Olymp herab klingen, aber weg mit der Nachahmung! Nachäfferei auf der Kanzel ist fast eine unverzeihliche
Sünde. Ich bitte euch, nicht zu lachen, wenn ich euch jetzt eine
Probe andrer Art gebe (Sp. liest wieder etwas vor). Dies ist ein vornehm sein sollender, trippelnder, zierlicher, dienstmädchenhaf-
ter, blasierter, geckenhafter Vortrag – ich kann ihn nicht anders
beschreiben. Wir haben wohl alle das Glück gehabt, derartige af-
fektierte, fisteltönige, stelzengehende Redeübungen zu hören. Ich
kenne verschiedene Spezies, von dem vollen Brustton der Überzeugung bis zu dem vornehmen Flüstern und von dem Brüllen der
Rinder Basans bis zu dem Wit, wit, wit des Buchfinken. Ich ver-
damme auch solchen Vortrag nicht, wenn er dem Menschen angeboren ist – es soll jeder sprechen, wie ihm der Schnabel gewachsen
ist – aber in 9 Fällen von 10 sind diese heiligen, aber sehr verdor-

benen Mundarten, die hoffentlich bald zu den toten Sprachen gehören, angelernt. Ich bin überzeugt, diese Töne und Halbtöne und Eintönigkeiten sind die Sprache Babylons, nicht die Zions. Die Sprache Zions hat ein sicheres Kennzeichen: sie ist des Menschen eigene, natürliche Sprache und klingt im Wohnzimmer nicht anders als auf der Kanzel. Ein Pfarrer würde in Gesellschaft gewiß nicht im feierlichen Kanzelton sagen: »Darf ich Sie noch um eine Tasse Tee bitten?«, aber die Kanzel beglückt er mit dem Abschaum seiner Stimme, den man in der Gesellschaft nicht dulden würde. Den besten Ton, der einem Mann zu Gebot steht, den Ton, in dem er ein ernstes Gespräch führt, sollte er verwenden, wenn er das Evangelium verkündigt.

Wenn eure Sprache häßliche Eigentümlichkeiten hat, so sucht frei davon zu werden. Dies ist freilich leichter gesagt als getan, aber für junge Männer, die noch in den Morgenstunden ihres Berufs stehen, ist die Schwierigkeit nicht unüberwindlich. Bei Brüdern vom Lande schmeckt die Rede oft etwas nach ihrer ländlichen Kost. Der ländliche Beigeschmack mag sich ja an Ort und Stelle ganz gut ausnehmen, aber ich habe mich nie dafür begeistern können. Wenn die Stimme quiekt wie eine rostige Schere, oder wenn die Worte ineinander fließen, als hätte der Redner Brei im Mund, so sind das Untugenden, die man sich unter allen Unständen abgewöhnen muß. Ebenso unausstehlich ist ein greuliches Bauchreden, wobei der Mann, ohne seine Lippen zu bewegen, geisterhafte Töne ausstößt. Eine Grabesstimme paßt gut für einen Leichenbitter, aber Lazarus wird nicht durch dumpfes Stöhnen aus dem Grabe gerufen.

Wenn ihr sicher euer Leben verkürzen wollt, so sprecht mit dem Hals anstatt mit dem Mund. Die Natur rächt diesen Mißbrauch schrecklich, darum hütet euch vor der Übertretung des Naturgesetzes. Bekämpft mit Feuer und Schwert die verführerische Gewohnheit des Räusperns. Das Räuspern ist etwas vollkommen Unnötiges, und wenn auch die Sklaven dieser Gewohnheit vielleicht die Kette nicht mehr zerreißen können, so dürft ihr Anfänger in der Redekunst euch ja nicht das drückende Joch auflegen. Öffnet den Mund, wenn ihr redet; das undeutliche Gemurmel kommt daher, daß man den Mund nur halb öffnet. Die Evangelisten haben nicht umsonst von unserem Herrn geschrieben: *Er tat seinen Mund auf* und lehrte sie. Öffnet die Tore weit, damit die edle Wahrheit heraustreten kann. Vermeidet es, die Nase zum Sprechwerkzeuge zu machen, denn die größten Autoritäten stimmen darin überein, daß sie zum Riechen da ist.

Sprecht immer hörbar. Ich kenne einen Mann, der 200 Pfund wiegt und den man eine Viertelstunde weit hören sollte, er ist aber so heillos faul, daß man ihn in seiner kleinen Kirche kaum auf den vorderen Plätzen der Galerie versteht. Was nützt ein Prediger, den man nicht hört. Ein Mann ohne Stimme sollte aus Bescheidenheit einem andern Platz machen, der tüchtiger ist, die Botschaft des Königs zu verkündigen. Manche Männer sprechen laut genug, aber nicht deutlich, ihre Worte stolpern und purzeln übereinander. Deutliche Aussprache ist viel wichtiger als ein starker Blasebalg. Gebt dem Wort Gelegenheit, ordentlich herauszukommen; brecht ihm nicht in der Heftigkeit das Genick, laßt es nicht in der Eile die Füße brechen. Es ist empörend, einen großen Menschen, dessen Lunge für die lautesten Töne ausreicht, murmeln und flüstern zu hören; andrerseits mag ein Mann noch so lebhaft drauf los schreien, man versteht ihn nicht, wenn er die Worte ineinander fließen läßt. Zu langsames Reden ist schrecklich und kann lebhafte Zuhörer ganz nervös machen. Wer kann denn einen Redner anhören, der zwei Kilometer in der Stunde kriecht? Heute ein Wort und morgen eins ist ein Gebratenwerden bei langsamem Feuer, das nur für Märtyrer ein Genuß ist. Aber sehr schnelles Reden, ein Rennen, Rasen und Toben ist ebenso unverzeihlich. Es kann niemals Eindruck machen, außer vielleicht auf Schwachsinnige, denn anstatt eines geordneten Heeres von Worten kommt ein Pöbelhaufe auf uns zu, und der Sinn wird vollständig in einem Meer von Tönen ersäuft.

Strenge bei der gewöhnlichen Predigt deine Stimme nicht aufs Äußerste an. Es sind ein paar ernste Männer hier anwesend, die sich förmlich in Stücke reißen durch unnötiges Schreien; ihre Lunge ist angegriffen und ihr Kehlkopf entzündet durch das laute Geschrei, und doch können sie es nicht lassen. Es heißt freilich:

»Rufe laut, schone nicht!«, aber auch das »Tue dir nichts Übles« ist ein apostolisches Gebot. Wenn man euch bei dem halben Aufwand von Stimmkraft hören kann, so spart doch die überflüssige Kraft für besondre Fälle. »Spare in der Zeit, so hast du in der Not«, gilt auch hier. Macht euren Zuhörern nicht Kopfweh, wenn ihr ihnen Herzweh machen wollt. Ihr bemüht euch, ihnen den Kirchenschlaf abzutun, aber dazu braucht ihr ihnen doch nicht das Trommelfell zu zersprengen. »Der Herr ist nicht im Wind.« Man versteht nicht um so besser, je mehr der Prediger schreit. Zuviel Geräusch betäubt das Ohr, erzeugt einen Widerhall und beeinträchtigt schließlich die Wirkung der Predigt.

Man muß die Stimme der Zuhörerschaft anpassen; wenn 20 000 Menschen da sind, mögt ihr alle Register ziehen, aber nicht in einer Stube vor 10 oder 20. Wenn ich in ein Gebäude trete, um zu predigen, so berechne ich unwillkürlich, wie stark der Ton sein muß, damit er es füllen kann, und nach den ersten Sätzen ist die Klangstärke geregelt. Wenn ihr einem Zuhörer im äußeren Ende der Kirche anseht, daß er euch versteht, so wißt ihr, daß die Näherstehenden euch jedenfalls hören und daß ihr nicht lauter zu sprechen braucht. Vielleicht dürft ihr eure Stimme noch etwas mäßigen. Sucht in den Gesichtern eurer Zuhörer zu lesen, und richtet euch darnach. In der Kirche schreien, daß man euch auf der Straße hört, hat keinen Wert, aber ob ihr unter Dach oder im Freien predigt, sorget, daß auch der entferntest Stehende euch hören kann. Habt Erbarmen mit den Schwachen, und mäßigt eure Stimme im Krankenzimmer und auch in Versammlungen, wenn kränkliche Leute da sind. Wenn du an ein Krankenbett kommst und dem Kranken in die Ohren brüllst: *Der Herr ist mein Hirte,* so wird der arme Mann sagen, sobald du draußen bist: »Au, wie mir der Kopf weh tut! Ich bin froh, Marie, daß der Herr Pfarrer fort ist. Das ist ein schöner Psalm und recht tröstlich, aber wer wird einen denn so andonnern. Es ist mir noch ganz dumm im Kopf.« Bedenkt, ihr jungen, unverheirateten Leute, daß für einen Kranken leise gesprochene Worte besser passen als Trommelwirbel und Kanonendonner.

Sprecht von Anfang an klar und deutlich. Es wäre schade um

eure Einleitung, wenn ihr sie nur den Lüften anvertrautet. Rufet sie frisch hinaus, und weckt gleich zu Anfang die Aufmerksamkeit durch eine männliche, kräftige Stimme. Freilich ist's gewöhnlich besser, nicht gleich die ganze Kraft zu entwickeln, sonst könnt ihr die Stimme nicht steigern, wenn ihr warm und eifrig werdet; aber frisch herausreden müßt ihr von Anfang an. Wenn es paßt, so laßt die Stimme sinken und sprechet leise. Worte, die leise und in feierlichem Ernst gesprochen werden, sind nicht nur eine wohltuende Abwechslung für das Ohr, sondern dringen leicht bis zum Herzen. Es schadet nichts, wenn ihr in tiefem Tone sprecht. Man hört ihn doch, wenn er nur kräftig ist. Zu schreien braucht ihr nie, um gehört zu werden. Macaulay sagt von William Pitt: »Selbst wenn er nur flüsterte, hörte man ihn auch auf den entferntesten Bänken des Unterhauses.« Nicht die Flinte, die am lautesten knallt, schießt die Kugel am weitesten. Nicht durch Schreien erzielt man die Wirkung, sondern durch die Kraft, die man in die Stimme legt. Ich könnte so flüstern, daß man mich in jeder Ecke unseres großen Tabernakels hörte, aber auch so brüllen, daß mich niemand verstünde. Die Luftwellen können das Ohr in so schneller Folge treffen, daß sie keinen wahrnehmbaren Eindruck auf den Gehörnerv machen. Wenn euer Ehrgeiz darin besteht, es mit dem alten Stentor aufzunehmen, der eine eherne Lunge hatte und dessen Kehle fünfzig Zungen übertönen konnte, so brüllt euch möglichst schnell ins Elysium hinein; wollt ihr aber durch eure Predigt wirken, so zeigt eure Kraft in etwas andrem als Schreien.

Je musikalischer ein Ton ist, um so weiter hört man ihn; eine Glocke hört man weiter als eine Trommel. Man muß nicht aufs Klavier hämmern, sondern mit Vorsicht die Tasten aussuchen, die am schönsten klingen. Es ist für die Ohren eurer Zuhörer und für eure eigene Lunge eine Wohltat, wenn ihr zuweilen die Kraft der Stimme etwas vermindert. Versucht alles vom sanften Säuseln des Zephyrs bis zum Stürmen eines Orkans. Redet, wie ein vernünftiger Mensch, wenn er gewöhnlich spricht, dringend bittet, klagend fleht, vertraulich flüstert, laut ruft.

Vor allem, seid natürlich. Weg mit aller sklavischen Befolgung von Regeln und Nachahmung von Vorbildern. Ahmt nicht andrer

Leute Stimme nach, oder wenn ihr durchaus nicht anders könnt, so ahmt wenigstens nur die Vorzüge eines Redners nach. Ich habe selbst einen unwiderstehlichen Hang nachzuahmen, und eine Reise nach Schottland oder Wales hört man noch ein paar Wochen nachher meiner Aussprache an. Ich mag noch so sehr dagegen kämpfen, es hilft nichts, und so kann ich nichts machen, als warten, bis das Übel eines natürlichen Todes stirbt. Noch einmal: Sprecht mit eurer natürlichen Stimme. Seid keine Affen oder Papageien, sondern Männer, die in allen Dingen ihre eigene, persönliche Art haben. Man sagt, wenn jemand seinen Bart wachsen lasse, wie er von selbst wächst, so werde er ihm nach Form und Farbe am besten zu Gesicht stehen. Eure eigene Sprechweise wird am besten zu eurer Art zu denken und zu eurem Charakter passen. Der Schauspieler gehört ins Theater, und der gebildete und geheiligte Mann gehört ins Heiligtum. Wenn ich fürchtete, ihr könntet die Regel vergessen, würde ich sie euch bis zum Überdruß wiederholen: Seid natürlich, seid natürlich, seid natürlich! Eine unnatürliche Stimme, die Nachahmung des großen Theologen Dr. Silberzunge oder auch eines geliebten Lehrers, wird euch unfehlbar Verderben bringen. Weg mit aller knechtischen Nachahmung! Erhebt euch zu männlicher Selbständigkeit.

Bemüht euch, eure Stimme zu schulen. Laßt euch dabei keine Mühe verdrießen, denn es heißt ganz richtig: »Welch wunderbare Gaben auch die Natur ihren Lieblingen schenkt, diese Gaben werden nur durch Arbeit und Übung entwickelt und zur höchsten Vollkommenheit gebracht.« Denkt an Michelangelo, der über der Arbeit eine Woche lang nicht aus den Kleidern kam; an Händel, der die Tasten seines Klaviers durch fortwährendes Spielen aushöhlte wie Löffel. Angesichts solcher Vorbilder sprecht mir nicht von Müdigkeit. Demosthenes lernte mit der Stimme die brausenden Wogen übertönen, um sich mitten in den stürmischen Versammlungen seiner Landsleute Gehör verschaffen zu können. Er sprach, während er bergan lief, um durch die Anstrengung seine Lunge zu stärken. Es ist unsere Pflicht, durch jedes erdenkliche Mittel die Stimme zu vervollkommnen, mit der wir das herrliche Evangelium unseres Gottes verkündigen sollen. Achtet besonders auf die deutliche Aussprache aller Mitlaute, denn sie geben dem Wort seinen Charakter. Übt euch unermüdlich, bis jedem einzelnen Mitlaut sein Recht wird; die Selbstlaute haben ihren eigenen Klang und reden deshalb von selbst. Haltet euch in allen Punkten in strenger Zucht, bis ihr die Stimme in der Gewalt habt, wie ein gut dressiertes Pferd. Männer mit schmaler Brust sollten sich jeden Tag mit Handgewichten üben. Ihr braucht eine breite Brust und müßt euch bemühen, sie zu bekommen. Sprecht nicht mit den Händen in der Westentasche, denn dabei drückt man die Lunge zusammen, sondern zieht die Schultern zurück, wie ihr es bei Sängern seht. Lehnt euch nicht über ein Pult, während ihr sprecht, und laßt beim Predigen nicht den Kopf auf die Brust sinken. Der Körper muß aufwärts, nicht abwärts gerichtet sein. Weg mit allen engen Halsbinden und bis oben zugeknöpften Westen, damit der Blasbalg sich frei bewegen und die Pfeifen mit Luft füllen kann. Beobachtet die Bildsäulen griechischer und römischer Redner und Rafaels Bild des Paulus und ahmt ohne Geziertheit, ganz natürlich, jene schönen und zweckmäßigen Stellungen nach, denn sie sind für die Stimme die besten. Laßt euch von einem Freund auf eure Fehler aufmerksam machen, oder noch besser, seid dankbar, wenn ein Feind euch scharf beobachtet und bissig angreift. Welch ein Segen ist ein stichelnder Kritiker für einen Weisen, welch eine Unangenehmlichkeit für einen Toren! Verbessert die Fehler eurer Stimme unermüdlich, sonst werden unversehens schlechte Gewohnheiten daraus. Haltet nichts für unbedeutend, wenn ihr dadurch eure Wirksamkeit steigern könnt. Aber werdet bei diesen Bestrebungen ja keine Kanzelgecken, die meinen, Stimme und Gebärden seien die Hauptsache. Es tut mir ordentlich weh, wenn ich von Männern höre, die eine ganze Woche an einer Predigt lernen, und zwar hauptsächlich so, daß sie sie vor dem Spiegel hersagen. Wehe unserer Zeit, wenn man einem feinen Benehmen zulieb ein hartes Herz in Kauf nimmt. Lieber die ungeschlachte Derbheit eines Hinterwäldlers, als die parfümierte Zierlichkeit weibischer Vornehmtuerei.

Ich komme zum Schluß auf den Hals und möchte euch ermahnen, *ihn gut zu pflegen.* Sorgt vor der Predigt, daß der Hals frei ist, damit ihr nicht während der Predigt fortwährend räuspern müßt. Ein mir bekannter, sehr geschätzter Bruder spricht auf folgende Art: »Meine lieben Freunde – hem, hem – es ist ein wichtiges Thema – hem, hem – über das ich jetzt – hem, hem – sprechen will usw.« Vor so etwas hütet euch ja. Sprecht auch nicht, als hättet ihr etwas im Halse stecken, das heraus sollte. Lieber tut es gleich heraus, als daß ihr durch das unangenehme Geräusch den Zuhörern übel macht.

Wenn ihr mit der Predigt fertig seid, so *wickelt euren Hals ja nicht fest ein.* Ich gebe euch diesen Rat aus persönlicher Erfahrung, obwohl mit einiger Schüchternheit. Hat einer von euch vielleicht einen herrlichen warmen Schal, an den sich liebe Erinnerungen an Mutter oder Schwester knüpfen, so verwahre er ihn sorgfältig, aber zu unterst im Koffer; er wickele ihn nicht um den Hals, daß die gleichgültige Menge ihn sehen kann. Wenn einer von euch an Influenza sterben will, so trage er nur einen warmen Schal um den Hals. Er wird ihn dann einmal an einem kühlen Abend vergessen und sich einen Katarrh holen, den er sein Leben lang nicht mehr los wird. Ihr werdet nie einen Seemann mit eingewickeltem Hals sehen. Er trägt ihn frei und offen und hat einen zurückgelegten Kragen; höchstens schlingt er einmal ein leichtes Tuch lose herum, so daß der Wind doch von allen Seiten den Hals anblasen kann. An diese Lebensregel glaube ich unverbrüchlich und weiche seit 14 Jahren nicht davon ab. Seither habe ich sehr selten Katarrh, während ich früher viel daran litt. Wenn ihr aber doch noch einen Schutz für euren Hals wollt, so laßt euch einen Bart wachsen. Das ist eine natürliche, biblische, männliche und heilsame Sitte. Einer der hier anwesenden Brüder empfindet seit Jahren, wie wohltätig sie ist. Er mußte früher einmal wegen schwerer Heiserkeit ins Ausland gehen, aber seit kein Schermesser über sein Haupt geht, ist er so stark wie Simson. Wenn ihr heiser seid, so geht zum Arzt, oder wenn ihr das nicht könnt, so beachtet die folgenden Ratschläge: Kauft nie Hustenbonbons, Lungenpastillen oder sonst eines von den tausenderlei erweichenden Mitteln; sie bringen vielleicht augenblickliche Erleichterung, aber in Wirklichkeit schaden sie, denn sie wirken erschlaffend. Wenn ihr den Hals stärken wollt, so nehmt Pfeffer – guten Cayennepfeffer oder sonst etwas Zusammenziehendes, soviel der Magen erträgt, aber nicht mehr, denn ihr müßt auch den Magen in acht nehmen. Wenn Magen und Verdauung nicht in Ordnung sind, kann auch alles andere nicht normal sein. Der gesunde Menschenverstand muß euch sagen, daß zusammenziehende Mittel heilsam sind. Habt ihr je einmal gehört, daß ein Gerber die Häute in einer Zuckerlösung beizt? Wenn er die Häute härten und kräftigen will, legt er sie in eine Lösung von Eichenrinde oder sonst etwas Zusammenziehendem. Früher versagte mir bei der Straßenpredigt die Stimme manchmal ganz, und als ich in der Exeter-Halle predigte, in der wegen ihrer unverhältnismäßig großen Breite das Sprechen sehr schwer ging, wollte meine Stimme oft nicht ausreichen. Ich hatte dann immer ein Glas mit Chili-Essig und Wasser neben mir, und ein Schluck davon gab der Stimme neue Kraft. Wenn jetzt mein Hals angegriffen ist, lasse ich mir eine Tasse starker Fleischbrühe machen, mit so viel Pfeffer, als ich ertragen kann, und das hat mir noch immer geholfen. – Doch, ich bin kein Arzt, und ihr werdet mir wahrscheinlich ebensowenig folgen als einem andern Quacksalber. Meiner Ansicht nach verlieren sich die Schwierigkeiten, die man anfangs mit der Stimme hat, im Lauf der Jahre, und die Gewohnheit wird zur andern Natur. Die, denen es wirklich ernst ist, sollen nur nicht nachlassen; wenn sie das Wort des Herrn wie Feuer in ihren Gebeinen fühlen, werden sie selbst das Stottern und die lähmende Angst überwinden. Mut, junger Bruder! Laß nicht nach; Gott, die Natur und die Übung werden dir helfen.

Ich will euch nicht länger hinhalten, sondern nur noch den Wunsch aussprechen, daß eure Brust, Lunge und Luftröhre, euer Kehlkopf und alle eure Stimmorgane euch den Dienst tun mögen, so lange, bis ihr nichts mehr zu sagen habt.

9. Achtung!

Das Thema dieses Vortrags ist sehr wichtig, wird aber merkwürdigerweise in homiletischen Büchern fast gar nicht besprochen. Es heißt: *Wie gewinnen und erhalten wir uns die Aufmerksamkeit unserer Zuhörer?* Wir müssen ihre Aufmerksamkeit gewinnen und erhalten, sonst ist alles Predigen vergeblich. Über den militärischen Erlassen unserer englischen Offiziere steht immer in großen Buchstaben das Wort »Aufgepaßt!« und wir brauchen ein solches Wort über all unsern Predigten. Wir brauchen die ernste, aufrichtige, wachsame, anhaltende Aufmerksamkeit der ganzen Gemeinde. Wenn die Leute ihre Gedanken spazierengehen lassen, so erfassen sie die Wahrheit nicht, und wenn der Geist ganz untätig ist, geht es fast ebenso. Die Sünde kann nicht aus den Menschen genommen werden wie Eva aus Adams Seite, während sie fest schlafen. Sie müssen wachen, müssen verstehen, was wir sagen, und einen Eindruck davon bekommen, sonst könnten wir ebensogut auch schlafen. Es gibt Prediger, denen es ziemlich einerlei ist, ob ihre Zuhörer aufmerken oder nicht. Wenn sie ihre bestimmte Zeit fortpredigen können, so fragen sie nicht viel danach, ob die Gemeinde für die Ewigkeit oder ob sie vergeblich hört. Je eher solche Pfarrer auf dem Kirchhof schlafen und durch die Sprüche auf ihren Grabsteinen predigen, desto besser. Manche Brüder sprechen gegen die oberen Fenster, als ob sie den Engeln predigten, andere reden ins Buch hinein, als ob sie in Gedanken vertieft wären, sich selbst als Zuhörer hätten und sich dadurch sehr geehrt fühlten. Warum predigen solche Menschen nicht auf einer einsamen Steppe zur Erbauung der Sterne? Wenn eine Predigt nur ein Selbstgespräch ist, so ist für den Redner die größte Einsamkeit das wünschenswerteste. Einem vernünftigen Prediger (aber leider sind nicht alle vernünftig) muß es wichtig sein, die Aufmerksamkeit aller seiner Zuhörer vom ältesten bis zum jüngsten zu gewinnen. Wir dürfen auch die Kinder nicht unaufmerksam machen. »Unaufmerksam machen«, sagt ihr, »wer tut denn das?« Ich sage, das tun die meisten Prediger, und wenn die Kinder in einer Versammlung unruhig sind, ist der Prediger sehr oft selbst daran schuld.

Könnt ihr nicht den Kleinen zulieb ein Geschichtchen oder ein Gleichnis erzählen? Könnt ihr nicht den kleinen Jungen auf der Galerie und das kleine Mädchen unten, die anfangen unruhig zu werden, anlächeln und sie dadurch beruhigen? Ich spreche oft durch meine Augen mit den Waisenknaben unter der Kanzel. Alle Augen müssen auf uns gerichtet, alle Ohren uns geöffnet sein. Mich stört es sogar, wenn ein Blinder sein Angesicht nicht nach mir wendet. Wenn ich sehe, wie jemand den Kopf dreht, flüstert, rückt oder auf die Uhr sieht, so denke ich, ich sei nicht auf der Höhe meiner Aufgabe und müsse irgendwie die Aufmerksamkeit des Betreffenden wecken. Ich habe mich selten über Unaufmerksamkeit zu beklagen; wenn es aber geschieht, so suche ich die Schuld bei mir selbst und denke, ich habe kein Recht, Aufmerksamkeit zu fordern, wenn ich sie nicht rege zu machen und zu erhalten weiß. Manche Gemeinden sind so gleichgültig, daß es schwer ist, ihre Aufmerksamkeit zu gewinnen. Schelten hilft nichts, und meistens würde auch jemand anders die Schelte verdienen, nämlich der Prediger selbst. Es ist freilich die Pflicht der Gemeinde, aufzumerken, aber es ist noch vielmehr eure Pflicht, die Aufmerksamkeit zu wecken.

Oft ist es schwer für die Gemeinde aufzumerken, wegen der schlechten Luft, die in der Kirche oder dem Saal herrscht. Wenn kein Hauch reiner Luft herein kann, dann haben die Zuhörer genug mit dem Atmen zu tun und können an nichts anderes denken. Wenn die Leute fortwährend die Luft einatmen müssen, die schon in anderer Leute Lunge gewesen ist, so kommt die ganze Lebenstätigkeit in Unordnung, und sie werden viel eher Kopfschmerzen bekommen als ein zerbrochenes Herz. Nach der Gnade Gottes ist Sauerstoff das Wichtigste für einen Prediger. Betet, daß sich die Fenster des Himmels öffnen, aber öffnet selbst die Fenster eurer Kirche. Bei vielen Dorfkirchen, ja auch manchen Stadtkirchen sind die Fenster nicht zum Öffnen eingerichtet. Der moderne, barbarische Baustil gibt uns nicht mehr Deckenraum als in einer Scheuer und nicht mehr Öffnungen für die Luft als in einem morgenländischen Gefängnis, wo die Gefangenen eines langsamen Todes sterben sollen. Würdet ihr ein Wohnhaus mieten, dessen Fenster man nicht öffnen könnte? Der Feuerofen war für Sadrach, Mesach und Abednego ein angenehmerer Aufenthalt, als es für mich eine jener Kirchen ist. Und selbst, wenn man die Fenster aufmachen kann, läßt man sie von einem Sonntag zum andern geschlossen. Manche Leute haben keine Empfindung für schlechte Luft, und es heißt, daß den Füchsen der Gestank in ihren Höhlen nichts schadet. Aber ich bin kein Fuchs, und schlechte Luft macht mich und meine Zuhörer schläfrig. Ein frischer Luftzug würde sie für das Evangelium empfänglicher machen. In meiner früheren Kirche in der Parkstraße konnte man die Fenster nicht öffnen; ich sagte den Diakonen oft, man sollte die oberen Scheiben herausnehmen, aber es geschah nicht. Nun entdeckte man eines Montags, daß jemand die Scheiben sehr geschickt, fast wie der Glaser selbst, herausgenommen hatte. Die Tat erregte großes Entsetzen, und man erschöpfte sich in Vermutungen über den Täter. Ich schlug vor, man solle eine Belohnung von 5 £ (100 Mark) auf seine Entdeckung setzen und ihm, wenn er zum Vorschein käme, die Summe schenken. Da aber die Belohnung nicht ausgesetzt wurde, hielt ich es nicht für meine Pflicht, den Angeber zu machen. Hoffentlich hat keiner von euch mich im Verdacht; sollte dies aber doch der Fall sein, so will ich gestehen, daß es mein Spazierstock war, mittels dessen der dumpfe Raum mit Sauerstoff versorgt wurde.

Manchmal hindert das Benehmen einiger Leute die Aufmerksamkeit der Gemeinde. Sie sehen sich nach jedem um, der hereinkommt, sie kommen zu jeder beliebigen Zeit und mit viel Getrampel, Stiefelkrachen und Türenzuschlagen. Einmal predigte ich vor Zuhörern, die sich immer umsahen, so oft jemand hereinkam; da sagte ich: »Meine Freunde, da ihr so gerne wissen möchtet, wer hereinkommt, es mich aber stört, wenn ihr euch immer umseht, will ich euch jeden Eintretenden beschreiben; dann könnt ihr mich ruhig ansehen und wenigstens den guten Schein wahren.« Ich beschrieb einen Herrn, der eintrat – es war ein guter Freund, der mir's nicht übelnahm – als einen »sehr anständigen Herrn, der eben den Hut abgenommen habe« usw. Der eine Versuch genügte. Die Leute waren ganz entsetzt über mich, und ich sagte ihnen, ich sei noch viel mehr entsetzt, wenn sie mich zu so etwas nötigten.

Sie wurden damals, wie ich hoffe, von ihrer Unart geheilt, zur großen Freude ihres Pfarrers.

Macht die Einleitung nicht zu lange. Eine große Eingangshalle paßt nicht für ein kleines Haus.

Wiederholt euch nicht in der Predigt. Ich hörte manchmal einen Pfarrer predigen, der nach einem Dutzend Sätzen sagte: »Wie ich schon bemerkt habe«, oder: »Ich wiederhole, was ich eben gesagt habe.« Da nun das schon Gesagte nicht sehr bedeutend war, so offenbarte sich durch die Wiederholung nur die Unfruchtbarkeit des Landes. Wenn du etwas Gutes kräftig gesagt hast, warum es wiederholen? Und wenn es schwach war, warum es noch einmal zur Schau stellen? Manchmal macht es ja Eindruck, wenn man ein paar Sätze wiederholt, aber manches ist als Ausnahme gut und sehr schlecht als Regel. Wenn die Leute wissen, es wird noch einmal gesagt, so merken sie natürlich zuerst nicht auf.

Wiederholt auch nicht denselben Gedanken in verschiedenen Wendungen. Laßt jeden neuen Satz auch wirklich etwas Neues bringen. Hämmert nicht immer auf denselben Nagel. Die Bibel ist groß; laßt die Gemeinde sie in ihrer ganzen Fülle genießen. Meint nicht, ihr müßt in jeder Predigt eine ganze Theologie im Auszug geben. Ich kenne einen Geistlichen, dessen Predigten sich gedruckt wie ein theologischer Leitfaden lesen. Sie passen besser in den Hörsaal als auf die Kanzel und gehen über die Köpfe der Gemeinde weg. Unsere Zuhörer wollen nicht die bloßen Knochen wissenschaftlicher Ausdrücke, sondern gutes, wohlschmeckendes Fleisch. Wissenschaftliche Abhandlungen sind ganz gut an ihrem Platz, aber sie dürfen nicht den Hauptinhalt einer Predigt ausmachen.

Predigt nicht zu lang. Ein alter Prediger sagte zu einem jungen Mann, der eine Stunde lang predigte: »Sie können meinetwegen predigen über was Sie wollen, aber predigen Sie niemals über 40 Minuten.« Länger als 40 Minuten oder meinetwegen 3/4 Stunden sollten wir nie predigen. Wenn einer in *der* Zeit nicht sagen kann, was er zu sagen hat, wann will er es überhaupt sagen? Aber da sagt einer, er möchte doch seinem Text gerecht werden. Gewiß, aber du mußt auch den Zuhörern gerecht werden oder wenigstens Mitleid mit ihnen haben und sie nicht zu lange hinhalten. Der Text kann sich nicht beklagen, aber die Menschen können es. Es besteht eine Art von moralischem Vertrag zwischen euch und eurer Gemeinde, daß ihr sie nicht länger als im ganzen 1 1/2 Stunden hinhaltet, und wenn ihr es doch tut, so ist es gewissermaßen ein Vertragsbruch und eine Unredlichkeit, deren ihr euch nicht schuldig machen solltet. Kürze ist eine uns allen erreichbare Tugend; sie wird euch Ehre eintragen, drum strebet gewiß danach. *Wenn ihr kurz predigen wollt, bereitet euch gründlich vor.* Braucht mehr Zeit zum Studieren der Predigt, dann braucht ihr weniger Zeit zum Halten. Wir machen's meistens am längsten, wenn wir am wenigsten zu sagen haben. Einer, der recht viel gut durchdachten Stoff hat, wird selten länger als 40 Minuten predigen; wenn er weniger zu sagen hat, braucht er 50 Minuten, und wenn er ganz und gar nichts weiß, wird er eine Stunde brauchen, um es vorzutragen. Achtet auf solche Nebensachen; das hilft auch, die Aufmerksamkeit zu fesseln.

Ihr wünscht, daß eure Gemeinde gründlich und fortwährend aufmerke; *dies geschieht nur, wenn der Geist Gottes sie in eine gehobene und andächtige Stimmung bringt.* Wenn eure Zuhörer fleißig beten, wenn sie lernbegierig, regsam, aufrichtig und andächtig sind, dann kommen sie ins Gotteshaus mit dem Wunsch, sich einen Segen zu holen. Wenn sie an ihren Platz gehen, so bitten sie Gott, daß er durch euch zu ihnen rede, sie achten auf jedes Wort und langweilen sich nie. Sie haben Hunger nach dem Evangelium, denn sie wissen, wie süß das himmlische Manna ist, und freuen sich, bis ihnen ihr Teil zugemessen wird. Es wird nicht leicht jemand in dieser Beziehung eine bessere Gemeinde haben als ich. Die Leute, die der Prediger am besten kennt, sind gewöhnlich seine besten Zuhörer. Es wird mir verhältnismäßig leicht, im Tabernakel zu predigen; die Leute kommen, weil sie etwas hören wollen, und dieser Wunsch hilft selbst zu seiner Erfüllung. Wenn sie einen andern Prediger mit denselben Erwartungen hörten, so würden sie wahrscheinlich auch befriedigt, aber es gibt natürlich Ausnahmen. Ein neuer Prediger kann von seiner Gemeinde nicht die ernste, feierliche Aufmerksamkeit erwarten, die man dem entgegenbringt, der wie ein Vater unter seinen Kindern steht, den tausend Bande mit seiner Gemeinde verknüpfen und der wegen seines Alters und seiner Erfahrung hoch geschätzt wird. Unser ganzes Leben muß unsern Worten Nachdruck geben, so daß wir in späteren Jahren durch die unüberwindliche Beredsamkeit eines bewährten christlichen Wandels wirken und daß wir nicht nur die Aufmerksamkeit, sondern auch die liebende Verehrung unserer Herde gewinnen. Wenn durch unsere Arbeit, durch unsere Gebete und Tränen unsere Gemeinde geistlich gesundet, so brauchen wir nicht zu fürchten, daß sie nicht aufmerksam sein werde. Eine Gemeinde, die nach der Gerechtigkeit hungert, und ein Geistlicher, dem daran liegt, die Seelen zu nähren, werden in köstlicher Eintracht zusammenwirken, und das, womit beide sich beschäftigen, ist das Wort des Herrn.

Weiter: *Seid selbst mit dem Herzen bei der Sache,* dann werden die andern auch dabei sein. Der Inhalt eurer Predigt muß euch so auf dem Herzen liegen, daß ihr all eure Geisteskräfte aufs äußerste anstrengt, um ihn richtig darzustellen, und wenn die Zuhörer merken, daß ihr selbst von eurem Stoff erfüllt seid, so werden sie auch davon erfüllt werden. Wundert ihr euch, daß eine Gemeinde nicht aufmerkt auf einen Prediger, der nicht fühlt, daß er etwas Wichtiges zu sagen hat? Wundert ihr euch, daß sie nicht mit ganzem Ohre aufmerkt, wenn er nicht von ganzem Herzen spricht? Wundert ihr euch, daß die Gedanken der Zuhörer zu Dingen schweifen, die ihnen wirklich sind, wenn der Prediger die Dinge, über die er spricht, wie Phantasiegebilde behandelt? Romaine sagt mit Recht, es sei ganz gut, wenn man die Kunst des Predigens verstehe, aber viel wichtiger sei es, das Herz des Predigers zu verstehen: das Herz, daß man mit ganzer Seele dabei ist, den Ernst, daß man ringt, als gälte es das Leben – damit hat man die Aufmerksamkeit schon halb gewonnen. Aber der bloße Eifer genügt nicht, wenn ihr nicht wirklich etwas zu sagen habt. Die Leute stehen nicht immer an der Tür und hören, wie einer trommelt. Sie kommen heraus und sehen, was er ausrufen will, und wenn es viel Lärm um nichts ist, gehen sie wieder hinein und schlagen die Tür zu, als wollten sie sagen: »Du hast uns schön angeführt.« Ihr müßt etwas zu sagen haben und müßt es ernst und herzlich sagen, dann habt ihr das Ohr der Gemeinde.

Ich brauche vielleicht nicht erst zu bemerken, daß es für die große Menge der Zuhörer gut ist, wenn man *recht viele Bilder in die Predigt einflicht*. Unser Herr geht uns darin mit gutem Beispiel voran, und die meisten großen Prediger bringen viele Bilder, Gleichnisse und Geschichten in ihren Predigten. Aber zuviel ist vom Übel. Hübsche Geschichten sind ja ganz recht, aber die Anziehungskraft einer Predigt darf nicht in ihnen liegen. Auch muß man sich vor manchen dieser Geschichten schon deshalb in acht nehmen, weil sie abgedroschen sind. Ich habe manche so oft gehört, daß ich sie nacherzählen könnte, aber es ist nicht der Mühe wert. Mögt ihr und eure Zuhörer in Gnaden vor solchen auf Lager gehaltenen Geschichten bewahrt bleiben. Wie langweilig sind alte Geschichten, mit denen man schon unsere Großväter zu unterhalten pflegte! Wenn ihr Geschichten erzählen wollt, so seien sie frisch und eigenartig. Macht eure Augen auf, und pflücket selbst Blumen in Garten und Feld; die werden euren Zuhörern viel besser gefallen als welke Blüten aus andrer Leute Sträußen. Eure Bilder seien zahlreich und treffend, aber schöpft sie möglichst wenig aus fremden Quellen, sondern laßt sie geschickt aus eurem Stoff herauswachsen.

Bringt in euren Predigten manchmal etwas Überraschendes. Das hilft sehr, die Aufmerksamkeit rege zu machen. Sagt nicht, was jedermann erwartet, fahrt nicht immer im selben Geleise. Wenn ihr sagt, »die Seligkeit kommt allein aus der Gnade«, so fahrt nicht jedesmal fort »und nicht aus menschlichem Verdienst«, sondern sagt einmal zur Abwechslung: »Die Seligkeit kommt allein aus der Gnade, es ist nirgends ein Eckchen, wo sich die Selbstgerechtigkeit verstecken könnte.« Überfallt die Leute unversehens; laßt Blitze aus heiterem Himmel zucken, laßt bei klarem Wetter Stürme toben. Aber alles hilft nichts, wenn ihr selbst während der Predigt schlaft. Ist das denn möglich? Möglich? Jawohl, das kommt jeden Sonntag vor. Viele Prediger schlafen mehr als halb während der ganzen Predigt. Sie würden höchstens aufwachen, wenn man neben ihnen eine Kanone abschösse. Ihre Rede ist zahm, langweilig, eintönig. Und dann wundert man sich, wenn die Leute schläfrig sind. Ich wundere mich nicht.

Sehr nützlich erweist sich eine Pause dann und wann, um die Aufmerksamkeit zu fesseln. Haltet zuweilen die Pferde an, dann wachen die Reisenden im Wagen auf. Der Müller schläft, wenn das Mühlwerk geht, wenn aber das Geklapper aufhört, so fährt er auf und ruft: »Was gibt's?« Wenn an einem schwülen Sommertag die Schläfrigkeit nicht zu bannen ist, so predigt sehr kurz, laßt öfters singen, oder fordert ein paar andre Brüder auf zu beten. Reden ist Silber, aber Schweigen ist Gold bei unaufmerksamen Zuhörern. Macht immer so weiter und erzählt gewöhnliche Dinge immer im gleichen Ton, dann werdet ihr eure Zuhörer in immer tieferen Schlummer wiegen; gebt der Wiege einen Stoß, und der Schlummer flieht.

Laßt die Gemeinde fühlen, daß eure Worte wichtig für sie sind. Dies ist von großer Bedeutung, denn niemand schläft, wenn er etwas Wichtiges zu hören hofft. Ich habe manches Merkwürdige gehört, aber ich habe nie gehört, daß ein Mensch eingeschlafen sei während der Verlesung eines Testaments, in dem er ein Legat erwartet, oder ein Gefangener während der Schlußrede des Richters, die für ihn Leben oder Tod bedeutete. Wenn einer weiß, die Sache geht ihn an, wird er gewiß wach bleiben. Predigt über praktische Dinge, über dringende, gegenwärtige, persönliche Angelegenheiten, und ihr habt gewiß aufmerksame Zuhörer.

Ich habe euch am Anfang eine goldene Regel gegeben, um die Aufmerksamkeit zu fesseln, nämlich: Sagt immer etwas, was des Hörens wert ist. Ich gebe euch zum Schluß noch eine goldene Regel: *Seid selbst von dem Geiste Gottes erfüllt,* dann braucht ihr gar nicht mehr zu fragen, ob eure Zuhörer aufmerken oder nicht. Kommt frisch aus dem Kämmerlein und von der Gemeinschaft mit Gott, um ihn mit aller Kraft eurer Seele den Menschen nahe zu bringen, und ihr werdet Macht über sie haben. Wenn Gott spricht, müssen die Menschen hören, und selbst wenn er durch einen armen, schwachen Menschen spricht – die Majestät der Wahrheit wird sie zwingen, ihm zu lauschen. Verlaßt euch auf eine überirdische Kraft. Vervollkommnet euch in der Redekunst, pflegt alle

Zweige des Wissens, gestaltet eure Predigt nach Inhalt und Form möglichst vollkommen, aber denkt stets daran: »Nicht durch Heer oder Kraft« werden die Menschen erneuert und geheiligt, »sondern durch meinen Geist, spricht der Herr.« Fühlt ihr nicht manchmal, daß der Eifer euch einhüllt wie ein Mantel und daß ihr ganz und gar erfüllt seid von dem Geiste Gottes? Zu solchen Zeiten habt ihr eine aufmerkende und bald auch eine gläubige Gemeinde. Aber wenn ihr nicht mit Kraft aus der Höhe ausgerüstet seid, so seid ihr ihnen nur wie ein Musiker, der auf einem guten Instrument spielt und ein schönes Lied singt, aber mit seiner hellen Stimme nur das Ohr und nicht das Herz erreicht. Kleidet euch also in die Kraft des Geistes Gottes, und predigt als solche, die bald Rechenschaft geben müssen und die wünschen, diese Rechenschaft möge nicht für sie selbst und ihre Gemeinde unheilvoll sein, sondern sie möge zur Ehre Gottes dienen.

Meine Brüder, der Herr sei mit euch, wenn ihr in seinem Namen hinausgeht und ruft: »Wer Ohren hat zu hören, der höre.«

10. Das Reden aus dem Stegreif

Ich spreche hier nicht über die Frage, ob man die Predigten schreiben und ablesen solle, oder schreiben, auswendiglernen und dann frei vortragen, ob man ein vollständiges Manuskript oder gar kein Manuskript haben soll. Ich werde vielleicht gelegentlich einen dieser Punkte streifen, aber mein Thema ist das freie Reden ohne Manuskript, ja ohne vorheriges Besinnen.

Ich möchte keinem raten, gewöhnlich auf diese Art zu predigen, sonst predigt er ganz gewiß die Kirche leer und entwickelt ein Talent, die Leute zu vertreiben. Einfälle, die uns kommen ohne vorhergegangenes Forschen, ohne daß der behandelte Stoff überhaupt durchdacht worden ist, sind selbst bei bedeutenden Männern minderwertig, und da keiner von uns wohl so frech ist, sich für ein Genie oder für ein Wunder von Gelehrsamkeit zu halten, so fürchte ich, was wir unvorbereitet reden, verdient meistens nicht viel

Aufmerksamkeit. Nur die wirklich lehrreiche Predigt hält die Kirche zusammen. Bloßer rednerischer Zeitvertreib taugt nicht viel. Überall verlangen die Menschen Nahrung, wirkliche Nahrung. Jene neumodischen Vereine religiöser Schwärmer, deren öffentlicher Gottesdienst darin besteht, daß irgendein beliebiger Bruder auf die Kanzel springt und drauflosredet, verstehen es zwar, die Unwissenden und die Schwätzer an sich zu locken, aber trotzdem sterben sie bald wieder aus. Denn auch solch wunderliche Heilige, die meinen, der Geist verlange, daß jedes Glied des Körpers ein Mund sei, werden es bald überdrüssig, anderer Leute Geschwätz anzuhören, so freigebig sie auch mit ihrem eigenen sind. Die Mehrzahl der guten Leute wird die geschwätzige Unwissenheit leid, und sie kehren wieder zu der Gemeinde zurück, von der man sie weggelockt hat, oder würden zurückkehren, wenn dort tüchtige Geistliche wären. Selbst das Quäkertum hat trotz seiner Vorzüge doch kaum die Gedankenarmut und Inhaltsleere überleben können, die viele seiner Stegreifredner entfalten. Das System der unvorbereiteten Predigten ist in der Theorie falsch und bewährt sich in der Erfahrung nicht. Wir haben keine Verheißung, daß der Heilige Geist den Frommen auf solche Weise Nahrung spenden wolle. Er tut nicht für uns, was wir selbst tun können. Wenn wir uns vorbereiten können und tun's nicht, wenn wir fleißig studierende Verkündiger haben können und wollen sie nicht, so haben wir kein Recht zu erwarten, daß göttliche Hilfe den Mangel ersetzt, den wir durch unsere Frechheit und Überspanntheit verschuldet haben. Gott hat den Seinen irdische Nahrung versprochen; wenn wir aber zum Festmahl zusammenkämen und keine Speise bereitet hätten, in dem Glauben, daß Gott uns versorgen werde, so müßten wir zur Strafe für unsere Torheit hungern; so geht es oft bei geistlichen Mahlzeiten der Stegreifart, nur daß die Menschen in geistlicher Beziehung genügsamer sind, als wenn der Magen in Frage kommt.

Ich warne euch sehr davor, eure Predigten vorzulesen, aber ich empfehle euch, sie häufig zu schreiben. Dies ist schon an sich eine heilsame Übung, und außerdem ist es ein Hilfsmittel, um die Fähigkeit des freien Redens zu erlangen. Wer viel schriftstellerisch arbeitet, bedarf vielleicht dieser Übung nicht, aber wenn ihr sonst nicht viel schreibt, tut ihr gut, wenigstens zuweilen eure Predigten zu schreiben und sorgfältig durchzulesen; das bewahrt euch vor einem nachlässigen Stil. Aber nehmt das Manuskript nicht mit auf die Kanzel. Bautain schreibt in seinem vortrefflichen Werk über das Reden aus dem Stegreif: »Man wird nie gut öffentlich reden lernen, wenn man nicht solche Herrschaft über seine Gedanken bekommt, daß man sie in ihre Elemente zerlegen und dann nach Bedürfnis wieder vereinigen, sammeln und konzentrieren kann. Diese Analyse des Gedankens, die ihn gleichsam vor den Augen des Geistes entwickelt, kann nur schriftlich ausgeführt werden. Die Feder ist das Messer, das den Gedanken zerlegt, und nur wenn man aufschreibt, was man innerlich schaut, kann man erkennen, was in einer Vorstellung liegt oder welche Tragweite sie hat. Dann versteht man sich selbst und kann sich andern verständlich machen.«

Ich empfehle nicht das Auswendiglernen und Hersagen der Predigten; das ist ein langweiliges Üben einer untergeordneten Geisteskraft, wobei andere, wichtigere Gaben vernachlässigt werden. Die schwierigste und beste Art ist, daß ihr genug Stoff für die Predigt sammelt und sie dann so haltet, wie euch die Worte von selbst in den Mund kommen. Dies ist aber nicht eine improvisierte Predigt; die Worte sind improvisiert – und ich halte dies für das richtige, aber der Inhalt ist das Ergebnis gründlicher Vorbereitung. Nur gedankenlose Leute denken, dies sei leicht; es ist zugleich die mühsamste und die wirksamste Predigtweise, und sie hat ihre eigentümlichen Vorzüge, von denen ich aber jetzt nicht sprechen kann, da es mich von meinem Gegenstand ablenken würde.

Kommen wir also auf das Reden aus dem Stegreif im eigentlichen Sinn zurück. Meistens kann man mit ein wenig Fleiß diese nützliche Kunst erlernen. Die italienischen Improvisatoren besaßen die Gabe in so hohem Grade, daß sie auf der Stelle Hunderte von Versen über ein von einem Zuhörer angegebenes Thema machen konnten. Auch jetzt findet man viele, die durch improvisierte Verse eine atemlos lauschende Zuhörerschaft um sich versammeln. Könnten wir nicht wenigstens lernen, in Prosa zu improvisieren? Verse werden wir nicht machen können, aber das ist auch nicht nötig. Wir haben ja wohl alle schon in schwachen Stunden ein wenig gedichtet, aber jetzt, da die ernste Prosa von Leben und Tod, von Himmel und Hölle und verlorenen Sündern uns in Anspruch nimmt, haben wir abgetan, was kindisch ist.

Viele Rechtsanwälte können vortrefflich aus dem Stegreif reden. Sie müssen doch auch etwas Gutes haben. Wenn sie nicht sehr schlagfertig wären, ginge es ihnen oft schlimm, denn sie können ja nicht voraussehen, welche Beweisführung durch die Zeugenaussagen oder durch die Stimmung des Richters oder durch die Rede des gegnerischen Anwalts erforderlich wird. Ich habe oft bei Gerichtsverhandlungen gestaunt über die witzige, scharfe, durchaus zutreffende Art, in der ein Anwalt ganz unvorbereitet erwiderte. Was ein Verteidiger für seinen Klienten tun kann, das sollten wir doch Gott zuliebe tun können. Vor den Schranken sollte nicht besser geredet werden als auf der Kanzel. Mit Gottes Hilfe wollen wir lernen, die geistigen Waffen ebenso gut zu gebrauchen als irgend jemand.

Ein Pfarrer kann, wenn etwa der erwartete Prediger nicht kommt, oder wenn ein Amtsbruder plötzlich erkrankt, in die Lage kommen, ganz unvorbereitet zu predigen. Oder er hatte nicht im Sinn, in einer Versammlung zu reden, und findet sich dann doch veranlaßt, es zu tun; kurz – er kann in eine Menge Lagen kommen, wo ihm die Gabe der freien Rede so köstlich ist wie Gold von Ophir.

Wie kann man diese wertvolle Gabe erlangen? *Es gibt Leute, die sie nie erlangen.* Es muß eine natürliche Anlage dazu vorhanden sein wie für die Dichtkunst. Ein Dichter wird geboren, nicht gemacht. »Die Kunst kann die Rednergabe entwickeln und vervollkommen, aber nicht erzeugen.« Alle Kunstregeln und Kunstgriffe können uns die Beredsamkeit nicht geben. Sie ist eine Himmelsgabe, die man nicht erringen kann. Sie ist angeboren, wahrscheinlich von der Mutter ererbt. Vielen ist sie versagt. Ihr Mund und vor allem ihr Gehirn ist nicht dazu geschaffen, und darum können sie nie gewandte Redner werden, jedenfalls lernen sie nie aus dem Stegreif reden. Wer die Fähigkeit haben möchte, in besonderen

Fällen aus dem Stegreif zu reden, muß sich für gewöhnlich gut vorbereiten. Dies klingt vielleicht widersinnig, aber die Erklärung liegt auf der Hand. Gesetzt, ich bin ein Müller und man bringt mir einen Sack, den ich in fünf Minuten mit Mehl füllen soll, so kann ich das doch nur, wenn meine Mehllade immer so voll ist, daß ich gleich den Sack aufbinden, füllen und wieder abgeben kann. Ich kann nicht jetzt geschwind mahlen; das habe ich vorher getan, und deshalb habe ich genug Mehl, um den Kunden zu befriedigen. So müßt ihr, meine Brüder, auch vorher mahlen, sonst habt ihr kein Mehl. Ihr könnt nicht gute Gedanken improvisieren, wenn ihr nicht die Gewohnheit habt, nachzudenken und euren Geist kräftig zu ernähren. Arbeitet fleißig in jedem verfügbaren Augenblick. Stattet euren Geist reichlich aus, und dann werdet ihr, wie ein Kaufmann mit einem gutgefüllten Magazin, Waren für eure Kunden bereit haben. Wenn alles hübsch in den Fächern eures Geistes geordnet ist, könnt ihr es euren Kunden reichen, ohne daß ihr vorher lange aussuchen oder selbst erst einkaufen müßt. Ich glaube nicht, daß jemand anhaltend gut aus dem Stegreif reden kann, wenn er nicht für gewöhnlich viel mehr Zeit auf seine Predigten verwendet als die, die sie schreiben und auswendiglernen. Es ist eine Regel ohne alle Ausnahme, daß, wer von selbst überfließen will, voll sein muß.

Es hilft sehr viel, wenn man sich einen Vorrat von Gedanken und Redewendungen sammelt. Man kann in dieser Beziehung reich oder arm sein. Ein kenntnisreicher, gründlich gebildeter Mann kann wie ein reicher Märchenprinz zur Rechten und Linken Gold unter die Menge werfen. Für euch ist eine genaue Bekanntschaft mit Gottes Wort, mit dem innern geistlichen Leben, mit den großen Fragen der Zeit und Ewigkeit unerläßlich. Wenn das Herz voll ist, geht der Mund über. Gewöhnt euch, mit euren Gedanken im Himmel zu sein, suchet in der Schrift, habt eure Lust an dem Herrn, und ihr könnt ohne Furcht über das reden, was ihr von dem gütigen Wort Gottes geschmeckt und betastet habt. Ein Mensch mag langsam in der Rede sein, wenn er von etwas spricht, das er nicht selbst erlebt hat, aber ihr, die ihr warm seid von Liebe für den König und euch des Umgangs mit ihm erfreut, könnt in eurem

71

Herzen ein feines Lied dichten, und eure Zunge wird sein wie der Griffel eines guten Schreibers. Geht den geistlichen Wahrheiten auf den Grund, erlebt sie, dann könnt ihr sie andern leicht auslegen. Theologische Unwissenheit auf unsern Kanzeln ist nicht selten, und man muß sich wundern, nicht daß es so wenige, sondern daß es so verhältnismäßig viele Prediger gibt, die aus dem Stegreif predigen können, obgleich die theologisch Gebildeten selten sind. Man kann kein Kriegsschiff aus einem Johannisbeerstrauch machen und keinen die Seelen erweckenden Prediger aus einem Mann, der nichts Ordentliches gelernt hat. Wenn ihr überfließen wollt, so seid voll aller Erkenntnis und besonders voll der Erkenntnis Christi Jesu.

Neben einem Vorrat von Gedanken braucht ihr auch einen reichen Wortschatz. Sammelt, behaltet und verwertet schöne Wendungen und vor allem kräftige, treffende Ausdrücke. Ihr braucht nicht jedes auffallende Wort, das euch beim Lesen aufstößt, zur Verwendung in der nächsten Predigt aufzuzeichnen, aber ihr müßt die Bedeutung der Worte verstehen, müßt euch über den Wert eines sinnverwandten Wortes, über den Rhythmus eines Satzes, über die Wichtigkeit eines Füllwortes klar sein. Ihr müßt die Herren der Worte sein, müßt sie als Geister, als Engel, als Blitze und als Honigtropfen verwenden können. Wer bloße Wörter sammelt, ist wie einer, der Austernschalen und Bohnenhülsen aufspeichert, aber einem denkenden und unterrichteten Mann sind die Worte silberne Schalen für seine goldenen Äpfel. Sorget, daß ihr für den Wagen eurer Gedanken auch ein gutes Gespann von Worten habt.

Die Gedanken eines Mannes, der dasteht und über ein Thema spricht, das ihm wohl bekannt ist, sind wahrscheinlich gar nicht die ersten Gedanken, die ihm darüber kommen. Er hat gründlich über die Sache nachgedacht, wenn auch nicht gerade im gegenwärtigen Augenblick, und kann bedeutend darüber sprechen, während der, der sich Aufzeichnungen macht, vielleicht seine ersten nicht besonders klaren oder bestimmten Ideen aufschreibt. Also, improvisiert nicht, ohne daß ihr euren Stoff gründlich studiert habt. Ich kam einmal in eine ziemlich gefährliche Lage, und hätte ich nicht

Übung in der freien Rede gehabt, so weiß ich nicht, wie mir's gegangen wäre. Ich sollte in einer gewissen Kirche predigen, die gedrängt voll war, aber infolge einer Zugverspätung konnte ich nicht rechtzeitig eintreffen. Ein andrer Geistlicher ging auf die Kanzel, und als ich ganz atemlos angerannt kam, war er schon mitten in der Predigt. Als er mich erblickte, hielt er inne und rief: »Da ist er!« Dann sah er mich an und sagte: »Ich mache dir Platz; komm herauf und vollende die Predigt.« Ich fragte ihn nach dem Text, er nannte ihn und sagte, er sei eben mit dem ersten Teil fertig. Ohne Zögern nahm ich den Faden der Rede auf und hielt die Predigt zu Ende. Ich hoffe, es ist keiner hier, der das nicht auch gekonnt hätte. Die Umstände erleichterten allerdings in diesem Fall die Aufgabe sehr; denn erstens war der andre Pfarrer mein Großvater, und zweitens hatte er den Text: »Aus Gnaden seid ihr selig geworden durch den Glauben und dasselbe nicht aus euch, Gottes Gabe ist es.« Wer unter diesen Umständen nicht die Sprache gefunden hätte, wäre ein dümmeres Tier als das, auf dem Bileam ritt. »Aus Gnaden seid ihr selig geworden« war im ersten Teil als die Quelle der Seligkeit besprochen worden, so war es nicht schwer, im zweiten Teil »durch den Glauben« von dem Kanal zu sprechen, durch den uns die Seligkeit zuströmt. Ich konnte ohne Vorbereitung zeigen, daß wir die Seligkeit durch den Glauben empfangen. Aber es erwartete mich noch eine Probe. Ich sprach weiter und wurde allmählich warm, da klopfte mir eine Hand auf den Rücken und sagte: »So ist's recht, so ist's recht! Sag's ihnen noch einmal, damit sie es nicht vergessen.« Ich tat es. Nach einer Weile, als ich anfing, aus der Erfahrung heraus zu reden, zog mich der alte Herr sanft am Rockschoß, trat vor und sagte: »Mein Enkel kann euch das theoretisch sagen, aber ich kann als alter Mann Zeugnis ablegen, daß es sich in der Erfahrung bewährt.« Nachdem er dann von seiner Lebenserfahrung gesprochen hatte, schloß er: »Mein Enkel hier kann das Evangelium viel besser predigen als ich, aber er kann kein besseres Evangelium predigen, nicht wahr?«

Nun, wenn ich damals nicht einige Übung in der freien Rede gehabt hätte, wäre ich schön in Verlegenheit gekommen, so aber machte es sich ganz leicht und natürlich.

*Das Erlernen einer fremden Sprache fördert sehr die Gewandt-
heit im Reden.* Wer die Wurzeln der Wörter und die allgemeinen
Sprachregeln kennt, wird mit dem Wortschatz und der Grammatik
der eignen Sprache so vertraut wie ein Arbeiter mit dem Handwerkszeug, das er täglich gebraucht. Ich wüßte keine bessere
Übung, als daß man möglichst schnell ein Stück aus Virgil oder Tacitus übersetzt und sich nachher darüber besinnt und die Fehler der
Übersetzung verbessert. Leute, die nichts davon verstehen, meinen, es sei schade um die Zeit, die man auf die alten Sprachen verwendet, aber schon um des Gewinns willen, den der christliche
Redner von diesen Studien hat, müssen sie in unsern Seminarien
getrieben werden. Es liegt doch auf der Hand, daß das fortwährende Vergleichen zwischen den Ausdrücken und Redensarten
zweier Sprachen die Redegewandtheit fördert. Außerdem lernt
man besondere Feinheiten des Sinnes verstehen und bekommt so
eine Unterscheidungsgabe, die für einen Erklärer von Gottes Wort
und für einen, der in freier Rede die Wahrheit verkündigt, sehr
wichtig ist. Lernt also den ganzen Mechanismus der Sprache zusammensetzen und zerlegen, lernt jeden einzelnen Teil der Maschine kennen, dann könnt ihr eure Lokomotive gut führen, auch
wenn einmal in einem besondern Fall besondere Geschwindigkeit
gefordert wird.

Da es die Aufgabe des Redners ist, den Gedanken in das Gewand
des Worts zu kleiden, so ist es auch sehr nützlich, laut zu denken.
Mir ist dies ganz zur Gewohnheit geworden. Auch wenn ich allein
bete, bete ich gern laut; ich habe mehr vom Lesen, wenn ich laut
lese, und bei der Vorbereitung auf die Predigt ist es mir eine Wohltat, wenn ich zuweilen laut vor mich hinreden kann. Natürlich ist
mit solchen Übungen die Schwierigkeit nur halb überwunden.
Man muß sich im öffentlichen Reden üben, um die Schüchternheit
und Ängstlichkeit, die der Anblick der Zuhörer einflößt, zu überwinden. Aber wenn wir den halben Weg gemacht haben, sind wir
dem Ziel doch bedeutend näher. Gut improvisieren kann nur ein
geübter Denker, ein unterrichteter Mann, der schnell einen Gedanken fassen und ihn auch schnell in Worte kleiden kann. Denkt
möglichst viel laut, wenn ihr allein seid, und ihr werdet bald auf

dem Weg zum Erfolg sein. Übung in Rede und Gegenrede im Hörsaal sind auch wichtig; ich möchte besonders die Schüchternen ermahnen, sich daran zu beteiligen. Wir haben ja bei uns eingeführt, daß manchmal ein Zögling über ein aufs Geratewohl aus der Urne gezogenes Thema sprechen muß, und wir wollen das noch häufiger tun. Ich habe euch gesagt, daß so etwas beim Gottesdienst verwerflich ist, aber als eine Schulübung ist es sehr gut. Es übt in der Schlagfertigkeit und Selbstbeherrschung, und denen, die stekken bleiben, ist die Übung so nützlich wie denen, die geläufig reden, denn Selbsterkenntnis ist auch etwas Gutes. Wenn die Erkenntnis, daß du noch ein Stümper bist, dich zu größerer Anstrengung anspornt, so bist du vielleicht auf dem besten Wege, ein großer Redner zu werden.

Zu der Übung muß noch etwas weiteres kommen: *Ihr müßt kühl und ruhig bleiben.* Sydney Smith sagt: »Viel Talent geht der Welt verloren, weil es vielen talentvollen Menschen an Mut fehlt.« Es ist nicht so ganz leicht für einen jungen Redner, die Ängstlichkeit zu überwinden. Ist es euch, während ihr predigt, nicht manchmal zumute, als gingt ihr auf einem hochgespannten Seil, zweifelnd, ob ihr glücklich bis ans Ende gelangt? Oder, um ohne Bild zu reden, fürchtet ihr nicht, ihr könntet am Ende den angefangenen Satz nicht vollenden, ihr findet vielleicht kein Prädikat zum Subjekt, oder keine Ergänzung zum Zeitwort? Es kommt alles darauf an, daß ihr ruhig bleibt. Menschenfurcht oder schlimme Gewohnheiten bringen euch sicher zu Fall. Fahrt fort im Gottvertrauen, und alles wird gut gehen. Habt ihr einen Sprachfehler gemacht, so folgt ja nicht dem Drang, ihn zu verbessern, sonst macht ihr gleich einen zweiten und verwickelt euch schließlich wie in einem Netz. Ich sage euch ganz leise im Vertrauen: umkehren ist immer schlimm. Habt ihr einen Fehler gemacht, so tut, als hättet ihr ihn nicht bemerkt. Als ich schreiben lernte, sagte mir mein Vater die folgende sehr gute Regel, die auch fürs Reden gilt: »Wenn du beim Schreiben einen Fehler machst, so streiche nicht aus, sondern besinne dich, ob du deinen Satz nicht so ändern kannst, daß das Geschriebene hineinpaßt.« Wenn ihr beim Sprechen den Satz nicht auf eine Art schließen könnt, so versucht's auf eine andre. Wenn man sich verbessert, lenkt man nur die Aufmerksamkeit der Zuhörer auf den Schnitzer, und schließlich denken sie überhaupt mehr an die Sprache als an den Inhalt, was doch nicht wünschenswert ist. Sollte aber je die Gemeinde ein sprachliches Versehen bemerken, so werden alle Vernünftigen einem Anfänger so etwas zugute halten und ihn vielleicht bewundern, wenn er nicht aus der Fassung kommt, sondern mit dem Herzen bei der Sache bleibt. Ein Neuling im öffentlichen Reden ist wie ein ungeübter Reiter: wenn sein Pferd stolpert, meint er, es werde ihn abwerfen, und wenn es ein bißchen munter ist, fürchtet er, es könnte durchgehen. Aber der geübte Reiter kennt keine Gefahr, und es ist auch keine vorhanden, denn sein Mut ist eine Gewähr dagegen. Wenn ein Redner sich als Herr der Lage fühlt, so ist er es auch. Seine Sicherheit wendet die Gefahren ab, die durch Ängstlichkeit unfehlbar herbeigeführt würden.

Meine Brüder, wenn der Herr euch ins Amt berufen hat, so habt ihr ja alle Ursache, ruhig und mutig zu sein. Vor wem solltet ihr euch denn fürchten? Ihr habt Gottes Botschaft zu verkündigen nach dem Maß der Kraft, die er euch gibt, und wenn das geschehen ist, seid ihr niemand verantwortlich als eurem himmlischen Herrn, der kein strenger Richter ist. Ihr geht nicht auf die Kanzel, um durch Rednergabe zu glänzen oder um den Liebhabereien eurer Zuhörer zu schmeicheln; ihr seid Boten des Himmels, nicht Diener der Menschen. Denkt an die Worte des Herrn an Jeremia und fürchtet euch vor der Furchtsamkeit: »So begürte du deine Lenden und mache dich auf und rede zu ihnen alles, was ich dich heiße. Erschrick nicht vor ihnen, auf daß ich dich nicht erschrecke vor ihnen« (Jer. 1, 17). Hofft auf die stets gegenwärtige Hilfe des Heiligen Geistes, und ihr werdet die gefährliche Menschenfurcht verlieren. Wenn ihr euch ganz auf der Kanzel zu Hause fühlt, wenn ihr euch umschauen könnt und als ein Bruder zu Brüdern reden, dann, aber erst dann könnt ihr aus dem Stegreif reden. An die Stelle der Schüchternheit, die jungen Brüdern so gut steht, tritt dann jene Bescheidenheit, die sich selbst vergißt und nicht an ihre eigne Ehre denkt, wenn nur Christus gepredigt, recht kräftig gepredigt wird.

Um also in wahrhaft heiliger und segensreicher Weise frei reden zu können, muß der christliche Prediger *kindlich auf den Heiligen Geist vertrauen*. Ich glaube an den Heiligen Geist, sagt unser Glaubensbekenntnis. Viele glauben nicht in ganzem Ernst an ihn. Es wäre sündhafte Vermessenheit, die ganze Woche die Zeit zu vertrödeln und sich dann im letzten Augenblick auf die Hilfe des Heiligen Geistes zu verlassen. Aber etwas ganz anderes ist es, wenn ein Prediger ohne seine Schuld unvorbereitet sprechen muß. Dann kann er sich mit voller Zuversicht auf den Geist Gottes verlassen. Gottes Geist vereinigt sich zweifellos mit dem Menschengeist und erhebt ihn aus seiner Schwäche und Zerstreuung, daß er kräftig emporschweben und die göttliche Wahrheit mit mehr als menschlicher Kraft verstehen und verkündigen kann. Solch wunderbares Eingreifen soll uns nicht matt und träge machen, sondern es ist die Hilfe, auf die wir in der Not rechnen dürfen. Des Herrn Geist ist immer bei uns, aber besonders, wenn das Amt strenge Anforderungen an uns stellt. Ich rate euch ernstlich, ehe ihr einige Erfahrung im Predigtamt habt, nicht öfter als nötig frei zu reden, aber wenn es notwendig ist, es ohne Bedenken zu tun, in dem Glauben, daß euch zu der Stunde gegeben wird, was ihr braucht.

Laßt nur ja eure Zunge nicht eurem Verstand vorauseilen. Hütet euch vor leerer Redegewandtheit und Geschwätzigkeit, vor der Gabe, mit vielen Worten nichts zu sagen. Ich freue mich von Herzen, wenn ein Bruder stecken bleibt, der mit großem Selbstvertrauen daherredet, obgleich er nichts mehr zu sagen hat. Möge dies Schicksal allen beschieden sein, die denselben Fehler machen. Meine Brüder, es ist eine schlimme Gabe, wenn einer eine lange Rede über nichts halten kann. Nichtssagende Bemerkungen, breitgetretene Gemeinplätze und ein frommer Wortschwall sind nicht ungewöhnlich und bringen das Improvisieren in Verruf. Was hilft's, wenn Nichtigkeiten in schöne Worte gefaßt sind. Aus nichts wird nichts. Freie Rede ohne Studium ist eine Wolke ohne Regen, ein Brunnen ohne Wasser, eine gefährliche Gabe, gleich schädlich für den Hirten und die Herde. Die Predigten solcher Leute sind wie die Rolle von Schnock dem Schreiner, als er den Löwen spielte.*) »Du kannst's aus dem Stegreif machen, denn du brauchst nur zu brüllen.« Lieber wollen wir die Gabe freier Rede gar nicht haben oder wieder verlieren, als daß wir bloße Lärmmacher werden: ein tönendes Erz und eine klingende Schelle.

11. Des Predigers schwache Stunden

Von David wird erzählt, daß er in der Hitze des Gefechts schwach wurde; ähnlich wird man auch von allen andern Dienern Gottes berichten können: Wir alle haben manchmal Zeiten der Niedergeschlagenheit, auch wenn wir gewöhnlich heiter sind. Die Starken sind nicht immer kräftig, die Weisen nicht immer schlagfertig, die Tapferen nicht immer mutig, die Heiteren nicht immer glücklich. Es gibt ja solch eiserne Naturen, auf die die Not und Plage des Lebens keinen besondern Eindruck macht, aber schließlich werden auch sie vom Rost verzehrt. Und was die gewöhnlichen Menschen anlangt – Gott weiß es und läßt sie es fühlen, daß sie nur Staub sind. Ich weiß aus schmerzlicher Erfahrung, was es um diese Niedergeschlagenheit ist, denn ich leide oft darunter; darum denke ich, es könnte manchen meiner Brüder tröstlich sein, meine Gedanken darüber zu erfahren; junge Leute können daraus lernen, daß ihnen nichts Sonderliches widerfährt, wenn sie einmal eine Zeit lang bedrückt sind, und traurige Herzen können sehen, daß einer, dem die Sonne freundlich strahlt, doch nicht immer im Lichte gewandelt hat.

Wir könnten leicht aus den Lebensbeschreibungen großer Prediger beweisen, daß die meisten, wenn nicht alle, Zeiten tiefster Niedergeschlagenheit erlebt haben. Luthers Leben gibt uns zahlreiche Beispiele, und er war doch gewiß keiner von den Schwachen. Sein großer Geist war oft entzückt bis in den dritten Himmel und oft am Rande der Verzweiflung. Anstatt weitere Beispiele anzuführen, wollen wir nach den Gründen forschen, warum Gott so etwas zuläßt, warum die Kinder des Lichts oft im Finstern wan-

*) In Shakespeares Sommernachtstraum.

78

deln, warum die Verkündiger des Tagesanbruchs oft selbst in zehnfache Nacht gehüllt sind.

Ist nicht der erste Grund der, *daß sie Menschen sind?* Mit Recht sagt der weise Sirach: »Es ist ein elend, jämmerlich Ding um aller Menschen Leben von Mutterleibe an, bis sie in die Erde begraben werden, die unser aller Mutter ist. Da ist immer Sorge, Furcht, Hoffnung und zuletzt der Tod, sowohl bei dem, der in hohen Ehren sitzt, als bei dem Geringsten auf Erden, sowohl bei dem, der Purpur und Krone trägt, als bei dem, der einen groben Kittel anhat. Da ist immer Zorn, Eifer, Widerwärtigkeit, Unfriede und Todesfurcht, Neid und Zank . . . Solches widerfährt allem Fleisch, sowohl Menschen als Vieh, aber den Gottlosen siebenmal mehr« (Sir. 40, 1–4. 8). Die Gnade bewahrt uns vor vielem, aber weil wir nicht noch mehr Gnade haben, leiden wir unter unvermeidlichen Übeln. Selbst als Erlöste müssen wir noch Schwachheit erdulden, sonst brauchen wir ja nicht den verheißenen Geist, der unserer Schwachheit aufhilft. Wir müssen manchmal traurig sein. Den Guten ist Trübsal in dieser Welt verheißen, und die Prediger dürfen sich auf ein besonders großes Maß gefaßt machen, damit sie Mitleid mit dem leidenden Volke Gottes haben und gute Hirten der kranken Herde werden. Gott hätte körperlose Geister senden können, das Wort zu predigen, aber sie könnten die nicht verstehen, die im Leibe sind und unter ihrer Last seufzen; er hätte Engel zu Evangelisten verordnen können, aber die himmlischen Geister könnten die Unwissenden nicht verstehen und bedauern. Menschen mit menschlichen Empfindungen hat der allweise Gott zu Boten seiner Gnade erwählt, darum diese Tränen, diese Not, diese Niedergeschlagenheit.

Wenn wir es mit unserem Beruf ernst nehmen, so liegt in ihm manchmal der Anlaß zur Niedergeschlagenheit. Wer kann die Last der anvertrauten Seelen tragen, ohne manchmal in den Staub zu sinken? Das heftige und nie ganz gestillte Verlangen, die Menschen zu bekehren, erfüllt die Seele mit Sorge und Enttäuschung. Wenn wir sehen, wie die, für die wir hofften, sich wieder abwenden, die Bekehrten erkalten, die Bekenner des Herrn die Gnade mißbrauchen – wie die Sünder immer frecher sündigen –, ist das nicht genug, um uns zur Erde niederzubeugen? Das Reich Gottes kommt nicht, wie wir möchten, der gebenedeite Name wird nicht geheiligt, wie wir wünschen, und darum müssen wir weinen. Wie können wir anders als traurig sein, wenn die Menschen unsere Predigt nicht glauben und Gottes Arm sich nicht offenbart. Alle geistige Arbeit macht müde und matt, und wir arbeiten noch außerdem mit dem Herzen, mit der innersten Seele. Wie oft ist es uns am Sonntagabend, als wäre alles Leben aus uns weggespült. Wir haben unsere Seele über unsere Gemeinde ausgeströmt und kommen uns wie ein leerer irdener Krug vor, den ein Kind zerbrechen könnte. Wenn wir mehr wie Paulus wären und mit noch größerem Eifer über den Seelen der Menschen wachten, dann würden wir an uns selbst noch mehr das Wort erleben: »Der Eifer um dein Haus hat mich gefressen.« Es ist unsere Pflicht und unser Vorrecht, uns im Dienste Jesu zu verzehren. Wir sollen keine Prachtexemplare von wohlkonservierten Menschen sein, sondern lebendige Opfer, deren Bestimmung es ist, verzehrt zu werden. Wir sollen nicht unser Fleisch pflegen, sondern uns verzehren und uns verzehren lassen. Solche Seelenarbeit eines treuen Predigers bringt manchmal Zeiten der Erschöpfung, in denen Körper und Geist sich nicht mehr aufraffen können. Moses Hände wurden müde bei der Fürbitte, und Paulus rief aus: »Wer ist hierzu tüchtig?« Selbst Johannes der Täufer hatte seine schwachen Stunden, und die Apostel waren einmal erschrocken und fürchteten sich.

Unsere Stellung in der Gemeinde macht uns auch oft das Leben schwer. Ein Prediger, der in seinem Beruf tüchtig ist, steht gewöhnlich etwas vereinsamt da. Auch seine treuesten Anhänger können die Gedanken, Sorgen und Versuchungen, die sein Beruf mit sich bringt, nicht ganz verstehen. Im Heer marschieren die gemeinen Soldaten Schulter an Schulter mit ihren Kameraden, aber je höher ein Offizier im Rang steigt, desto weniger Männer seinesgleichen hat er, und der oberste Feldherr ist der einzige seiner Art. So wird auch in den Gemeinden der Mann, den der Herr zum Führer verordnet, je höher er geistig steht, um so einsamer. Aber Gottesmänner, die mehr als andere im Verkehr mit Gott stehen, empfinden in Stunden der Schwäche den Mangel menschlicher Teilnahme. Wie ihr Herr in Gethsemane sehen sie sich bei den schlafenden Jüngern nach Trost um. Die Gleichgültigkeit der kleinen Schar von Brüdern betrübt sie, und sie ziehen sich wieder in sich selbst zurück; aber der geheime Schmerz drückt sie nur noch schwerer, weil sie ihre liebsten Freunde schlafend fanden. Nur wer es erlebt hat, versteht die Einsamkeit eines Menschen, der im Eifer für den Herrn der Heerscharen andern vorangekommen ist; er kann sich nicht aussprechen, denn man würde ihn für verrückt halten; er kann nicht schweigen, denn das innere Feuer verzehrt ihn. Nur bei dem Herrn findet er Ruhe. Unser Herr wußte, was im Menschen ist, deshalb sandte er seine Jünger zu zweien aus, aber es scheint, daß sich für einen Mann wie Paulus kein passender Gehilfe fand: Barnabas, Silas und Lukas waren nur Hügel im Vergleich mit dem Alpengipfel, dem Apostel der Heiden. Wenn ich mich nicht täusche, wird diese Einsamkeit von vielen meiner Amtsbrüder als eine Ursache der Niedergeschlagenheit empfunden. Brüderliche Zusammenkünfte der Geistlichen und die Pflege heiliger Gemeinschaft zwischen Gleichgesinnten wird mit Gottes Hilfe ein Mittel sein, daß wir dieser Gefahr entgehen.

Eine *sitzende Lebensweise* erzeugt bei manchen Menschen einen Hang zur Schwermut. Burton sagt: »Gelehrte vernachlässigen die Pflege ihres Körpers. Andere Menschen sorgen für ihr Handwerkszeug; der Maler spült den Pinsel aus; der Schmied sieht nach dem Hammer und Amboß; der Landmann bessert die Pflugschar aus und schleift seinen Spaten; ein Musiker stimmt sein Instrument; der Gelehrte aber vernachlässigt das Instrument, das er doch täglich und stündlich gebraucht: sein Gehirn.« Lukan sagt mit Recht: »Drehe den Strick nicht so stark, daß er bricht.« Lange in einer Stellung sitzen, über ein Buch gebeugt oder schreibend, ist an sich schon anstrengend; nimmt man dazu ein schlecht gelüftetes Zimmer, einen Körper, der schon lange ohne Muskelbewegung gewesen ist, und ein von vielen Sorgen gedrücktes Herz – da haben wir alle Bestandteile für einen Kessel voll Schwermut, besonders zur Zeit der Herbstnebel. Ein Mann mag von Natur so fröhlich sein wie eine Lerche, er wird doch kaum Jahr für Jahr gegen diese selbstmörderische Lebensweise standhalten können. Er macht sich die Studierstube zum Gefängnis und die Bücher zu Gefangniswärtern, während die Natur vor dem Fenster draußen ihn zu Gesundheit und Freude ruft. Wer das Summen der Bienen im Heidekraut, das Girren der Tauben im Wald, den Gesang der Vögel, das Rauschen des Bächleins, das Seufzen des Winds in den Fichten vergißt, darf sich nicht wundern, wenn sein Herz den Gesang verlernt und seine Seele düster wird. Ein Tag in der frischen Gebirgsluft, ein paar Stunden im Waldesschatten würde vielen unserer geplagten Pfarrer, die nur noch halb lebendig sind, die Spinnweben aus dem Gehirn fegen. Ein kräftiger Schluck Seeluft oder ein tüchtiger Spaziergang im Wind füllt zwar nicht die Seele mit Gnade, aber doch den Körper mit Sauerstoff, was das nächstbeste ist. Das Farnkraut und die Kaninchen, die Bäche und die Forellen, die Primeln und Veilchen, der Bauernhof, das frische Heu – all das ist die beste Arznei für den Hypochonder, das sicherste Stärkungsmittel für den Schwachen, die beste Erfrischung für den Müden. Aus Mangel an Gelegenheit und Neigung versäumt es der Gelehrte, diese Heilmittel zu gebrauchen, und hilft so selbst seinen Körper ruinieren.

Inmitten lang anhaltender Arbeit müssen wir uns auch auf eine solche Prüfung gefaßt machen. Der Bogen kann nicht immer gespannt sein. Der Geist braucht Ruhe, wie der Körper Schlaf. Unsere Sonntage sind Arbeitstage, und wenn wir's aushalten sollen, müssen wir in der Woche einen Ruhetag halten. Selbst die Erde muß brach liegen und ihren Sabbat haben. Drum hat der Herr in seiner Weisheit und Barmherzigkeit zu seinen Jüngern gesagt: »Laßt uns in die Wüste gehen und ruhen.« Aber – wenn das Volk verschmachtet? wenn sie sind wie Schafe ohne Hirten? Wie kann Jesus da von Ruhe sprechen? Wenn die Schriftgelehrten und Pharisäer wie Wölfe in die Herde fallen, wie kann er mit den Seinen an einen Ort der Ruhe gehn? Ein hitziger Eiferer könnte ihn schelten, weil er die dringenden Bedürfnisse der Gegenwart vergißt. Laßt den Eiferer eifern. Der Herr Jesus weiß es besser. Er will nicht die Kraft seiner Diener vor der Zeit erschöpfen und die Leuchte Israels auslöschen. Ausruhen ist kein Zeitverderb. Durch Ruhe sammelt man frische Kraft. Betrachtet einen Mäher, der vor Sonnenuntergang so viel fertigbringen muß. Er ruht eine Weile aus. Ist er ein Faulenzer? Er hebt einen Stein auf und fährt damit an der Sense auf und ab mit einem kling-klang, kling-klang. Ist das eine Faulheitsmusik? Verliert er kostbare Augenblicke? Wie viel hätte er inzwischen mähen können! Aber er schärft sein Gerät und kann nachher wieder viel mehr arbeiten, wenn er mit ganzer Kraft ausholt und das Gras in Schwaden niederlegt. So stärkt eine kurze Ruhe den Geist zu größerer Leistung im Dienste des Herrn. Die Fischer müssen ihre Netze flicken, und wir müssen von Zeit zu Zeit den geistigen Verlust wieder einbringen und die Maschine für künftigen Gebrauch instandsetzen. Immerfort rudern ohne Feiertag, wie ein Galeerensklave, taugt nicht. Wenn wir fortrennen ohne innezuhalten, so kommen wir schließlich außer Atem. Selbst die Lasttiere muß man von Zeit zu Zeit auf die Weide gehen lassen; das Meer hat seine Ebbe und Flut; die Erde feiert während des Winters ihren Sabbat; und der Mensch, selbst wenn er das hohe Amt eines Gottesboten hat, muß ruhen, wenn er nicht unterliegen soll; er muß neue Kraft schöpfen, oder er wird vor der Zeit alt. Drum müssen wir manchmal Urlaub nehmen. Wir werden im ganzen mehr leisten, wenn wir von Zeit zu Zeit etwas weniger arbeiten. Weiter, immer weiter, ohne Ruhe, das mag für Geister passen, die nicht mehr die Last des Körpers tragen, aber solange wir in dieser Hütte sind, müssen wir zuweilen Halt rufen und dem Herrn durch heilige Untätigkeit und geweihte Muße dienen. Laßt euch nicht durch ein überzartes Gewissen an der Berechtigung zweitweiligen Ausspannens irre machen, sondern lernt durch die Erfahrung anderer, daß es notwendig und eure Pflicht ist, euch rechtzeitig auszuruhen.

Manchmal wirft ein betäubender Schlag den Pfarrer zu Boden. Der Bruder, dem er am meisten getraut hat, verrät ihn. Judas tritt seinen Freund mit Füßen, und für den Augenblick ist es um den Mut des Predigers geschehen. Wir alle halten zu gerne Fleisch für unsern Arm, und das ist eine Ursache vielen Kummers. Ebenso überwältigend ist der Schlag, wenn ein geehrtes und geliebtes Gemeindeglied der Versuchung unterliegt und den Christennamen schändet. Das ist das schwerste. Da sehnt sich der Prediger nach einem Zufluchtsort in der Wüste, wo er für immer sein Haupt verbergen kann und den Spott der Gottlosen nicht mehr hören muß. Zehnjährige Anstrengung zehrt nicht so an unserer Lebenskraft, wie der Verräter Ahitophel oder der Abtrünnige Demas. Auch Hader, Trennung, Verleumdung und liebloses Urteil beugen oft heilige Männer in den Staub und sind wie »ein Mord in ihren Gebeinen«. Zarte Gemüter werden durch harte Worte tief verletzt. Viele der besten Pfarrer sind eben um ihres hohen geistlichen Sinnes willen sehr leicht verletzbar – zu verletzbar für diese rauhe Welt. Das Leben härtet uns allmählich ab gegen die Püffe, die wir im Kampf davontragen, aber zuerst machen sie uns stutzig, so daß wir entsetzt und verdüstert nach Hause gehen. Die Kränkungen von falschen Freunden sind schwerer zu ertragen als die heftigsten Angriffe von offenen Feinden. Wer nach Gemütsruhe und einem behaglichen Leben strebt, soll ja kein Pfarrer werden, sonst wird er sich bitter enttäuscht finden.

Über wenige wird wohl solches Entsetzen und solche Finsternis kommen, wie über mich nach dem schrecklichen Unglück in der Surrey-Musikhalle.*) Die Last des Jammers drückte mich vollständig zu Boden. Tag und Nacht sah ich das Gedränge, den Schrecken, die Sterbenden vor mir, so daß mir das Leben zur Last wurde. Aus diesem entsetzlichen Traum erweckte mich das Wort: »Ihn hat Gott der Vater erhöht.« Die Tatsache, daß Jesus doch groß bleibt, wenn seine Diener noch so tief am Boden liegen, führte mich endlich zu ruhiger Überlegung und zum Frieden zurück. Sollte einen von euch auch ein solches Unglück treffen, so hoffe er geduldig und warte auf das Heil Gottes.

*) Als Spurgeon im Jahr 1856 zum erstenmal in der Musikhalle vor 8000 bis 9000 Zuhörern predigte, schrien einige böswillige Menschen »Feuer«. Natürlich entstand eine Panik und ein fürchterliches Gedränge. Dabei kamen 7 Menschen ums Leben, und 28 wurden verletzt. Spurgeon blieb auf der Kanzel und tat sein möglichstes, die Menge zu beruhigen. Dies Unglück machte einen unauslöschlichen Eindruck auf ihn. 25 Jahre später, als er in einem ähnlich überfüllten Raum predigen sollte, entstand, gerade als er die Kanzel bestieg, ein Gedränge. Dies erinnerte ihn so lebhaft an jene Szene in der Musikhalle und griff ihn so an, daß er zuerst glaubte, er könne gar nicht predigen.

Wenn man fragt, warum gerade die Diener des Königs Jesus so oft durch das finstere Tal wandern müssen, so ist die Antwort nicht schwer zu finden. All dies fördert das Werk des Herrn, dessen Methode in den Worten zusammengefaßt ist: »Nicht durch Heer oder Kraft, sondern durch meinen Geist, spricht der Herr.« Er gebraucht Werkzeuge, aber ihre Schwachheit soll offenbar werden. Der Ruhm und die Ehre, die dem Herrn gebühren, soll er auch ganz und ungeteilt hinnehmen. Der Mensch soll ganz seines Ichs entäußert und dann mit dem Heiligen Geist erfüllt werden. Wenn er in seinen eigenen Augen nur wie ein dürres, vom Winde verwehtes Blatt ist, dann wird er stark gemacht wie eine eherne Mauer gegen die Feinde der Wahrheit. Es ist sehr schwer für den Diener des Herrn, nicht stolz zu werden; fortwährender Erfolg und ungetrübte Freude sind für schwache Menschen schwer zu ertragen. Nach meiner Erfahrung müssen die, die von ihrem Herrn öffentlich geehrt werden, heimliche Züchtigung erdulden oder ein besonderes Kreuz tragen, damit sie sich ja nicht erheben und in des Teufels Strick fallen. Wie oft nennt der Herr den Hesekiel »du Menschenkind«. Während er die himmlische Herrlichkeit mit ungetrübtem Auge schaut, vernimmt er das Wort »du Menschenkind«, und dadurch wird das Herz wieder nüchtern, das sonst von der Ehre berauscht würde. Solche demütigenden, aber heilsamen Worte flüstert uns unsere Verzagtheit ins Ohr. Wir lernen daraus, daß wir gebrechliche, schwache Menschen sind, die gar leicht erliegen.

Durch alle Demütigungen seiner Knechte wird Gott verherrlicht, denn sie preisen ihn, wenn er sie wieder auf die Füße stellt; auch solange sie im Staub liegen, lobt ihn ihr Glaube. Um so fröhlicher verkünden sie dann seine Treue, um so fester sind sie gegründet in seiner Liebe. Solche gereifte Männer, wie viele unserer älteren Prediger, hätten wir schwerlich, wenn ihnen nicht immer mehr alles Eigene genommen würde und sie so die Eitelkeit aller äußeren Dinge erkennen lernten. Gepriesen sei Gott für den Schmelzofen, den Hammer und die Feile. Wir werden im Himmel um so seliger sein, je mehr wir hienieden Angst gehabt haben, und der Acker der Welt wird besser gebaut, wenn Gottes Kinder in die Schule der Trübsal gehen.

Merke dir die weise Lehre: *Laß dich durch die Seelenangst nicht erschrecken.* Halte es nicht für etwas Besonderes, sondern denke, es gehöre zu dem Leben eines Geistlichen. Und wenn auch die Niedergeschlagenheit größer ist als gewöhnlich, so glaube doch nicht, daß es mit deiner Wirksamkeit zu Ende sei. Wirf dein Vertrauen nicht weg, denn es hat eine große Belohnung. Selbst wenn der Feind seinen Fuß auf deinen Nacken setzt, hoffe, daß du wieder aufstehen und ihn überwinden wirst.

Wirf die Last der Gegenwart, die Sünde der Vergangenheit und die Furcht vor der Zukunft alles zusammen auf den Herrn, der seine Heiligen nicht verläßt. Lebe nur für den einen Tag, für die eine Stunde. Verlaß dich nicht auf Stimmungen und Gefühle; ein Gramm Glauben ist mehr wert als ein Zentner Gefühl. Vertraue auf Gott allein, und lehne dich nicht auf den Rohrstab menschlicher Hilfe. Wundere dich nicht, wenn Freunde dich verlassen; die Welt ist unzuverlässig. Rechne nie auf die Beständigkeit der Menschen; auf ihre Unbeständigkeit kannst du rechnen und brauchst keine Enttäuschung zu fürchten. Die Jünger verließen Jesus; wundere dich nicht, wenn deine Anhänger zu andern Lehrern gehen. Sie waren ja nicht dein Ein und Alles, solange du sie hattest, und so hat dich mit ihnen auch nicht alles verlassen. Diene Gott mit aller Macht, solange das Licht brennt, dann wirst du, wenn es für eine Weile ausgeht, um so weniger zu bereuen haben. Laß dir's gefallen, nichts zu sein, denn du bist nichts. Wenn du recht schmerzlich deine eigene Leere empfindest, so schelte dich, weil du gemeint hattest, du könntest voll sein ohne den Herrn. Erwarte keinen Lohn auf Erden. Sei dankbar für das Angeld auf dem Wege, aber erhoffe deinen Lohn nur von der jenseitigen Seligkeit. Diene deinem Herrn mit doppeltem Ernst, wenn du keinen Erfolg siehst. Jeder Tor kann bei hellem Tageslicht auf dem schmalen Pfade gehen, aber die Weisheit des Glaubens hilft uns, auch im Dunkeln mit unfehlbarer Sicherheit zu wandeln, denn er legt seine Hand in die des großen Führers. Zwischen hier und dem Himmel kommt vielleicht noch recht stürmisches Wetter, aber unser Bundesgott hat für uns alles vorgesorgt. Wir wollen uns durch gar nichts von dem Weg abbringen lassen, auf den uns der göttliche Ruf gewiesen hat. Sei das Wetter gut oder schlecht: die Kanzel ist unser Wartturm und das Predigtamt unser Krieg. Können wir das Angesicht Gottes nicht sehen, so vertrauen wir doch unter dem Schatten seiner Flügel. Daran laßt uns festahlten!

12. Der Prediger im geselligen Verkehr

Wie soll der Prediger mit seinen Mitmenschen verkehren? Vor allen Dingen *nehme er keine Amtsmiene an;* er vermeide alles steife, pedantische, wichtigtuende, anspruchsvolle Wesen. Menschensohn ist ein schöner Titel. Hesekiel wurde so genannt und ein noch größerer. Auch du als Botschafter des Höchsten wolle nichts anderes sein. Je einfacher und natürlicher ihr seid, um so mehr gleicht ihr jenem Menschenkind, dem heiligen Kind Jesus. Man kann auch zu sehr ein Pfarrer und zu wenig ein Mensch sein wollen, aber je mehr ihr wahre Menschen seid, desto mehr seid ihr wirklich das, was ein Diener des Herrn sein soll. Schulmeister und Pfarrer haben gewöhnlich in ihrem Äußeren etwas besonderes. Sie sind im schlimmen Sinn nicht wie andere Menschen. Sie sind zu oft wie eine besondere Art Vögel, die aussehen, als paßten sie nicht zu ihren Landsleuten; sie haben etwas Befangenes, Verlegenes. Wenn ich einen Flamingo ernsthaft daherstolzieren sehe oder eine Eule, die im Schatten mit den Augen zwinkert, oder einen gravitätischen Storch, der in Gedanken versunken ist, dann muß ich an manche von meinen würdigen Brüdern aus dem Lehrer- und Prediger-Orden denken, die immer so wunderbar anständig sind, daß es ein klein bißchen lächerlich ist. Das würdevolle, steife, würdige, zurückhaltende Benehmen ist leicht zu erlernen, aber ist es des Lernens wert?

Doch bleibt ein Geistlicher immer ein Geistlicher, und er darf nicht vergessen, daß er immer Dienst hat. Ein Schutzmann oder ein Soldat hat nicht immer Dienst, aber ein Geistlicher immer. Auch in unserer Freizeit dürfen wir den großen Zweck unseres Lebens nicht aus dem Auge verlieren; denn wir müssen »zur Zeit und

Unzeit« arbeiten. In jeder Lage kann der Herr mit der Frage zu uns kommen: »Was tust du hier, Elia?« und wir müssen ihm antworten können: »Ich kann und will auch hier für dich wirken.« Der Bogen darf freilich nicht immer gespannt sein, sonst verliert die Sehne die Spannkraft, aber durchzuschneiden braucht man die Sehne nicht. Ich sage also: Der Pfarrer soll sich auch in der Erholungszeit als Bote Gottes betragen und jede Gelegenheit, Gutes zu tun, ergreifen. Das wird seine Ruhe nicht stören, sondern heiligen. Ein Pfarrer muß wie ein Zimmer sein, in dem man keine Spinnwebe aufkommen läßt. Ebenso soll er in seinem Gemüt keine Lässigkeit und Trägheit aufkommen lassen.

An den öffentlichen Ruheplätzen für die Londoner Packträger sind die Worte angeschrieben: Für Ruhebedürftige, nicht für Müßiggänger! Sie enthalten eine beherzigenswerte Wahrheit. Das *dolce far niente* nenne ich nicht Müßiggang. Es gibt ein süßes Nichtstun, das die beste Arznei für einen müden Geist ist. Wenn der Geist müde und angegriffen ist, so ist das Ausruhen ebensowenig Faulheit wie der Schlaf; man wird nie einen Menschen faul schelten, weil er sich die nötige Nachtruhe gönnt. Besser fleißig schlafen als faul wachen. Seid bereit, auch in der Ruhezeit und in den Mußestunden Gutes zu tun; dann seid ihr rechte Geistliche und braucht das nicht erst den Leuten zu sagen.

Der christliche Geistliche muß, wenn er nicht auf der Kanzel ist, ein umgänglicher Mensch sein. Er ist nicht in die Welt gesandt, um als Einsiedler oder Trappist zu leben. Es ist nicht sein Beruf, über den Häuptern seiner Mitmenschen auf einer Säule zu stehen, wie einst der verrückte Simon Stylites. Ihr sollt nicht von einem Baum heruntersingen wie eine unsichtbare Nachtigall, sondern ihr sollt Menschen unter Menschen sein und zu ihnen sagen: »Ich bin einer von euch in allem, was menschlich ist.« Das Salz im Faß nützt nichts; man muß es in das Fleisch hineinreiben. So muß euer persönlicher Einfluß die Gesellschaft durchdringen und würzen. Wenn ihr euch von den andern fern haltet, wie könnt ihr ihnen nützen? Unser Herr ging zu einer Hochzeit und saß zu Tisch mit Zöllnern und Sündern, und doch war er viel reiner als jene scheinheiligen Pharisäer, die ihren Ruhm darin suchten, sich von ihren

Mitmenschen abzusondern. Manche Prediger scheinen gar nicht zu wissen, daß sie zu derselben Klasse von Wesen gehören wie ihre Zuhörer. Es ist merkwürdig aber wahr, daß Bischöfe, Prälaten, Superintendenten, Pfarrer usw., ja selbst Erzbischöfe, im Grunde doch nur Menschen sind. Gott hat nicht eine heilige Ecke der Erde eingefriedigt, wo sie für sich bleiben können.

Ich liebe den Pfarrer, dessen Gesicht mich einlädt, ihm mein Vertrauen zu schenken; auf dessen Schwelle man lesen kann: *Salve*, sei gegrüßt; vor dessen Tür man fühlt, daß es der Pompejanischen Warnung: »*Cave canem*, hüte dich vor dem Hund!« nicht bedarf. Ich lobe mir den Mann, um den sich die Kinder sammeln wie Fliegen um den Honigtopf. Die Kinder fühlen recht gut, ob einer ein guter Mensch ist. Als die Königin von Saba kam, um Salomos Weisheit zu hören, brachte sie, wie die Rabbinen erzählen, einige täuschend nachgeahmte künstliche Blumen mit, die von den lebenden nicht zu unterscheiden waren. Sie fragte Salomo, welches die künstlichen und welches die natürlichen Blumen seien. Der Weise hieß die Fenster öffnen, und als die Bienen hereinkamen, flogen sie alsbald auf die lebenden Blumen zu und wollten nichts von den andern. So werdet ihr finden, daß die Kinder ein richtiges Gefühl haben und bald merken, wer ihr Freund ist. Und verlaßt euch darauf, ein Kinderfreund ist es wert, daß man ihn kennenlernt. Habt für jedes Glied der Familie ein freundliches Wort: Für die großen Jungen, für die Kinder, für die jungen Mädchen, für jedermann. Wer weiß, was ein Lächeln und ein paar freundliche Worte für einen Eindruck machen? Wer auf die Menschen wirken will, muß sie lieben und mit ihnen umgehen können. Ein Mensch, der nicht liebenswürdig und freundlich sein kann, soll meinetwegen Totengräber werden, denn auf die Lebenden hat er keinen Einfluß. Wer eine große Gemeinde um sich sammeln will, muß ein großes, weites Herz haben, so weit wie die schönen, großen Häfen an unserer Küste, die eine ganze Flotte aufnehmen können. Wenn ein Mann ein weites, liebendes Herz hat, so kommen die Menschen zu ihm wie die Schiffe in den Hafen und fühlen sich wohl, wenn sie unter dem Schutz seiner Freundschaft vor Anker liegen. Solch ein Mann ist herzlich im privaten wie im öffentlichen Verkehr. Sein Blut ist nicht kalt und fischig, sondern er ist gemütlich und warm, wie die warme Ecke an deinem Herd. Er stößt dich nicht durch Hochmut und Selbstsucht zurück, wenn du ihm nahe kommst. Er macht seine Tore weit auf, um dich zu empfangen, und es ist gleich gemütlich bei ihm. Ich möchte euch alle überreden, solche Männer zu werden.

Der christliche Prediger muß sehr heiter sein. Ich glaube, es ist nicht das Richtige, wenn wir herumgehen wie gewisse Mönche in Rom, die einander mit einer Grabesstimme grüßen und dann die erfreuliche Mitteilung machen: Bruder, wir müssen sterben. Und jeder muntere Ordensbruder erwidert diesen muntern Gruß mit den Worten: Ja, Bruder, wir müssen sterben. Es war mir sehr lieb, zu hören, daß diese faulen Menschen sterben müssen, und es ist jedenfalls das Gescheiteste, was sie tun können, aber einstweilen könnten sie sich doch einer angenehmeren Begrüßungsformel bedienen.

Es gibt nun freilich Leute, denen ein recht feierlich auftretender Prediger sehr imponiert. Ich weiß, daß jemand aus dem abgezehrten, verhungerten Aussehen eines Priesters den Schluß zog, es müsse doch etwas an dem katholischen Glauben sein. »Sieh«, sagte er, »wie abgezehrt dieser Mann vom Fasten und Nachtwachen ist; wie der sein Fleisch kreuzigen muß!« Wahrscheinlich hatte der abgezehrte Priester ein inneres Leiden, das er recht gern los geworden wäre, und er war nicht durch Besiegung des Hungers, sondern durch schlechte Verdauung so heruntergekommen; oder vielleicht zehrte das böse Gewissen an seiner Lebenskraft. Jedenfalls weiß ich keine Bibelstelle, aus der man schließen könnte, daß hervorstehende Knochen ein Zeichen von Gnade seien. Einige waren so mager und abgezehrt, als hätten sie von Heuschrecken und wildem Honig gelebt. Viele täuschen sich in dieser Beziehung und meinen, ein trübseliges Gesicht sei das Zeichen eines von Gott erfüllten Herzens. Ich empfehle Heiterkeit allen denen, die Seelen gewinnen wollen. Nicht Leichtsinn und Oberflächlichkeit, aber ein freudiges, glückliches Gemüt. Man fängt viel mehr Fliegen mit Honig als mit Essig, und wer den Himmel im Gesicht hat, wird auch mehr Menschen zum Himmel führen als der, in dessen Augen sich der Tartarus spiegelt.

Sprich nicht allein, mach dich nicht in einer Weise wichtig, zu der du kein Recht hast, aber ich sage auch: *Sei kein Stock.* Man wird dich und deine Wirksamkeit nicht nur nach deinen Predigten, sondern auch nach deinem Benehmen im geselligen Verkehr beurteilen. Gar mancher junge Mann hat seine Wirksamkeit als Pfarrer hoffnungslos geschädigt durch Taktlosigkeit, Ungeschicklichkeit und Leichtfertigkeit in der Gesellschaft. Sei kein toter Klotz. Auf dem Jahrmarkt von Antwerpen konnte man unter andern Weltwundern, die durch große Bilder und durch Trommeln angepriesen wurden, auch einen versteinerten Menschen sehen. Ich rückte aber nicht die acht Pfennige daran, denn ich habe schon so viele steinerne Gäste umsonst gesehen – leblose, gleichgültige, träge Menschen, ohne den gewöhnlichen Menschenverstand und doch in dem wichtigsten Beruf stehend, den ein Mensch haben kann.

Ich darf hier vielleicht noch etwas sagen, von dem sich übrigens die werten Brüder hier wohl nicht getroffen fühlen. Besucht nicht reicher Leute Tisch, um ihre Gunst zu erlangen; seid nicht unvermeidliche Gäste bei Abendgesellschaften und Gastmählern. Wie könntet ihr es euch erlauben, diesem und jenem reichen Mann den Hof zu machen, während des Herrn Arme und Kranke und verirrte Schafe euer bedürfen? Es ist ein Verbrechen, die Studierstube dem Gesellschaftszimmer zu opfern. Den Leuten in ihrem Hause aufzulauern, um sie in eure Kirche zu locken – zu so etwas Unwürdigem dürft ihr euch nie hergeben. Es ist ekelhaft anzusehen, wenn Pfarrer verschiedener Sekten um einen reichen Mann flattern wie Geier um ein totes Tier. Von köstlicher Ironie ist der berühmte Brief »von einem alten und beliebten Pfarrer an seinen teuren Sohn«, aus dem ich die folgende besonders treffende Stelle anführe: »Habe ein wachsames Auge auf alle angesehenen Leute, die in die Stadt kommen, besonders wenn sie wohlhabend und einflußreich sind. Besuche sie, mache ihnen den Hof in ihrem Salon und gewinne sie dadurch für unsere Sache. Auf diese Art wirkst du kräftig für den Herrn. Man muß nach den Leuten sehen, und die Erfahrung bestätigt meine schon langgehegte Überzeugung, daß die Macht der Kanzel gering ist im Vergleich mit der Macht des Salons. Wir müssen die Praktiken der Jesuiten nachahmen und durch Gottes Wort und Gebet heiligen. Im Gesellschaftszimmer kann man flüstern, man kann auf alle die kleinen, persönlichen Ansichten der Leute eingehen. Die Kanzel ist ein unangenehmer Ort. Sie ist ja freilich die Kraft Gottes usw., aber der Salon ist des Pfarrers eigentliches Gebiet, und es ist für seine Wirksamkeit viel wichtiger, daß er ein vollkommener Gentleman, als daß er ein guter Prediger sei. Einer, der kein Gentleman ist, darf auf keine Wirksamkeit in gebildeter Gesellschaft rechnen. Lord Shaftesbury hat das Richtige getroffen, wenn er von dem Apostel Paulus sagt, er sei ein rechter Gentleman gewesen. Also ein Gentleman! Ich brauche dir zwar das nicht erst zu sagen, aber ich bin überzeugt, daß wir nur auf diese Weise hoffen können, den emporkommenden, wohlhabenden Mittelstand zu bekehren. Wir müssen zeigen, daß unsere Religion die Religion des gesunden Menschenverstandes und des guten Geschmacks ist, daß wir heftige Aufregungen und starke Reizmittel mißbilligen. Und, o mein lieber Sohn, wenn du segensreich wirken willst, so bete oft in deinem Kämmerlein darum, daß du den guten Ton lernen mögest. Auf dreierlei mußt du den höchsten Wert legen: 1. ein feines Benehmen, 2. ein feines Benehmen und 3. noch einmal ein feines Benehmen.« Wer noch weiß, wie es vor fünfzig Jahren in den Predigerseminaren zuging, wird diese Satire sehr treffend finden. Seither ist es viel besser geworden; wir sind eher in Gefahr, ins andre Extrem zu geraten.

Aus einem vernünftigen Gespräch entwickelt sich leicht eine Besprechung von Streitfragen, und dabei gerät mancher gute Mann auf eine Klippe. *Der verständige Prediger wird beim Disputieren besonders sanftmütig sein.* Er vor allen andern soll doch nicht meinen, daß die Kraft in der Heftigkeit und in zornigen Reden liegt. Ein Heide, der in Kalkutta dem Wortgefecht zwischen einem Missionar und einem Brahmanen zuhörte, sagte, er wisse, auch ohne die Sprache zu verstehen, wer recht habe. Der, der zuerst heftig werde, habe unrecht. Dies ist meistens zutreffend. Laßt euch lieber in keinen Streit ein. Sagt eure Ansicht, und laßt andre Leute die ihre sagen. Wenn ihr beweisen wollt, daß ein Stock krumm ist, so legt einen geraden Stock daneben; das genügt. Wenn man euch aber in einen Streit hineinzieht, so gebt kräftige Beweise, aber gebraucht milde Worte. Oft könnt ihr einen Mann nicht überzeugen, wenn ihr ihn an seinem Verstand packt, aber ihr könnt sein Herz gewinnen und ihn dadurch überreden. Neulich war ich so unglücklich, neue Stiefel zu brauchen. Ich hatte zwar dem Schuhmacher gesagt, er solle sie so groß machen wie Boote, aber trotzdem konnte ich sie nicht anziehen. Ich mühte mich ab mit ein paar Stiefelhaken, aber es war alles umsonst. Endlich streute mein Schuhkünstler ein wenig Talkpuder in die Schuhe, und das Werk war in einem Augenblick getan. Herrlich, wie dieses Talkpulver die Dinge geschmeidig macht! Nehmt immer ein bißchen Talkpulver mit euch in die Gesellschaft, ein zierliches Päckchen voll christlicher Überredungskunst, und ihr werdet bald sehen, wie das wirkt.

Endlich, bei aller Liebenswürdigkeit *muß der Prediger entschieden für seine Grundsätze einstehen und sie mutig in jeder Gesellschaft verteidigen.* Wenn sich mit oder ohne sein Zutun eine gute Gelegenheit ergibt, so zögere er nicht, sie zu benützen. Fest in seinen Grundsätzen, ernst in seinem Ton, liebevoll im Herzensgrund, spreche er offen wie ein Mann und danke Gott, daß er das tun darf. Zurückhaltend braucht er durchaus nicht zu sein. Die tollsten Einbildungen der Spiritualisten, die abenteuerlichsten Träume utopischer Weltverbesserer, der dümmste Stadtklatsch, das eitelste Geschwätz der leichtfertigen Welt verlangt und erlangt Gehör. Und Christus sollte nicht gehört werden? Sollten wir seine Liebesbotschaft verschweigen aus Furcht, daß man uns für aufdringlich oder für fromme Schwätzer halte? Soll die Religion, das beste und edelste Gesprächsthema, verbannt sein? Wenn dies das Gesetz in der Gesellschaft ist, so unterwerfen wir uns ihm nicht. Wenn wir es nicht abschaffen können, so verlassen wir lieber die Gesellschaft, wie man ein verseuchtes Haus verläßt. Ich sehe gar nicht ein, warum wir uns knebeln lassen sollen. Wir gehen an keinen Ort, wohin wir unsern Herrn nicht mitnehmen können. Wenn andre sich die Freiheit nehmen zu sündigen, so nehmen wir uns die Freiheit, sie zu tadeln und zu warnen.

Wenn wir die gesellige Unterhaltung klug benutzen, können wir sie sehr segensreich gestalten. Mit einem einzigen Wort können wir Gedanken anregen, durch die Leute, die unserer Predigt unzugänglich sind, bekehrt werden. Die Art, die Leute sozusagen am Ärmel zu zupfen, ihnen die Wahrheit persönlich vorzuhalten, hat schon viel Gutes gewirkt.

Macht es euch zur Pflicht, zu säen nicht nur auf den guten Boden, sondern auch auf den Fels und an den Weg, damit ihr an jenem großen Tag eine frohe Ernte einheimsen dürft. Möge das Brot, das wir bei besonderen Gelegenheiten und zu ungewöhnlichen Zeiten übers Wasser fahren lassen, wiedergefunden werden nach vielen Tagen!

13. Guter Rat für Arbeiter mit ungenügendem Werkzeug

Vor einigen Jahren habe ich versucht, unsere Kirchen zu veranlassen, Pfarrerbibliotheken einzurichten, und manche haben meinen Rat befolgt. Wenn nur schon überall ein Anfang gemacht wäre! Die Gemeinden, die kein hohes Gehalt geben können, sollten um so mehr eine Bibliothek gründen. Ein anderer Vorschlag wäre, daß alle, die einen Beitrag zu des Geistlichen Gehalt geben, noch eine Kleinigkeit darüber bezahlen, die für Bücher zu verwenden wäre. Jeder vernünftige Mensch weiß, daß ein Garten nicht Jahr für Jahr Frucht trägt, ohne daß man den Boden düngt. Eine Lokomotive arbeitet nicht ohne Kohlen und ein Ochs und Esel nicht ohne Futter. So kann man auch nicht erwarten, daß Männer, die von der Schatzkammer des Wissens ausgeschlossen sind, immer inhaltsreiche Predigten halten.

Aber was sollen solche Männer tun, die sich nun einmal keine Bücher verschaffen können? Wenn sie trotzdem im Segen wirken, so gebührt ihnen größere Ehre als denen, die alle Hilfsmittel haben. Aber wie sehr würde ihnen ihre Wirksamkeit durch diese Hilfsmittel erleichtert! Arbeite, mein armer Bruder, du kannst viel Gutes wirken, und es wird um so gewisser heißen: Ei du frommer und getreuer Knecht! Wenn sich ein Mann nur sehr wenige Bücher kaufen kann, so ist meine erste Mahnung: *Er kaufe sich nur die allerbesten.* Kann er wenig Geld ausgeben, so gebe er es wenigstens für gute Ware aus. Das Beste ist nun in diesem Fall das Billigste. Überlaßt Verdünnungen und Verwässerungen denen, die sich solchen Luxus erlauben können. Kauft nicht Milch und Wasser, sondern kondensierte Milch. Das Wasser könnt ihr selbst dazu gießen. Nehmt solche Bücher, die, wie James Hamilton sagte, Biblin, Bücherextrakt, enthalten; tüchtige, inhaltsreiche, zuverlässige, gediegene Bücher. Als Dr. Chalmers seine *Horae Biblicae quotidianae* schrieb, benützte er nur ganz wenige Bücher. Einige der bedeutendsten Prediger haben gefunden, daß zum Studium der Schrift – und das ist ja unsere Hauptaufgabe – wenige Bücher genügen. Verzichtet also ohne Schmerz auf alle die Bücher, die nur für den Absatz gemacht sind.

Die nächste Regel ist: *Werdet vollständig zu Haus in den Büchern, die ihr habt.* Lest sie gründlich wieder und wieder, kaut und verdaut sie. Laßt sie einen Teil eures Wesens werden. Macht euch Notizen und Auszüge. Ein Buch, das man vollständig durchgearbeitet hat, übt viel mehr Einfluß auf den Geist als zwanzig Bücher, die man nur obenhin liest. Wenig Wissen und viel Dünkel kommt vom schnellen Lesen. Man kann das Gehirn mit Büchern vollstopfen, bis es nicht mehr denken kann. Manche Leute verlernen das Denken, weil sie es dem Lesen zulieb aufgegeben haben. Sie füllen sich mit Bücherweisheit an und leiden dann an geistiger Verdauungsschwäche.

Lucian spottet über die Leute, die auf ihre große Bibliothek stolz sind und doch gar keinen Gewinn von ihren Büchern haben. »Warum kaufst du dir so viele Bücher? Du hast kein Haar und kaufst dir einen Kamm; du bist blind und kaufst einen Spiegel, taub und kaufst ein Musikinstrument.« Ein wohlverdienter Vorwurf für die, die meinen, sie würden gelehrt durch den Besitz von Büchern. Wir alle fühlen uns wohl davon getroffen, denn kommen wir uns nicht etwas gescheiter vor, wenn wir ein paar Stunden in einer Buchhandlung zugebracht haben? Aber mit dem gleichen Recht könnte man denken, man sei reich geworden, wenn man die Gewölbe der Bank von England gesehen hat.

Beim Lesen merkt euch die Regel: *Viel, nicht vielerlei.* Denkt ebensoviel wie ihr lest, dann ist's kein Unglück, wenn ihr nur einen kleinen Büchervorrat habt. Es liegt viel Wahrheit in dem folgenden Wort eines Schriftstellers: »Zeigt mir das *eine* geliebte Buch, das sich der Besitzer durch den Verzicht auf eine Mahlzeit verschafft hat; es ist abgegriffen und hat Eselsohren, der Einband ist zerrissen, das leere Blatt vorn und die Ränder sind bekritzelt, es ist beschmutzt, versengt, in der Tasche abgerieben, es hat die Spuren des Rußes vom Ofen, der Feuchtigkeit vom Gras; du hast im Wald über dem Buch geträumt und vor dem Feuer darüber genickt, du hast es immer wieder von Anfang zu Ende gelesen – durch dieses eine Buch und ein paar andere, die ihm folgen, wird mehr wirkliche Bildung errungen, als durch die vielen tausend Bücher der großen Oxforder Bibliothek.«

Wenn aber wirklich die Bücher teuer und rar sind im Land, so steht doch *ein Buch* euch allen zu Gebot: eure Bibel. Ein Prediger mit seiner Bibel ist wie David mit Schleuder und Steinen, vollkommen zum Kampf ausgerüstet. Solange er seine Bibel hat, hat er auch die Quelle, aus der er seinen Durst löschen kann. In ihr haben wir eine ganze Bibliothek, und wenn einer sie gründlich studiert, ist er ein besserer Gelehrter, als wenn er die Alexandrinische Bibliothek verschlungen hätte. Die Bibel zu verstehen, sollte unser Ehrgeiz sein. Mit ihr sollten wir so vertraut sein wie die Hausfrau mit ihrer Nadel, der Kaufmann mit seinem Kassenbuch, der Seemann mit seinem Schiff. Wir sollten sie aus- und inwendig können, im allgemeinen und im einzelnen, die Geschichten, die Lehren, die Vorschriften und alles. Hieronymus konnte die ganze Bibel auswendig. Witsius, ein gelehrter Holländer, der ein berühmtes Werk über die Kovenanter geschrieben hat, wußte nicht nur die ganze Bibel in den Grundsprachen, sondern auch die besten kritischen Textausgaben auswendig. Ein alter Pfarrer in Lancashire konnte von jeder Bibelstelle Kapitel und Vers angeben, oder umgekehrt, wenn man ihm Kapitel und Vers nannte, die Stelle sagen. Das war freilich Gedächtnissache, aber um so weit zu kommen, mußte er die Bibel gründlich studiert haben.

Ein Mann, der die Bibel nicht nur dem Buchstaben, sondern

dem Geist nach kennt, ist kein schlechter Mann, was er auch sonst für Fehler haben möge. »*Cave ab homine unius libri,* hüte dich vor dem Mann eines Buches«, heißt das alte Sprichwort. Er ist ein schrecklicher Gegner. Wer die Bibel immer im Herzen und im Munde hat, ist ein Kämpfer in Israel; niemand kann's mit ihm aufnehmen. Und wenn ihr eine ganze Rüstkammer voll Waffen hättet − seine Schriftkenntnis überwindet euch.

Wer wenig Bücher hat, *der denke um so mehr.* Denken ist besser als Bücher besitzen. Das Denken entwickelt und übt die Geisteskräfte. Ein kleines Mädchen wurde einmal gefragt, ob sie wisse, was ihre Seele sei. Sie antwortete zum Staunen der Anwesenden: »Meine Seele ist mein Denken.« Wenn das richtig ist, so haben manche Leute sehr wenig Seele. Vom gedankenlosen Lesen hat man gar keinen Gewinn, wenn auch die Leute meinen, sie werden gescheit davon. Als George Fox sich mit einem scharfen Messer ein paar Lederhosen zugeschnitten hatte und sich dann vor dem Treiben der Gesellschaft in einen hohlen Baum zurückzog, um einen Monat lang nachzusinnen, da wurde er ein Mann des Geistes, vor dem die Bücherwürmer schleunigst den Rückzug antraten. Welches Aufsehen erregte er nicht nur unter der staatskirchlichen Geistlichkeit seiner Zeit, sondern auch unter den wohlbelesenen, salbungsvollen Dissentern!

Das Denken ist das Rückgrat des Studiums. Wie gut wäre es, wenn unsere Prediger mehr dächten! Wir brauchen Männer, die über Gottes geoffenbarte Wahrheit nachdenken, und nicht Träumer, die aus ihrem eigenen Kopf heraus Religionen ersinnen. Aber jetzt gibt es so viele, die anstatt der geoffenbarten Wahrheit uns ihr eigenes Gebräu auftischen, in dem Irrtum, Unsinn und Anmaßung ungefähr zu gleichen Teilen gemischt sind. Diese Brühen nennen sie dann »moderner Gedanke«. Wir brauchen Männer, die gerade denken und doch tief, weil sie Gottes Gedanken denken. Fern sei es von mir, euch zur Nachahmung jener stolzen Denker unserer Zeit aufzufordern, die vor leeren Kirchen predigen und dann behaupten, sie predigen für die Gebildeten. Das ist ein heuchlerisches Gerede. Es ist etwas ganz anderes und sehr Empfehlenswertes, wenn wir über unsern Glauben nachdenken. Ich habe selbst viel Gewinn gehabt von solchen Stunden und Tagen, die ich unter einer alten Eiche in Medway zubrachte. Als ich die Schule verließ, war ich etwas leidend und hatte deshalb viel freie Zeit. Mit einer guten Angel bewaffnet, fing ich einige Fischchen und gab mich im übrigen den Träumen, der Selbstprüfung und dem Verarbeiten dessen, was ich gelernt hatte, hin. Für die Knaben wäre es besser, wenn sie weniger Schulstunden und mehr Gelegenheit zum Denken hätten. Wenn man immer in sich hineinstopft, ohne die Nahrung zu verdauen, so bilden sich keine Muskeln, und das ist auf geistigem Gebiet noch schlimmer als auf körperlichem. Wenn eure Gemeinde nicht so zahlreich ist, daß sie euch mit Büchern versorgen kann, wird sie auch eure Zeit nicht ganz in Anspruch nehmen und euch mehr Muße zum Denken lassen. Dann seid ihr besser dran als andre mit vielen Büchern und wenig Zeit zur Betrachtung.

Man kann auch ohne Bücher viel lernen, *wenn man die Augen offen hält.* Geschichten, die von Mund zu Mund gehen, Begebenheiten, die sich dir vor der Nase abspielen, Tagesereignisse in der Zeitung, allgemeine Gesprächsgegenstände – man kann aus all dem lernen. Es ist merkwürdig, welchen Unterschied es macht, ob man Augen hat oder nicht. Also, wenn du keine Bücher hast, so halte die Augen offen, und du wirst überall etwas Sehenswertes finden. Kannst du aus der Natur nichts lernen? Jede Blume kann dich etwas lehren. Sieh die Lilien an, und lerne von den Rosen. Nicht nur die Ameise, sondern jedes lebende Wesen bietet sich dir zum Lehrer an. Der Wind hat eine Stimme, und jedes Stäubchen, das er dahinträgt, lehrt dich etwas. In den tauschimmernden Grashalmen und in dem dürren Laub des Herbstes kannst du Stoff zu Predigten finden. Ein Wald ist eine Bücherei, ein Kornfeld ein Buch voll Weltweisheit, der Fels ein Stück Weltgeschichte und der Fluß, der unten vorbeirauscht, ein Gedicht. Du, dessen Augen geöffnet sind, geh hin und finde Weisheit überall: Im Himmel, auf der Erde und in den Wassern. Bücher sind arm im Vergleich zu diesen Dingen.

Und wenn du in deiner Bücherei nicht viel findest, so *studiere doch dich selbst.* Du bist ein geheimnisvolles Buch, von dem du noch lange nicht alles gelesen hast. Wenn du meinst, du kennest dich gründlich, so betrügst du dich, denn das schwerstverständliche Buch ist dein eigenes Herz. Ich sagte neulich zu einem Zweifler, der sich in einem Labyrinth bewegte: »Ich verstehe dich nicht, aber das wundert mich nicht, denn ich verstehe ja mich selbst nicht.« Beobachte die Drehungen und Windungen und Seltsamkeiten deines Geistes und deine merkwürdigen Erfahrungen; die Verderbtheit deines Herzens; deinen Hang zur Sünde und deine Befähigung zur Heiligkeit. Wie ähnlich bist du einem Teufel und doch wie gottverwandt! Beobachte, wie weise du handelst, wenn du von Gott gelehrt, und wie töricht, wenn du dir selbst überlassen bist. Prüfe in dem Laboratorium deiner eigenen Erfahrungen die Arzneien, die du andern verschreibst. Selbst aus deinen Fehlern und Schwächen kannst du lernen, wenn du sie vor den Herrn bringst. Ganz sündlose Menschen hätten kein Verständnis für sündhafte Männer und Frauen. Lerne verstehen, wie der Herr mit deiner Seele tut, und du wirst auch sein Werk an andern Seelen verstehen lernen.

Lies andre Menschen; sie sind so lehrreich wie Bücher. Wenn ein junger Mediziner, der zu arm wäre, sich wissenschaftliche Bücher zu kaufen, in einem großen Spital die Operationen ansähe und die einzelnen Fälle beobachtete, so könnte er doch ein guter Chirurg werden. Ähnlich ist's bei einem Prediger. Alle weisen Pfarrer besuchen die geistlichen Krankenhäuser, behandeln Suchende, Heuchler, Rückfällige, Verzweifelnde, Hochmütige. Wer in göttlichen Dingen gründlich erfahren und dazu ein Menschen- und Herzenskenner ist, wirkt viel segensreicher als einer, der bloß aus Büchern gelernt hat. Es ist traurig, wenn der Mann von der Universität kommt als ein feines Herrchen und dann in die fremde Welt eintritt und mit Menschen und Dingen umgehen soll, mit denen er noch nie in Berührung gekommen ist. »Keinen Neuling«, sagt der Apostel. Man kann philologisch, mathematisch und sogar theologisch gebildet und doch ein Neuling sein. Wenn wir aber auf dem Weg der Erfahrung die Menschenseelen kennen lernen, so schadet's nichts, daß wir wenig Bücher haben. »Aber«, sagt ein wißbegieriger Bruder, »wie kann man in der Seele eines andern lesen?« Ich habe von einem Herrn gehört, mit dem man nicht fünf Minuten unter einem Torweg stehen konnte, ohne etwas von ihm zu lernen. Das war ein weiser Mann, aber noch weiser wäre der, der nie fünf Minuten unter einem Torweg stehen könnte, ohne selbst etwas über andre Menschen zu lernen. Der kluge Mann kann von einem Toren ebensoviel lernen wie von einem Weltweisen. Ein Tor ist ein Buch, prächtig zu lesen, denn alle Blätter liegen offen vor dir und es ist ein gewisser Humor darin, der zum Weiterlesen auffordert. Und wenn du auch weiter nichts daraus lernen solltest, so ist es wenigstens ein abschreckendes Beispiel.

Lerne von erfahrenen Christen. Welch wichtige Dinge können wir jüngeren Leute von ihnen lernen. Was für Erfahrungen von Gottes Durchhilfe können gottselige Arme erzählen; wie freuen sie sich der stärkenden Gnade und Treue Gottes. Welch neues Licht wirft das oft auf die Verheißungen und läßt uns einen geheimen Sinn ahnen, der den Weisen nach dem Fleisch verborgen, aber den Einfältigen geoffenbart ist.

Und wie viel kann man von suchenden Seelen lernen! Mir ist im Gespräch mit solchen meine eigene Dummheit sehr offenbar geworden. Wie hat mich ein armer Junge, den ich zum Heiland führen wollte, in Verlegenheit gebracht! Ich glaubte, ich hätte ihn fest, aber er entwischte mir immer wieder durch die hartnäckige Schlauheit seines Unglaubens. Solche, denen es wirklich ernst ist, überraschen mich manchmal durch die merkwürdige Geschicklichkeit, mit der sie gegen die Hoffnung kämpfen. Sie führen zahllose Gründe und endlose Schwierigkeiten ins Feld, so daß man immer von neuem ratlos dasteht. Erst wenn wir sehen, wie ungenügend unser Eigenes ist, hilft uns Gottes Gnade, sie zum Licht zu führen. Aus der seltsamen Hartnäckigkeit des Unglaubens, aus den merkwürdigen Schlüssen und Trugschlüssen, die die Verzagten aus ihren eigenen Gefühlen und aus biblischen Aussprüchen ziehen, kann man unendlich viel lernen. Ein junger Mann kann in einer Stunde, die er mit Suchenden und Traurigen zubringt, mehr für sein Amt lernen, als in einer Woche im besten Seminar.

Vor allem: seid viel an Totenbetten. Sie sind Bücher mit Bildern. Hier tut ihr einen Blick in die Poesie und in die Geheimnisse unserer Religion. Welch köstliche Edelsteine spült der bittere Strom ans Land! Welch schöne Blumen wachsen an seinen Ufern! Die ewigen Wellen des herrlichen Landes senden ihren Sprühregen, und die Tropfen fallen auch auf das diesseitige Ufer des Stromes. Ich habe ganz einfache Männer und Frauen in ihrer letzten Stunde selige, begeisterte Worte reden hören. Sie haben diese Worte nicht von irdischen Lippen gelernt; sie konnten sie nur vor den Toren des neuen Jerusalems hören. Inmitten ihrer Schmerzen und ihrer Schwäche redet Gott mit ihnen, und dann sagen sie uns etwas von dem, was ihnen der Geist geoffenbart hat. Ich will alle meine Bücher hergeben, wenn ich nur um diesen Preis die Erwählten des Herrn wie Elias in den feurigen Wagen steigen sehen kann.

Habe ich noch nicht genug gesagt? Wer noch mehr hören möchte, den erinnere ich an das weise Wort: »Es ist besser, die Zuhörer hungrig zu entlassen als übersättigt.« Darum – lebt wohl!

14. Der Heilige Geist und unser Amt

Ich habe ein Thema gewählt, über das es schwer ist, etwas Neues zu sagen; aber da dieser Gegenstand von der allerhöchsten Wichtigkeit ist, so tut man gut, sich oft damit zu beschäftigen. Wir sprechen also von dem Heiligen Geist und unserem Amt, oder von dem Werk des Heiligen Geistes an uns selbst als Predigern des Evangeliums Jesu Christi.

Ich glaube an den Heiligen Geist – dieser Satz unseres Glaubensbekenntnisses wird sich – ich hoffe es – als etwas, das wir persönlich erfahren haben, auch im andächtigen Selbstgespräch auf unsere Lippen drängen. Woher käme uns die Zuversicht, daß wir zum geistlichen Amt berufen sind und daß unsere Arbeit hoffnungsvoll ist, wenn nicht aus der Gegenwart und dem Werk des Heiligen Geistes. Wenn wir nicht an den Heiligen Geist glaubten, hätten wir längst das Amt niedergelegt, denn wer ist hierzu tüchtig?! Unsere Hoffnung auf Erfolg, unsere Kraft, in dem Dienst auszuharren, gründet sich auf den Glauben, daß des Herrn Geist auf uns ruht.

101

Uns als Predigern ist der Heilige Geist ganz unentbehrlich. Ohne ihn ist unser Amt ein bloßer Name. Wir beanspruchen zwar kein anderes Priestertum als das, das jedem Kind Gottes zukommt, aber wir sind die Nachfolger derer, die vor alters von Gott berufen waren, sein Wort zu verkünden, gegen die Übertretung zu zeugen, für seine Sache zu kämpfen. Wenn nicht der Geist der Propheten auf uns ruht, so ist unser Prophetenmantel nur ein härenes Gewand, das andere täuscht. Wir sollten mit Schande und Spott aus der Gesellschaft ehrlicher Menschen fortgejagt werden, wenn wir es wagten, im Namen des Herrn zu reden, ohne daß der Geist Gottes auf uns ruht. Wir sind bestellt, an Christi Statt zu sprechen, von ihm auf der Erde zu zeugen; aber auf ihm und seinem Zeugnis ruhte immer der Geist Gottes, und wenn er auf uns nicht ruht, so sind wir offenbar nicht in die Welt gesandt, wie er es war. An Pfingsten begann mit feurigen Zungen und einem gewaltigen Wind das große Werk der Bekehrung der Welt. Das waren die Zeichen der Gegenwart des Geistes, und wenn wir meinen, es gelinge uns ohne ihn, so haben wir nicht die Pfingstart an uns. Wenn wir nicht den Geist haben, den Jesus verheißen hat, so können wir auch den Auftrag, den er uns gegeben hat, nicht ausrichten.

Ich brauche hier kaum vor dem Irrtum zu warnen, daß wir so inspiriert sein könnten, wie es die Glieder gewisser Sekten von ihren Versammlungen glauben. Wir gewöhnlichen Prediger des Worts glauben, daß wir unter dem Einfluß des Heiligen Geistes stehen, wie auch sonst ein Geist und Gemüt unter dem Einfluß eines andern Geistes und Gemütes steht. Wir sind nicht willenlose Vermittler der Unfehlbarkeit, sondern ehrliche Lehrer dessen, was wir gelernt haben. Unser eigener Geist ist tätig, behält seine Persönlichkeit und behält auch seine Fehler; aber der Geist Gottes wirkt auf ihn. Wir verkündigen, was der Geist gelehrt hat, aber leider haben wir uns ihm nicht so völlig hingegeben, daß unsre Predigt frei von Unwissenheit und Irrtum wäre.

Worin dürfen wir auf die Hilfe des Heiligen Geistes rechnen? Ich antworte: in acht verschiedenen Beziehungen. 1. Er ist der Geist der Erkenntnis. »Er soll euch in alle Wahrheit leiten.« Wir bedürfen seines Unterrichts. Fleißiges Studieren ist uns dringend nötig, denn wer andere lehren will, muß selbst etwas wissen. Regelmäßig unvorbereitet auf die Kanzel zu kommen, ist eine unverzeihliche Anmaßung. Bischof Lichfield hielt einmal eine Visitationspredigt darüber, daß man das Wort Gottes fleißig studieren müsse. Nachher sagte ihm ein Pfarrer, er sei anderer Ansicht. »Denn«, sagte er, »wenn ich in die Sakristei gehe, weiß ich nicht, worüber ich reden soll. Aber ich gehe auf die Kanzel und predige, und ich versichere Ihnen, ich mache mir gar nichts daraus.« Der Bischof sagte: »Sie haben vollkommen recht, denn Ihre Kirchenältesten haben mir auch gesagt, daß sie sich nichts aus Ihren Predigten machen.«

Aber gerade in unserer Studierstube, bei jener beglückenden Arbeit, wenn wir allein sind mit dem Buch vor uns, da bedürfen wir der Hilfe des Heiligen Geistes. Er hat den Schlüssel zu der himmlischen Schatzkammer und kann uns reich machen über Bitten und Verstehen; er kennt das verwickeltste Labyrinth der Lehre und kann uns auf den Weg der Wahrheit führen. Er zerbricht eherne Tore und eiserne Riegel und läßt uns an geheimen Orten verborgene Schätze finden. Es ist gut, den Grundtext zu studieren, Kommentare zu benützen und recht nachzudenken; wenn ihr aber nicht kräftig den Geist Gottes anruft, so wird euch euer Studium nicht viel helfen. Sollten euch aber je die äußeren Hilfsmittel fehlen, so wartet nur auf den Heiligen Geist, und laßt euch von ihm lehren, dann wird euch von dem göttlichen Inhalt der Worte vieles klar werden.

Der Geist Gottes ist uns vor allem darum köstlich, weil er uns die Person und das Werk Christi verstehen lehrt. Das ist ja der Hauptinhalt unserer Predigt. Er nimmt es von Christus und verkündigt es uns. Wenn er uns Lehren und Gesetze verkündigte, müßten wir auch dankbar für solche gnädige Hilfe sein. Nun aber, da Christus seine besondere Freude ist und er sein heiliges Licht auf das Kreuz strahlen läßt, freuen wir uns, daß der Kernpunkt unserer Predigt so göttlich erleuchtet ist, und sind gewiß, daß sich das Licht über unsere ganze Wirksamkeit verbreiten wird. So laßt uns auf den Geist Gottes warten und zu ihm rufen: O Heiliger Geist, offenbare uns den Sohn Gottes, und zeige uns dadurch auch den Vater!

Als Geist der Erkenntnis unterweist er uns nicht nur im Evangelium; er zeigt uns auch, wie wir den Herrn in allen andern Dingen
finden können. Wir sollen Gott auch sehen in der Natur, in der
Geschichte, in den alltäglichen Spuren seiner Vorsehung, in den
Erfahrungen unseres eigenen Lebens. Wenn wir rufen: »Lehre
mich, was ich tun soll«, oder »zeige mir, warum du mir wider-
stehst«, oder »erkläre mir, was du mir durch diese Gnadenheimsu-
chung oder durch jene Fügung, in der ich sowohl die Gnade als das
Gericht sehe, sagen willst« – dann werden wir jedesmal wohl gelehrt werden. Der Geist ist der siebenarmige Leuchter des Heiligtums; in seinem Licht sehen wir alle Dinge richtig. Goodwin sagt
treffend: »Das Licht muß bei der Wahrheit sein, wenn wir sie erkennen sollen. Die Erfahrung aller Frommen bestätigt das.

2. Zweitens heißt der Heilige Geist der Geist der Weisheit, und
als solchen brauchen wir ihn recht nötig; denn die Erkenntnis ist
gefährlich ohne Weisheit, d. h. ohne die Kunst, was wir wissen,
recht zu gebrauchen. Manche, die nur einen Teil des Evangeliums
verstehen, betonen diesen Teil ungebührlich und lehren ein ent-
stelltes Christentum – zum Schaden derer, die es annehmen. Gottes Geist wird euch lehren, die Waage des Heiligtums zu gebrauchen und die köstlichen Gewürze in der richtigen Menge abzuwä-
gen und zu mischen. Jeder erfahrene Prediger weiß, wie wichtig
dies ist, und wohl ihm, wenn er jeder Versuchung, hierin nachlässig zu sein, widersteht. Leider wollen nicht alle unsre Zuhörer den
ganzen Ratschluß Gottes hören. Sie haben ihre Lieblingslehren
und möchten, daß wir alles andere verschweigen. Viele sind wie
jenes schottische Weiblein, das nach der Predigt sagte: »Es war alles ganz schön, wenn nur nicht zu allerletzt der Unsinn von den
Pflichten gekommen wäre.« Es gibt Brüder, die hören gar gerne
die Tröstungen, die Verheißungen, die Lehre – nur mit der Heiligung des Lebens soll man ihnen nicht kommen. Die Treue verlangt, daß wir ihnen ein nach allen Seiten vollständiges Evangelium geben, nichts auslassen, nichts übertreiben; dazu ist uns viel
Weisheit nötig und es ist sehr fraglich, ob einer von uns wirklich so
viel von dieser Weisheit hat, als er braucht. Wahrscheinlich haben
wir selbst für einzelne Punkte eine unverzeihliche Vorliebe. For-

schen wir danach und dann: Hinaus damit! Vielleicht haben wir bestimmte Sprüche übergangen, nicht weil wir sie etwa nicht verstanden hätten – dann wäre ja das Übergehen gerechtfertigt – sondern weil sie uns eine Wahrheit sagen, die bei uns und unsern Zuhörern einen wunden Punkt zu empfindlich berührt oder zu offenbar macht. Hinweg mit solch sündhaftem Schweigen! Wenn wir weise Haushalter sein und in dem Hause unseres Herrn die Nahrung richtig austeilen sollen, so mußt du uns unterweisen, o Geist des Herrn!

Weisheit brauchen wir besonders auch im seelsorgerlichen Verkehr mit einzelnen. Man kann einen Menschen zu Boden schlagen mit der Wahrheit, die dazu bestimmt war, ihn aufzurichten. Der Honig, den wir einem Kranken zur Erfrischung reichen, kann ihm übel machen. Unvorsichtige Verkündigung von Gottes großer Gnade hat Hunderte zum Beharren in der Sünde verleitet; umgekehrt sind manche, über die der Geistliche alle Schrecken des Herrn donnern ließ, zur Verzweiflung und dadurch zu hartnäckiger Auflehnung gegen Gott getrieben worden. Weisheit kann uns leiten, und wer sie hat, verkündigt jede Wahrheit zur richtigen Zeit und in der richtigen Gestalt. Wer kann uns diese Weisheit geben als der Heilige Geist? Darum überlaßt euch in tiefster Demut seiner Leitung.

3. Wir brauchen den Geist auch, daß er wie die glühende Kohle vom Altar unsere Lippen berühre. Wenn wir Erkenntnis und Weisheit haben, so bedürfen wir auch noch der Gabe, die Wahrheit frisch und frei zu verkündigen. »Siehe, ich habe deine Lippen berührt.« Wie herrlich redet der, dessen Lippen durch die Kohle vom Altar entzündet sind! Er fühlt die brennende Kraft der Wahrheit nicht nur in seiner innersten Seele, sondern auch auf den Lippen, mit denen er redet. Wie teilt sich beim Gebet die Bewegung des Herzens der Stimme, ja dem ganzen Körper mit! Wir brauchen den Geist Gottes, daß er unseren Mund öffne, damit wir des Herrn Lob verkündigen, sonst ist unsere Rede matt und kraftlos.

Wenn ich nicht in den Himmel dürfte, aber im übrigen die Wahl hätte, wie ich die Ewigkeit zubringen wollte, so möchte ich in dem Zustand sein wie manchmal, wenn ich das Evangelium verkündige. Das ist ein Vorgeschmack des Himmels. Jeder störende Einfluß ist dem Geiste fern, der den großen, fühlbar gegenwärtigen Gott anbetet; alle Geisteskräfte sind geweckt und freudig zur höchsten Tätigkeit angeregt; alle Gedanken, alle Kräfte der Seele vereinigen sich in der beseligenden Arbeit, die Herrlichkeit des Herrn zu betrachten und den lauschenden Zuhörern den Geliebten der Seele zu verkündigen, und zugleich drängt uns die reinste Liebe zu unsern Mitmenschen, bei ihnen für Gott zu werben. Gibt es einen seligeren Gemütszustand? Das ist das höchste Ideal. Aber leider können wir es nicht immer festhalten. Wir wissen auch, was es heißt, in Ketten predigen oder fechten als einer, der in die Luft streicht. Jene heiligen und seligen Erfahrungen im Predigtamt dürfen wir nur der Wirkung des Heiligen Geistes auf unsere Seelen zuschreiben. Ich bin überzeugt, daß er in dieser Art wirkt. Wie oft konnte ich die Zweifel der Ungläubigen mit Verachtung zurückweisen, denn wenn ich im Namen des Herrn rede, so fühle ich bestimmt, daß eine Kraft auf mich einwirkt, unendlich höher als meine eigene Beredsamkeit, viel mächtiger als die Kraft der Aufregung, wie ich sie manchmal fühlte, wenn ich einen weltlichen Vortrag hielt – so gänzlich verschieden von solcher Kraft, daß ich ganz sicher weiß, es ist nicht dieselbe Art der Begeisterung, wie bei dem Redner oder Politiker. Möchten wir recht oft jene göttliche Kraft fühlen, damit wir gewaltig reden können!

4. Viertens wirkt der Heilige Geist als ein Salböl, und zwar auf die ganze Predigt, nicht nur auf den Vortrag. Er kann machen, daß ihr von dem Text erschüttert, zur Erde niedergedrückt oder auf Adlersfittichen emporgehoben werdet, daß ihr nicht nur den Inhalt, sondern auch den Zweck der Predigt fühlt, daß ihr ein inniges Verlangen bekommt, die Menschen zu bekehren, die Christen auf eine höhere Stufe zu heben, und daß ihr zugleich sehnlich wünschet, daß durch die Wahrheit, die ihr verkündigt, Gott gepriesen werde. Ihr habt ein inniges Mitgefühl mit dem Volk, dem ihr predigt, ihr trauert über einige wegen ihrer Unwissenheit, über andere wegen ihres Rückfalls. Ihr blickt auf einige Gesichter, und euer Herz sagt euch: auf sie träufelt der Tau des Himmels, während ihr bei dem Anblick anderer euch traurig sagen müßt: sie sind

106

wie die Berge Gilboas ohne Tau. All dies geschieht, während ihr redet, denn es ist merkwürdig, wie vielerlei Gedanken man zugleich haben kann. Ich zählte einmal acht verschiedene Gruppen von Gedanken, die gleichzeitig, oder jedenfalls in derselben Sekunde durch mein Gehirn gingen: Ich predigte das Evangelium mit aller Macht, aber zugleich bemitleidete ich eine Frau, die eben ohnmächtig wurde, und sah mich nach dem Bruder um, der die Fenster öffnen sollte, um Luft hereinzulassen. Ich dachte an ein Beispiel, das ich ausgelassen hatte, versuchte eine andere Einteilung zu machen, besann mich, ob A. wohl meinen Verweis gefühlt habe, und betete, daß B. meine tröstlichen Worte annehmen möge, und neben alledem pries ich Gott für das Glück, das die von mir verkündigte Wahrheit mir selbst gewährte. Der Heilige Geist kann unsere Geisteskräfte vermehren und das, was wir von Natur sind, vervielfachen. Wie viel er aus uns machen, wie hoch er uns erheben kann – das kann ich nicht einmal ahnen, aber jedenfalls kann er tun über Bitten und Verstehen.

Es ist besonders des Heiligen Geistes Werk, uns während der Predigt andächtig zu erhalten. Wir müssen ganz besonders danach streben, immer zu beten, während wir predigen, des Herrn Befehl zu erfüllen, während wir seiner Stimme lauschen. Hoffentlich wissen wir, was das bedeutet; gewiß haben wir auch schon das Gegenteil erfahren, was es heißt, ohne Andacht zu predigen. Wie schlimm ist es, unter dem Einfluß des Hochmuts oder des Zorns, wie schwächend, unter dem Einfluß des Unglaubens zu predigen. O möchten wir im innersten Herzen brennen, während wir vor andern leuchten. Das ist das Werk des Geistes. Wirke es in uns, o du anbetungswürdiger Tröster!

Neben dem Gefühl der Andacht müssen wir auf der Kanzel immer das der Abhängigkeit haben, so daß wir vom ersten bis zum letzten Wort immer Stärke von dem Starken erbitten und ja nicht noch am Ende nachlassen. Wenn ihr während der ganzen Predigt nach den Bergen seht, von denen euch Hilfe kommt, und euch unbedingt auf Gott verlaßt, so werdet ihr tapfer und mutig bleiben. Aber mutig ist vielleicht nicht das richtige Wort. Denn die Gläubigen brauchen keinen besonderen Mut, um Gott zu vertrauen; es ist ihnen eine süße Notwendigkeit, sie können gar nicht anders. Warum sollten sie ihrem ewig treuen Freund nicht vertrauen?

5. Der Geist Gottes allein kann uns helfen, daß wir durch das Evangelium eine Wirkung hervorbringen, und danach müssen wir doch immer streben. Wir stehen nicht auf der Kanzel, um unsere geistliche Fechtkunst zu zeigen; wir kämpfen im Ernst, wir müssen den Menschen das Schwert des Geistes ins Herz stoßen. Ihr müßt immer nach Erfolg streben. Da höre ich jemand sagen: »Ich hätte gedacht, Sie würden sagen: tut das ja nicht.« Gewiß darf euer Streben nach Erfolg keine Effekthascherei sein. Ihr dürft es nicht machen wie Taschenspieler und Gedächtniskünstler. Der Mann, der die Kanzel zur Schaubühne macht, wäre besser nie geboren. Strebt nach dem rechten Erfolg. Begeistert die Heiligen zu edlerem Streben, führt die Christen näher zu ihrem Herrn, reißt die Zweifelnden aus ihrer Angst, ruft die Sünder zur Buße, und führt sie zum Glauben an Christus. Wenn euch diese Zeichen nicht folgen, wozu predigt ihr dann? Es wäre doch kläglich, wenn ihr mit jenem Erzbischof sagen müßtet: »Ich habe viele Ehren- und Vertrauensstellen in Kirche und Staat bekleidet, aber wenn ich gewiß wüßte, daß ich durch meine Predigt auch nur eine Seele zu Gott bekehrt hätte, so wäre mir das mehr wert als alle meine Ehrenämter.« Wunder der Gnade müssen das Siegel unserer Predigt sein; wer anders kann uns die Wunder geben als der Geist Gottes? Wie könntet ihr eine Seele ohne die Hilfe des Heiligen Geistes bekehren? Ihr könnt nicht einmal eine Fliege machen, geschweige ein neues Herz und einen gewissen Geist. Und könnt ihr ohne den Heiligen Geist die Kinder Gottes in ihrem geistlichen Leben fördern? Wenn ihr das auf eigene Faust versucht, werdet ihr sie wahrscheinlich in geistliche Sicherheit einwiegen. Wir können unser Heil nie erreichen ohne die Mitwirkung des Heiligen Geistes; darum harrt auf ihn mit Geschrei und Tränen Tag für Tag.

6. Wir brauchen den Heiligen Geist als Geist des Gebets, der nach Gottes Willen für die Heiligen Fürbitte tut. Ein großer Teil unseres Lebens soll aus Gebet um den Heiligen Geist bestehen, und der Prediger, der das nicht für nötig hält, soll lieber das Amt fahren lassen. Fleißiges Gebet und ernste Predigt müssen Hand in

Hand gehen. Körperlich können wir nicht immer auf den Knien liegen, aber die Seele sollte immer in Gebetsstellung sein. Die Gewohnheit des Gebets ist gut, aber der Geist des Gebets ist besser. Wir müssen regelmäßig ins Kämmerlein gehen, aber zugleich nach stetem Umgang mit Gott streben. Wir Prediger sollten eigentlich nie mehrere Minuten vergehen lassen, ohne unser Herz im Gebet zu erheben. Es gibt unter uns solche, bei denen keine Viertelstunde vergeht, ohne daß sie mit Gott reden. Das tun wir nicht aus Pflicht, sondern es ist eine Gewohnheit unseres neuen Menschen, für die wir ebenso wenig Lob erwarten, als ein Kind dafür, daß es nach der Mutter ruft. Wir können ja nicht anders. Aber dazu muß das heilige Öl auf das heilige Feuer unserer Herzensandacht ausgegossen werden; der Geist der Gnade und des Gebets muß uns wieder und wieder besuchen.

Möge es von unserem öffentlichen Gebet nie mit Recht heißen, es sei steif und kalt. Das wird es aber sein ohne den Heiligen Geist. Ich urteile nicht über die, die eine Liturgie gebrauchen. Aber ihr, die ihr aus dem Herzen betet, könnt das nicht Jahr für Jahr in erbaulicher Weise tun ohne den Geist Gottes. Ein totes Gebet wird den Leuten bald anstößig. Woher aber soll Hilfe kommen? Von einer Liturgie? Also lieber nach dem Buch beten, als sich auf den Geist Gottes verlassen? Wenn ich nicht beten kann, so will ich meine Unfruchtbarkeit fühlen und vor dem Herrn darüber seufzen, bis er mir wieder fruchtbare Andacht schenkt. Wenn ihr voll des Geistes seid, so werft ihr gern alle Fesseln der Form ab und laßt euch von dem heiligen Strom dahintragen. Manchmal werdet ihr beim Gebet auf der Kanzel innigere Gemeinschaft mit Gott haben als anderswo. Ich habe oft, wenn ich meine Augen am Schluß eines Gebets öffnete, mit einer Art von Enttäuschung bemerkt, daß ich auf der Erde und unter Menschen war. Solche Augenblicke können wir uns nicht geben, wir können uns auch nicht durch Vorbereitung und Anstrengung hineinsteigern, aber sie sind unaussprechlich segensreich für Prediger und Zuhörer. Und wie segensreich und kräftig ist ein stetes Anhalten im Gebet! Aber all das muß uns der Heilige Geist geben, und Gott sei Dank, wir dürfen nicht vergeblich darauf warten, denn es heißt ja gerade von dem Geist, daß er unserer Schwachheit im Gebet aufhilft.

7. Wir müssen unter dem Einfluß des Heiligen Geistes stehen, weil er ein Geist der Heiligung ist. Denn ein wesentlicher Teil des christlichen Predigtamtes besteht im guten Beispiel. Unsere Gemeindeglieder bemerken recht gut, was wir außerhalb der Kirche, im geselligen Kreis und sonstwo tun. Findet ihr es leicht, heilig zu leben, so heilig, daß ihr andern ein Vorbild seid? Sind wir solche Ehegatten, daß jeder Ehegatte in der Gemeinde sicher geht, wenn er uns zum Vorbild nimmt? Wir sollten die besten Väter sein. Leider kenne ich manchen Pfarrer, der andrer Leute Weinberg behütet und seinen eigenen verwahrlost, der seine Kinder nicht in der Zucht und Vermahnung zum Herrn erzieht. Wie steht's bei uns? Sind wir im Verkehr mit unsern Mitmenschen ohne Tadel und ohne Arg, Söhne Gottes ohne Flecken? Das sollten wir sein. Whitefiled hielt darauf, daß seine Wäsche immer peinlich rein war. »Das sind keine Kleinigkeiten«, pflegte er zu sagen, »ein Pfarrer muß womöglich ohne Flecken sein, auch was die Kleidung anlangt.« Ein Pfarrer kann sich gar nicht zu rein halten. O haltet euch unbefleckt von der Welt! Aber wie können wir das unter so viel Versuchungen, so viel Lieblingssünden, wenn uns nicht eine höhere Macht bewahrt? Wenn euer Wandel heilig und rein sein soll, wie es den Dienern des Evangeliums geziemt, so müßt ihr täglich mit dem Geist Gottes getauft werden.

8. Wir brauchen den Heiligen Geist, um die Geister zu unterscheiden. Er kennt das Wesen der Menschen, wie er das Wesen Gottes kennt, und wir brauchen diese Unterscheidungsgabe, da wir es mit verschiedenartigen Menschen zu tun haben. Es gibt Leute, die meinetwegen dann und wann predigen könnten, die aber niemals Prediger werden sollten, denn es fehlt ihnen an der geistigen und geistlichen Tüchtigkeit. Es fehlt ihnen an dem väterlichen Gefühl für die ihnen anvertrauten Seelen. Sie können lehrhaft predigen und disputieren, aber sie können sich nicht teilnehmend in andre hineindenken. Für betrübte Gewissen sind solche Prediger nur leidige Tröster. Sie machen es wie der Hochländer, der einen Engländer in einem Sumpf versinken sah. Der Reisende rief ihm zu: »Ich versinke, kannst du mir sagen, wie ich mir heraushelfen kann?« »Du wirst schwerlich herauskommen«, sagte

der Schotte und ging weiter. Ich kenne wirklich Prediger, die keinen Rat wußten, ja geradezu ärgerlich wurden, wenn sie sahen, wie Sünder sich im Sumpf der Verzweiflung abmühten. Wenn wir, ungeübt im Hirtenamt, im Frühjahr unter die Schafmütter und Lämmer gestellt würden, was täten wir mit ihnen? In solcher Verlegenheit sind die, die nicht von dem Heiligen Geist gelernt haben, die Seelen der Menschen zu pflegen. Möge seine Unterweisung uns vor solch kläglicher Unfähigkeit bewahren! Aber wenn auch unser Herz noch so liebevoll ist, wir werden die verschiedenen Fälle nicht richtig behandeln können, wenn uns der Heilige Geist nicht hilft, denn es sind nie zwei Menschen ganz gleich, und auch derselbe Mensch braucht zu verschiedenen Zeiten verschiedene Behandlung, das eine Mal Trost, das andere Mal Tadel. Heute habt ihr ihm vielleicht mit Tränen des Mitgefühls zugesprochen, und morgen müßt ihr ihm streng entgegentreten, weil er es, nun ihr ihn getröstet habt, zu leicht nimmt. Um die zerbrochenen Herzen zu verbinden und die Gefangenen zu befreien, brauchen wir den Geist Gottes.

Womit betrüben wir den Heiligen Geist? Alles, was euch als gewöhnliche Christen zur Gemeinschaft mit Gott untüchtig macht, macht euch auch untüchtig, die dem Prediger nötige, außerordentliche Kraft des Heiligen Geistes zu erfahren. Aber es gibt außerdem noch besondere Hindernisse. Zu den bedeutendsten rechne ich jenen Zustand von Gefühllosigkeit, der eintritt, wenn man sich dem Einfluß des Heiligen Geistes nicht überlassen hat. Wir sollten eine so feine Empfindung haben, daß wir seine leiseste Regung spüren, dann dürfen wir auf sein dauerndes Innewohnen hoffen; aber wenn wir wie unverständige Rosse und Maultiere sind, so werden wir die Peitsche zu fühlen bekommen und nicht den wohltuenden Einfluß des Trösters.

Ein anderer schwerer Fehler ist der Mangel an Wahrhaftigkeit. Die Seelen mancher Menschen sind nicht redlich und einfältig. Der Heilige Geist macht sich nicht zum Mitschuldigen des Betrugs und der Verheimlichung. Kommt es wirklich dahin, daß ihr gewisse Lehren verkündigt, nicht weil ihr sie glaubt, sondern weil die Gemeinde sie von euch hören will; daß ihr nur einen günstigen

Zeitpunkt abwartet, um euer Glaubensbekenntnis abzuschütteln und offen zu sagen, was euer feiges Herz für wahr hält? Dann seid ihr wirklich gefallen und steht tiefer als der geringste Sklave. Gott bewahre uns vor Verrätern. Wenn wir einen Abscheu vor ihnen haben, wieviel mehr muß der Geist der Wahrheit sie verabscheuen!

Ihr könnt den Heiligen Geist sehr betrüben, wenn ihr im allgemeinen arm in der Gnade seid. Die Familie Gnadenarm hat gewöhnlich einen Vertreter im geistlichen Amt. Ich kenne ihn. Er ist ein redlicher Mann, nicht unsittlich, nicht jähzornig, nicht weichlich, aber es fehlt ihm etwas. Man sieht keinen einzelnen, offenkundigen Fehler, aber dem ganzen Mann fehlt etwas, und das verdirbt alles, denn es fehlt ihm gerade das eine, was not tut. Er ist nicht geistlich, er ist kein guter Geruch Christi, sein Herz brennt nicht, seine Seele lebt nicht, er hat keine Gnade. Wir können dem Heiligen Geist nicht zumuten, einen Prediger zu segnen, der keine Berufung zum Predigen hat, und das gilt gewiß von einem Prediger ohne Gnade.

Auch der Hochmut vertreibt den Heiligen Geist. Wenn man groß werden will, muß man zuerst recht klein werden. Wer sich selbst hoch achtet, den wird Gott nicht beachten. Die hohen Berggipfel sind kalt und öde. Der Herr wohnt bei den Niedrigen, aber er kennt die Stolzen von ferne.

Wir können den Heiligen Geist auch durch Trägheit betrüben. Ich glaube nicht, daß der Heilige Geist an der Pforte des Faulen harrt und für die Mängel aufkommt, die ihren Grund in der Trägheit haben. Träge zu sein in der Sache des Erlösers ist etwas, wofür es keine Entschuldigung gibt. Nachlässigkeit im Gebet und manches andere führt zu denselben traurigen Folgen, aber ich brauche darüber nicht ausführlicher zu reden, denn euer eigenes Gewissen wird euch sagen, was es heißt, den Heiligen Israels betrüben.

Und nun hört, was ich sage: Wißt ihr, was geschehen kann, wenn wir den Geist Gottes betrüben und er von uns weicht? Es ist zweierlei möglich. Vielleicht waren wir überhaupt nie wirklich Gottes Diener, und er hat uns nur zeitweilig gebraucht, wie den Bileam. Vielleicht predigen wir gemütlich weiter, und weder wir selbst noch die andern ahnen, daß uns der Geist Gottes fehlt. Dann hört vielleicht unser Amt plötzlich auf und wir mit ihm, sei es, daß wir in der Blüte der Jugend weggerissen werden, um nicht mehr vor dem Herrn zu dienen, wie Nadab und Abihu, oder in reiferen Jahren, wie Hophni und Pinehas. Hätten wir schriftliche Kunde von dem, was manchen hoffnungsvollen Prediger zu Fall gebracht hat, wir würden schreckliche Dinge zu lesen bekommen von einem Eifer, der durch Trunk erschlafft ist, von pharisäischer Scheinheiligkeit im Bunde mit geheimer Sünde, von einer Rechtgläubigkeit, die den Unglauben des Herzens verbirgt, oder sonst von einer Form des fremden Feuers, das auf den Altar gebracht wurde, bis der Herr es nicht länger duldete und die Frevler plötzlich zu Boden schmetterte. Droht vielleicht einem von uns dieses schreckliche Gericht?

Oder – der Gedanke daran macht mich ganz besonders betrübt, weil es besonders leicht vorkommen kann – wir können von dem Geist so verlassen werden, daß wie bei Moses der Schluß unseres Lebenswerks verdorben wird. Nicht, daß wir unsere Seele oder unsere Krone im Himmel oder auch nur unsern guten Namen auf der Erde verlören, aber wir gehen während unserer letzten Lebenstage wie unter einer Wolke dahin, weil wir einmal übereilt geredet haben. Ich habe mich kürzlich mit der letzten Lebenszeit des großen Propheten vom Horeb beschäftigt, und ich kann die Trauer, in die ich dadurch versetzt wurde, noch nicht los werden. Was war seine Sünde? Er hat nicht grob gesündigt wie David, es war kein schrecklicher Fehltritt wie der des Petrus, er war nicht schwach und töricht wie sein Bruder Aaron. Nach dem gewöhnlichen Urteil war es ein winzig kleines Unrecht. Aber es war Moses, der von Gott besonders begnadigte Mann, der Führer des Volks, der Stellvertreter des göttlichen Königs, der die Sünde beging. Bei einem andern hätte es der Herr übersehen können, aber nicht bei Moses; er durfte zur Strafe die Kinder Israel nicht ins verheißene Land führen. Er durfte zwar das Land vom Berge Pisga aus sehen, aber es war doch eine große Enttäuschung, daß er das Land der Verheißung nicht betreten durfte, und das bloß wegen einer unüberlegten Rede. Ich möchte den Dienst meines Herrn nicht verlassen, aber ich zittere in seiner Gegenwart. Wer ist schuldlos, wenn selbst Moses gefehlt hat? Es ist schrecklich, zu den Geliebten Gottes zu gehören. »Wer wird bei dem verzehrenden Feuer wohnen? Wer ist unter uns, der bei der ewigen Glut wohne? Wer in Gerechtigkeit wandelt und redet, was recht ist.« Der allein kann die sündenverzehrende Flamme der Liebe ertragen. Brüder, ich bitte euch, begehrt des Moses Stellung, aber übernehmt sie mit Zittern. Fürchtet euch, und zittert wegen all des Guten, das Gott euch zeigen wird. Wenn ihr am vollsten seid von Früchten des Geistes, so beugt euch am tiefsten vor dem Thron, und dient dem Herrn mit Furcht. Der Herr unser Gott ist ein eifriger Gott. Bedenkt, daß Gott zu uns kommt nicht um unseres, sondern um seines Ruhmes willen. Sein Ruhm muß der einzige Zweck unsres Wirkens sein. Er muß zunehmen, und ich muß abnehmen. Möge Gott uns dahin bringen, möge er uns helfen, daß wir vorsichtig und demütig vor ihm wandeln! Er wird uns prüfen und erforschen, denn das Gericht beginnt in seinem Haus, und in seinem Haus fängt er bei seinen Dienern an. Wollten wir schlecht bestehen? Schrecklich wird das Gericht über einen gefallenen Prediger des Evangeliums sein, so daß gewöhnliche Frevler sich entsetzen werden.

O Gottes Geist, erwecke und bewahre in uns das göttliche Leben, mach uns treu im Amt, und laß uns im Segen wirken, damit unsere Hände rein seien vom Blut der Menschenseelen! Amen.

15. Vorwärts

Meine lieben Mitstreiter! Unser sind wenige, und wir stehen in einem schweren Kampf, deshalb muß jeder einzelne seine Kraft aufs äußerste anstrengen. Des Herrn Streiter sollten auserlesene Männer der Kirche, ja der ganzen Welt sein, denn solche fordert unsere Zeit; darum sei euer Wahlspruch: *Vorwärts!* Vorwärts in eurer Ausbildung, vorwärts in den Gaben und in der Gnade, vorwärts in der Tüchtigkeit, vorwärts in der Ähnlichkeit mit dem Bilde Jesu. Ich will die einzelnen Punkte so besprechen, daß ich zuunterst anfange und allmählich aufsteige.

1. Erstens, meine Brüder, muß ich mir selbst und euch sagen, daß *wir in unserer geistigen Bildung vorwärts gehen müssen*. Wir dürfen uns unserem Gott nicht immer in der schlechtesten Gestalt zeigen. Wir sind auch in unserer besten Gestalt nicht wert, uns ihm darzubringen; so soll das Opfer wenigstens nicht infolge unserer Trägheit verstümmelt und befleckt sein. »Du sollst lieben den Herrn deinen Gott von ganzem Herzen«, das ist vielleicht nicht so schwer zu befolgen, als ihn zu lieben mit allen Geisteskräften, aber diese müssen wir ihm ebensogut geben wie unser Gemüt, und der Geist muß wohl ausgestattet sein, wir dürfen kein leeres Gefäß opfern. In unserem Amt brauchen wir Verstand. Es zeigt sich unter allen Klassen ein großer, immer zunehmender Fortschritt in der Bildung. Die Zeit ist nicht mehr, wo ein Prediger ungestraft grammatische Fehler machen durfte. Selbst in den Dörfern, wo der Überlieferung zufolge »niemand nichts weiß«, verbreitet sich die Bildung, und ein Mangel daran bei dem Prediger hindert mehr als früher eine segensreiche Wirksamkeit. Der Redner wünscht, seine Zuhörer möchten sich das Evangelium merken, sie aber merken sich auch seine Sprachfehler und spotten nach der Predigt darüber, anstatt miteinander ernsthaft über das zu sprechen, was sie aus dem Wort Gottes gehört haben. Wir müssen nach der höchsten geistigen Bildung streben, und zwar müssen wir erstens Kenntnisse sammeln, um unsere Scheune zu füllen, zweitens unser Urteil bilden, um das Gesammelte zu sichten, drittens das Gelernte in uns bewahren wie das geworfelte Korn in der Scheune. Vielleicht sind nicht alle diese drei Punkte gleich wichtig, aber sie sind alle unentbehrlich für einen vollkommenen Menschen.

Erwerbt euch eine gründliche theologische Bildung, und laßt euch nicht irre machen durch den Spott derer, die nur spotten, weil sie nichts davon verstehen. Viele Prediger geben Anstoß, bloß weil sie nicht theologisch gebildet sind. Es kann dem feurigsten Evangelisten nichts schaden und wird ihn sogar vor manchem groben Verstoß bewahren, wenn er ein wissenschaftlich gebildeter Theologe ist. Wie oft hört man gegenwärtig, wie die Leute einen einzelnen Bibelspruch aus dem Zusammenhang reißen und dann rufen:

115

Heureka, heureka! als ob sie wunder was für eine neue Wahrheit gefunden hätten. Ihr Fund war aber kein Diamant, sondern nur eine Glasscherbe. Verständen sie Geistliches mit Geistlichem zu vergleichen, wüßten sie etwas von der heiligen Gelehrsamkeit der großen Bibelforscher vergangener Zeiten, so würden sie sich nicht so vorschnell mit ihrer wunderbaren Erkenntnis brüsten. Wir wollen uns recht gründlich mit den großen Lehren des Wortes Gottes vertraut machen und mächtig sein im Auslegen der Schrift. Keine Predigt wird eine so nachhaltige Wirkung ausüben und so die Kirche bauen wie die auslegende Predigt. Man darf natürlich nicht so unvernünftig sein, darüber die Ermahnung ganz zu unterlassen, aber ich kann euch nicht ernstlich genug versichern, daß ihr, um dauernd segensreich zu wirken, Ausleger sein müßt. Dann müßt ihr aber selbst das Wort Gottes verstehen und müßt es so erklären können, daß die Menschen durch das Wort auferbaut werden. Was für andere Werke ihr auch studieren mögt, seid daheim in den Schriften der Apostel und Propheten. Laßt das Wort Gottes reichlich bei euch wohnen.

Ich habe gesagt, wir müssen auch urteilsfähig werden. Dieser Punkt ist in unserer Zeit besonders wichtig. Viele laufen jeder Neuigkeit nach und sind entzückt von jeder Erfindung. Lernt die Wahrheit von den Fälschungen unterscheiden, dann werdet ihr nicht irre gehen. Andere kleben zäh an alten Lehrsätzen, die vielleicht nur alte Irrtümer sind. Prüft alles, und das Gute behaltet. Meine Brüder, ein Mensch, der den Herrn um helle Augen gebeten hat, daß er die Wahrheit sehen und alle ihre Einflüsse erkennen kann, der durch beständige Übung seiner Geisteskräfte ein richtiges Urteil erlangt hat, der ist tüchtig, des Herrn Heer zu führen. Aber nicht bei allen findet man das. Viele fallen auf etwas herein, sobald man ihnen nur ernsthaft davon spricht. Sie verschlukken die Arznei jedes geistlichen Quacksalbers, wenn er nur die Frechheit hat, sich ehrlich zu stellen. Seid nicht Kinder am Verstand, sondern prüfet sorgfältig, ehe ihr etwas annehmt. Bittet den Heiligen Geist, daß er euch die Geister unterscheiden lehre, dann werdet ihr eure Herde nicht auf giftige Wiesen, sondern auf gutes Weideland führen. Wenn ihr nun Kenntnisse gesammelt und eure

Urteilskraft gebildet habt, so haltet auch das Gelernte fest. Jetzt suchen manche Menschen ihren Ruhm darin, Wetterfahnen zu sein; sie halten nichts fest, haben freilich auch nichts, das des Haltens wert wäre. Sie glauben heute etwas anderes als gestern, und morgen etwas anderes als heute; sie wechseln wie der Mond. Sie mögen redlich sein, aber was nützt ihre Wirksamkeit? Sie sind vielleicht edel angelegt, aber wie gute Bäume, die man zu oft versetzt, bringen sie keine Frucht, weil die Kraft durch immer neues Anwurzeln verbraucht wird. Ergreift die Wahrheit und haltet sie dann fest. Nehmt eine neue Wahrheit auf, wenn es eine Wahrheit ist, aber besinnt euch, ehe ihr glaubt, daß man ein besseres Licht gefunden habe als das Sonnenlicht. Die, die eine neue Wahrheit in den Straßen ausschreien wie die Zeitungsverkäufer ein Extrablatt, sind meistens nicht viel wert. Wahrheit, die hehre Maid, braucht sich nicht mit jeder neuen Tagesweisheit zu schminken und zu schmücken; sie begnügt sich mit ihrer angeborenen Schönheit, und im wesentlichen ist ihr Aussehen gestern, heute und immer dasselbe. Menschen, die sich so oft ändern, bedürfen meist erst noch einer ganz gründlichen Änderung. Unsere Gebildeten mit ihrer »modernen Denkweise« tun unendlichen Schaden. Seelen gehen verloren, und diese Menschen spinnen ihre Theorien aus! Die Hölle sperrt ihren Rachen auf, um Tausende zu verschlingen, und die, die das Heil predigen sollten, verfolgen neue Gedankengänge! Hochgebildete Seelenmörder werden finden, daß ihre gerühmte Bildung am Tag des Gerichts keine Entschuldigung ist. Lernt um Gottes willen, wie ihr die Menschen retten könnt, und dann geht an die Arbeit. Nur nicht immer überlegen, wie man das beste Brot macht, und darüber das Volk verhungern lassen. Immer lernen und nie die Wahrheit erkennen ist eher der Wahlspruch der Schlimmsten als der Besten. Gewiß, die Männer, die nicht persönlich in der Wahrheit ruhen können, mögen vielleicht selbst selig werden, aber sie werden schwerlich einen andern selig machen. Wer keine gewisse Wahrheit zu verkündigen hat, darf sich nicht wundern, wenn seine Zuhörer nicht viel auf ihn halten. Also, meine Brüder, sammelt Kenntnisse, bildet euer Urteil und dann strebet, daß ihr in der Wahrheit gegründet und gewurzelt seid.

Füllt fortwährend eure Scheunen, worfelt das Korn, bewahrt es im Speicher, dann werdet ihr geistig vorwärts schreiten.

2. Wir müssen *uns zu tüchtigen Rednern ausbilden;* also heißt es auch in dieser Beziehung: Vorwärts! Für manche Leute wäre es eine gerechte Stṙafe, wenn sie verurteilt würden, ihre eigenen Predigten anzuhören. Sie würden dann vielleicht wie Kain ausrufen: »Meine Strafe ist schwerer, als ich ertragen kann.« Möchten wir nicht in dieselbe Verdammnis geraten!

Wir müssen uns auch um einen klaren Stil bemühen. Wer seine Gedanken andern nicht klar machen kann, zeigt nur, daß er sich selbst noch nicht klar ist. Der Durchschnittszuhörer, der dem Gedankengang des Predigers nicht folgen kann, braucht sich keine Vorwürfe zu machen. Die Schuld liegt an dem Prediger, dessen Aufgabe es wäre, die Sache klar zu machen. Wenn du in einen leeren Brunnen hinabsiehst, erscheint er sehr tief, ist aber Wasser darin, so siehst du es glänzen. Manche sogenannten tiefen Prediger scheinen nur so, weil sie trockene Brunnen sind. Wenn lebendiges Wasser in eurer Predigt ist, so kann sie sehr tief sein, aber das Licht der Wahrheit macht sie klar. Ihr müßt euch nicht nur so klar ausdrücken, daß man euch verstehen, sondern so, daß man euch nicht mißverstehen kann.

Unser Stil muß nicht nur klar, sondern auch kräftig, unsere Rede muß gewaltig sein. Manche meinen, das erreiche man durch Schreien, da sind sie aber sehr auf dem Holzweg. Der Unsinn wird dadurch nicht vernünftig, daß man ihn herausbrüllt. Kräftig sein heißt, kräftige Wahrheit in der Kraft des Geistes vortragen. Unsere Rede sei natürlich und lebendig. Hoffentlich haben wir alle den Kunststücken berufsmäßiger Redner entsagt: dem Haschen nach Effekt, dem künstlichen Hindrängen auf einen Punkt, der vorbedachten Pause, der theatralischen Haltung usw. Es wandeln noch einige Pastoren auf dem Erdboden, die sich dergleichen zuschulden kommen lassen. Möchten sie bald aussterben! Wir wollen lernen, das Evangelium lebendig, natürlich und einfach zu verkündigen; eine solche Weise wird von Gott gesegnet sein.

Neben vielem andern müssen wir die Überredungskunst lernen. Manche unserer Brüder haben großen Einfluß auf die Menschen;

andere, die vielleicht begabter sind, haben keinen. Sie kommen den Leuten nicht nahe, können sie nicht packen, keinen Eindruck auf sie machen. Manche Geistliche packen in ihren Predigten gleichsam jeden Zuhörer beim Kragen und treiben die Wahrheit in ihn hinein, während andere so allgemein gehaltene und so kühle Predigten hersagen, daß man denken könnte, sie sprächen zu den Bewohnern eines fernen Planeten, deren Angelegenheiten sie eigentlich nichts angehen. Lernt die Kunst, um die Menschen zu werben. Das wird euch gelingen, wenn ihr oft zu dem Herrn geht. Meine Brüder, beobachtet die Christen, die Sünder für Jesus werben; lernt ihr Geheimnis und ruht nicht, bis ihr dieselbe Kraft habt. Vielleicht sind es ganz einfache, bescheidene Leute. Wenn ihr aber seht, daß sie im Segen wirken, so sagt: »So will ich's auch machen.« Wenn ihr dagegen von einem bewunderten Prediger hört, durch dessen Predigt niemand bekehrt wird, so denkt: »Das ist nichts für mich; ich trachte nicht nach Ruhm und Ehre, ich will nur andern zum Segen werden.«

3. Brüder, vor allem arbeitet an eurem *Charakter*, daß es auch da vorwärts geht. Die Einzelheiten, von denen ich jetzt spreche, soll jeder sich merken, der sich getroffen fühlt; ich habe keine bestimmten Personen im Auge. Wir möchten als Geistliche das höchste Ideal erreichen; das wird uns aber trotz aller geistigen und rednerischen Tüchtigkeit nicht gelingen, wenn wir nicht hohe sittliche Charaktereigenschaften besitzen. Es gibt Fehler, die wir abschütteln müssen wie Paulus die Natter, und Tugenden, die wir um jeden Preis erringen müssen.

Weichlichkeit und Schwäche haben Tausende zu Fall gebracht. Hüten wir uns, daß wir nicht durch die Hand dieser Delila umkommen. Wir müssen über jede Leidenschaft und über jede Gewohnheit Herr werden. Wenn wir uns selbst nicht beherrschen können, wie können wir dann Leiter einer Gemeinde sein?

Allen Hochmut und alle Anmaßung müssen wir von uns abtun. Gott segnet den nicht, der sich selbst für groß hält. Auch wenn wir das Werk des Heiligen Geistes in uns rühmen, sind wir an der Grenze des Eigenlobs. »Laß einen andern dich loben und nicht deine eigenen Lippen«, und sei recht froh, wenn der andere so vernünftig ist und schweigt.

Wir müssen unser Temperament recht im Zaum halten. Es ist kein Fehler, wenn man ein kräftiges Temperament hat. Leute, die so weich sind wie ein alter Schuh, sind gewöhnlich auch ebensowenig wert. Ich sage nicht: »Liebe Brüder, habt Temperament«, sondern ich sage: »Wenn ihr es habt, so beherrscht es.« Ich danke Gott, wenn ich einen Pfarrer sehe, der genug Temperament hat, um über das Böse zu zürnen und mit Entschiedenheit für das Recht einzutreten. Doch ist das Temperament ein zweischneidiges Schwert, das oft den verletzt, der es handhabt. Gelinde sein, sich erbitten lassen, lieber Unrecht leiden als Unrecht tun, das muß unser Sinn sein. Wenn einer von euch Anwesenden zu schnell überkocht, so sorge er dafür, daß er dabei niemand anders als den Teufel verbrennt; dann mag er meinetwegen kochen.

Wir müssen unsern Hang zum Leichtsinn überwinden. Es besteht ein großer Unterschied zwischen der Tugend heiliger Fröhlichkeit und dem Laster des Leichtsinns. Es gibt einen Leichtsinn, der nicht herzhaft lachen kann und mit allem nur spielt; das ist eine flatterhafte, oberflächliche, unechte Gesinnung. Um herzlich zu lachen, braucht man ebensowenig leichtsinnig zu sein, wie um herzlich zu weinen. Ich verstehe unter Leichtsinn die Unaufrichtigkeit in den wichtigsten Dingen, jenen frommen Firnis, der sich ein Ansehen gibt, aber dünn und oberflächlich ist. Die Gottseligkeit ist kein Scherz und keine bloße Form. Seid nur um alles keine Schauspieler. Laßt nie ernste Leute den Eindruck haben, daß es euch nicht ernst ist und daß ihr nur von Amts wegen redet. Auf den Lippen heiß und im Herzen kalt sein, ist ein Zeichen der Verdammnis. Gott bewahre uns vor der Oberflächlichkeit. Wir wollen nicht die Schmetterlinge im Garten Gottes sein.

Seien wir aber auch ja keine grimmigen Fanatiker. Es gibt Menschen, die zwar ohne Zweifel vom Weibe geboren sind, von denen man aber denken könnte, eine Wölfin habe sie gesäugt wie Romulus und Remus. Solche Kriegshelden können herrschen im Reich des Gedankens, aber in das Reich Christi passen Menschenfreundlichkeit und Bruderliebe besser. Wir sollen keine Ketzerrichter sein; wir dürfen auch von unserer eigenen Unfehlbarkeit nicht so überzeugt sein, daß wir Scheiterhaufen errichten und mit den

Kohlen des Vorurteils und Argwohns alle Andersdenkenden verbrennen.

Es gibt allerlei Gewohnheiten, Eigentümlichkeiten und Wunderlichkeiten, die ich nicht einzeln aufzählen kann, die wir aber bekämpfen müssen, denn kleine Fehler lähmen oft unsere Wirksamkeit, während vielleicht das Geheimnis des Erfolgs darin liegt, daß wir sie überwinden. Haltet nichts für klein, was euch in eurer Wirksamkeit hemmt. Stoßt aus dem Tempel eurer Seele nicht nur die hinaus, die Schafe und Ochsen feilhalten, sondern auch die Stühle der Taubenkrämer.

Wir müssen aber nicht nur Fehler ablegen, sondern auch Tugenden erwerben. Wer nicht gerade und offen ist, wird nicht viel für Gott wirken. Wenn wir diplomatisch zu Werke gehen, wenn wir nicht ganz gerade und aufrichtig sind, werden wir bald Schiffbruch leiden. Nehmt euch vor, liebe Brüder, daß ihr, wenn's sein muß, arm und verachtet sein, ja das Leben verlieren, aber niemals unredlich handeln wollt.

4. Vor allem brauchen wir *geistliche Tüchtigkeit*, Gnadengaben, die der Herr selbst in uns wirken muß. Das ist die Hauptsache. Andere Dinge sind köstlich, aber das ist unschätzbar; wir müssen reich sein in Gott. Wir müssen uns selbst erkennen. Der Prediger soll groß sein in der Wissenschaft des Herzens, der Weisheit der inneren Erfahrung.

Meine Brüder, lernt den Menschen in Christus und außer Christus kennen. Studiert ihn, wenn er sich von seiner besten und wenn er sich von seiner schlechtesten Seite zeigt; lernt seine Beschaffenheit, seine Geheimnisse, seine Leidenschaften kennen. Aus Büchern lernt sich das nicht. Ihr müßt geistliche Erfahrung haben, und die kann nur Gott euch geben.

Die wichtigste Erkenntnis ist die Erkenntnis dessen, der die Arznei für alle Krankheiten ist. Erkennt Jesus; sitzt ihm zu Füßen. Betrachtet sein Wesen, sein Werk, sein Leiden, seine Herrlichkeit. Freut euch seiner Gegenwart; geht täglich mit ihm um. Christus erkennen ist die beste Wissenschaft. Ihr müßt ja weise werden, wenn ihr mit der Weisheit umgeht; es kann euch nicht an Kraft fehlen, wenn ihr Gemeinschaft mit dem mächtigen Sohne Gottes habt. Ich sah vor einiger Zeit in Italien ein kleines Farnkraut, das neben einer Quelle wuchs, so daß seine Blätter immer im Sprühregen glänzten und glitzerten. Es war immer grün; weder die Dürre des Sommers noch die Kälte des Winters schadete ihm. So wollen wir immer unter dem köstlichen Einfluß der Liebe Jesu bleiben. Bleibt in Gott, meine Brüder. Besucht ihn nicht nur manchmal, sondern bleibt in ihm. Ein italienisches Sprichwort sagt: Wo die Sonne hinausgeht, geht der Arzt hinein. Wo Jesus nicht in die Seele leuchtet, ist sie krank. Wärmt euch in seinen Strahlen, und ihr werdet kräftig sein in seinem Dienst. Letzten Sonntag hatte ich einen Text, der mich überwältigte: »Niemand kennet den Sohn denn nur der Vater.« Ich sagte meiner Gemeinde: Arme Sünder, die im Glauben zu Jesus gekommen sind, meinen, sie kennen ihn; Heilige, die seit sechzig Jahren täglich bei ihm sind, meinen, sie kennen ihn, aber sie sind doch erst Anfänger. Die Geister der vollkommenen Gerechten, glauben, sie kennen ihn, aber sie kennen ihn doch noch nicht ganz. Niemand kennt den Sohn als der Vater. Nur der unendliche Gott kennt ihn ganz. Darum, wenn wir unsern Herrn zum alleinigen großen Gegenstand unseres Nachdenkens machen, ist unser Studium ohne Grenzen, unser Denken ohne Enge und Beschränktheit.

5. Ich bin aber noch nicht fertig, meine Brüder. Ich sage euch auch: Macht vorwärts in der *Berufsarbeit*, denn schließlich erkennt man uns doch an unseren Werken. Wir müssen in Taten ebenso mächtig sein wie in Worten. Es gibt gute Brüder, die nichts wirken. Seid keine Grübler, die über einer dunklen Stelle in der Offenbarung brüten und darüber versäumen, in einer Lumpenschule zu unterrichten oder den Armen den Heiland zu predigen. Laßt das Träumen, und geht an die Arbeit. Eier sind ja ganz gut, aber es müssen auch Küchlein herauskommen. Das Ei mag so groß sein wie ein Straußenei – wenn nichts darin ist, so werft doch die Schalen weg. Wenn wirklich etwas dabei herauskommt, nun, dann segne Gott euer Brüten und Grübeln, selbst wenn ihr des Guten etwas zuviel tut. Aber es müssen Taten geschehen, es müssen Seelen gerettet werden. Schreibt meinethalben Abhandlungen, aber habt ihr auch schon Seelen von der Hölle errettet? Eure tüch-

tige Verwaltung einer Schule interessiert mich, aber wie viele Kinder habt ihr dadurch der Kirche zugeführt? Brüder! Tut etwas! Tut etwas! Tut etwas! Während Gesellschaften und Vereine Sitzungen und Besprechungen halten, tut etwas! Sucht Seelen zu gewinnen! Zu oft reden und reden und reden wir, und der Satan lacht sich dabei ins Fäustchen. Laßt das Plänemachen, geht frisch ans Werk wie Männer! Unser einziges Ziel ist, Seelen zu erretten; aber darüber sollen wir nicht viel sprechen, sondern es tun in der Kraft Gottes.

6. Und nun muß ich euch noch etwas sagen, was mir sehr am Herzen liegt. Geht auch vorwärts *in der Wahl eures Arbeitsfeldes*. Ich spreche heute für die, die nicht für sich selbst sprechen können, nämlich für die große Menge der Heiden. Unsere Gemeinden sind ziemlich gut mit Geistlichen versorgt, aber wir brauchen Männer, die auf neuem Grunde bauen. Wer ist dazu bereit? Haben wir – ich meine euch, meine Zuhörer, und mich – ein reines Gewissen in bezug auf die Heiden? Millionen haben den Namen Jesu noch nie gehört. Viele Hunderttausende haben vielleicht einmal in ihrem Leben einen Missionar gesehen, aber sie wissen nichts von unserem König. Sollen wir sie umkommen lassen? Können wir ruhig zu Bett gehen und schlafen, während China, Indien, Japan und andere Völker verlorengehen? Sind unsere Hände rein von ihrem Blut? Haben wir keine Pflichten gegen sie? Wir sollten uns nicht fragen: »Ist es mir klar, daß ich Missionar werden soll?« sondern: »Ist es mir denn klar, daß ich nicht Missionar werden soll?« Nur wer zwingende Gründe hat, nicht Missionar zu werden, ist von der Verpflichtung frei. Was antwortet ihr mir, meine Brüder? Ich frage jeden einzelnen von euch. Ich richte an euch keine Frage, die ich nicht aufrichtig mir selbst gestellt habe. Ich glaube, wenn einige unserer besten Prediger hinausgingen, so würde das den Eifer der Gemeinden ungeheuer anfachen. Ich habe mich redlich gefragt, ob es mein Beruf sei zu gehen. Aber nach reiflicher Erwägung habe ich gefunden, daß es meine Pflicht ist, hier an meinem Platz zu bleiben, und ich glaube, die meisten Christen würden meinem Entschluß zustimmen; ich würde aber fröhlich hinausziehen, wenn das mein Beruf wäre. Brüder, besinnt auch ihr euch. Die Heiden müssen bekehrt werden. Gott hat eine zahllose Menge

von Erwählten unter ihnen; wir müssen sie suchen, bis wir sie finden. Viele Schwierigkeiten sind aus dem Weg geräumt, alle Länder stehen uns offen, Entfernungen gibt es nicht mehr. Wir haben freilich nicht mehr die Pfingstgabe der Sprachen, aber die Buchdruckerkunst ist ein reichlicher Ersatz dafür. Wie leicht lernt man jetzt fremde Sprachen! Die Gefahren des Missionslebens sollten keinen rechten Mann zurückhalten, selbst wenn sie sehr groß wären; aber sie sind ja jetzt kaum noch der Rede wert. An viele hundert Orte, wo das Kreuz Christi noch unbekannt ist, kann man ohne Gefahr gehen. Wer will gehen? Es sollten junge, fähige Brüder gehen, die noch keine Familie haben.

Jeder Zögling, der in dieses Seminar eintritt, sollte sich die Sache überlegen und sich unbedingt dem Missionswerk widmen, wenn nicht entscheidende Gründe dagegen sprechen. Die Mission lechzt nach Männern. Wenn nur einmal die Männer da wären, so würde die Kirche schon für ihre Bedürfnisse sorgen, oder vielmehr, die Kirche hat schon die Mittel bereitgestellt, aber es fehlt noch an den Männern. Meine Brüder, erst dann werde ich überzeugt sein, daß unser Seminar seine Pflicht tut, wenn ich sehe, daß meine Zöglinge in allen Ländern im Vordertreffen für Jesus kämpfen. Wenn Gott euch's ins Herz gibt, daß ihr hinausgeht, so werdet ihr, das glaube ich, unter den besten Missionaren sein, denn ihr werdet die Predigt des Evangeliums zu eurem Hauptberuf machen, und darin liegt die wahre Gotteskraft. Ich wollte, unsere Gemeinden eiferten dem Pastor Harms in Hermannsburg nach. Jedes Glied seiner Gemeinde hatte sich in Wahrheit Gott geweiht. Der Bauer gab von den Früchten seines Feldes, der Arbeiter von dem Ertrag seiner Arbeit. Einer schenkte ein großes Haus für die Missionszöglinge. Pastor Harms sammelte Geld für ein Schiff, das er für die Reise nach Afrika ausrüstete. Dann schickte er Missionare und eine Anzahl Leute aus seiner Gemeinde, damit sie unter den Buschmännern kleine christliche Gemeinwesen gründeten. Wann werden unsere Gemeinden ebenso selbstverleugnend und unternehmend sein? Seht euch die Herrnhuter an, wie da jeder zum Missionar wird und wieviel sie darum leisten. Wir wollen ihren Geist in uns aufnehmen. Ist es der rechte Geist? Dann muß es auch für uns recht sein, ihn zu haben. Wir dürfen nicht bloß sagen: »Diese Herrnhuter sind doch prächtige Leute«!, sondern wir müssen auch selbst solch prächtige Leute werden. Jesus hat für die Brüdergemeinde nicht mehr getan als für uns, sie ist nicht zu größeren Opfern verpflichtet als wir. Warum bleiben wir so zurück? Wenn wir von den heldenhaften Männern lesen, die für Jesus alles dahingaben, so sollen wir sie nicht nur bewundern, sondern auch nachahmen. Wer will sie jetzt nachahmen? Also, zur Sache! Sind keine unter uns, die sich dem Herrn weihen wollen? Vorwärts! ist heute unsere Losung. Sind keine tapferen Herzen unter euch, die den Vortrab bilden wollen? Betet alle, daß während dieser Pfingstzeit der Geist sagen möge: »Sondert mir aus Barnabas und Saulus für das Werk.«

Vorwärts! In Gottes Namen vorwärts!

16. Entschiedenheit tut not

Wir haben einen bestimmten Glauben zu predigen, meine Brüder, und Gott hat uns einen ganz bestimmten Auftrag gegeben. Wir dürfen uns nicht selbst unterwegs den Auftrag ausdenken. Unser Herr hat uns nicht ganz im allgemeinen gesagt: »Wie es euch Kopf und Herz eingeben, so predigt. Haltet Schritt mit der Zeit. Was die Leute gerne hören, das sagt ihnen, und sie werden selig werden.« Wahrlich, so steht es nicht geschrieben. In der Bibel stoßen wir auf Eindeutigkeit, Gewißheit. Die Schriftwahrheit ist nicht ein Wachsklumpen, dem man eine beliebige Form geben, oder ein Stück Zeug, das man nach der jeweiligen Mode zuschneiden kann. Die großen Denker freilich betrachten die Bibel als einen Kasten voll Buchstaben, die man im Spiel beliebig zusammensetzen kann, oder als eine Zauberflasche, aus der sie einschenken können, was sie wollen – vom Atheismus bis zum Spiritismus. Ich bin noch von der alten Schule und kann vor dieser Ansicht nicht niederfallen und sie anbeten. Was die Bibel sagt, ist gewiß; es ist kein aber oder wenn, oder vielleicht, oder mag sein davor, es sind keine

50 000 Verklausulierungen dahinter, so daß am Ende etwas ganz anderes wahr wäre. Es ist mir offenbart als eine unumstößliche Tatsache, die man glauben muß, und das Gegenteil davon ist ein tödlicher Irrtum und kommt von dem Vater der Lügen.

Wenn wir also glauben, daß es ein Ding gibt, das sich Wahrheit, und ein Ding, das sich Lüge nennt, wenn wir glauben, daß die Bibel Wahrheiten enthält und daß das Evangelium etwas Gewisses ist, das die Menschen glauben sollen, so ziemt es uns, entschieden zu wissen, was wir lehren wollen, und es klar und entschieden zu lehren.

Brüder, worin müssen wir entschieden sein? Es leben ja solche, die meinen, es gebe überhaupt keine festen Glaubenssätze. »Ein paar Lehrsätze können als feststehend gelten«, sagte neulich jemand zu mir, »es ist ziemlich sicher, daß es einen Gott gibt, aber über seine Person sollte man keine Lehrsätze aufstellen. Es läßt sich viel zugunsten des Pantheismus sagen.« Solche Männer schleichen sich ins Predigtamt ein, aber sie sind meistens schlau genug, ihre Weitherzigkeit hinter einer christlichen Ausdrucksweise zu verbergen. Sie handeln dann ganz übereinstimmend mit ihren Grundsätzen, deren erster lautet: Auf die Wahrheit kommt's nicht an.

Wir aber wissen, ich jedenfalls weiß es, daß es einen Gott gibt, und ich predige wie einer, der dessen unumstößlich gewiß ist. Er ist der Schöpfer des Himmels und der Erde, der Herr der Vorsehung, der Gott der Gnade; sein Name sei gepriesen von Ewigkeit zu Ewigkeit. Darüber wollen wir gar nicht streiten.

Wir glauben ferner, daß das Buch, das wir die Bibel nennen, Gottes Wort und inspiriert ist; nicht inspiriert in dem Sinne wie Shakespeare und Milton, sondern in einem unendlich höheren Sinne, so daß die Worte unfehlbar sind, wenn wir den richtigen Text haben. Wir glauben, daß alles, was in dem uns von Gott gegebenen Buch vorkommt, Gottes eigenes Zeugnis und nichts Geringeres ist. Gott verhüte, daß wir uns je durch jene Erklärungen über die Art der Inspiration betören lassen, durch die sie schließlich ganz wegerklärt wird. Das Buch ist ein Werk Gottes, es ist vollkommen, es ist der höchste Gerichtshof, der Richter, der dem

Streit ein Ende macht. So wenig ich mir's einfallen lasse, meinen Schöpfer zu lästern, ebensowenig zweifle ich an der Unfehlbarkeit seines Worts.

Wir glauben auch ganz fest an die Lehre von der heiligen Dreieinigkeit. Wir können nicht erklären, wie der Vater, der Sohn und der Geist jeder selbständig und in sich vollkommen ist und wie doch diese drei eins sind, so daß nur ein Gott ist; aber wir glauben es in Wahrheit und wollen es predigen trotz Unitariern, Sozinianern, Sabellianern und andern Ketzern. Wir halten für immer fest an der Lehre von der Dreiheit in der Einheit.

Und, Brüder, wir wollen nicht in zweideutigem Ton predigen von der Versöhnung durch unsern Herrn Jesus Christus. Das Blut darf in unserer Predigt nicht fehlen, sonst fehlt auch das Leben; es gilt auch vom Evangelium: »Das Leben ist im Blut«. Die eigentliche Stellvertretung Christi, sein stellvertretendes Opfer für die Seinen, damit sie durch ihn leben – das müssen wir verkündigen bis zu unserem Tode.

Wir dürfen auch keinen Augenblick im Ungewissen sein über den herrlichen, gebenedeiten Geist Gottes – über sein Vorhandensein, seine Person, sein Wirken, die Notwendigkeit seines Einflusses, die Gewißheit, daß niemand ohne den Geist Gottes von neuem geboren werden kann. Daß wir durch ihn wiedergeboren werden, daß er in den Gläubigen wohnt, daß er alles Gute in ihnen schafft, daß er sie heiligt und erhält, daß sie ohne ihn gar nichts Gutes tun können – wir werden uns nicht scheuen, diese Wahrheiten zu verkündigen.

Die unbedingte Notwendigkeit der Wiedergeburt ist auch zweifellos gewiß. Wir dürfen nie unsere Gemeinden vergiften mit der Behauptung, daß eine sittliche Besserung genüge, sondern wir müssen ihnen wieder und wieder sagen: »Ihr müßt von neuem geboren werden.« Es geht uns nicht wie jenem schottischen Pfarrer, in dessen Kirche der alte John Macdonald eine Predigt für Sünder gehalten hatte, und der darauf sagte: »Das war eine recht gute Predigt, Herr Macdonald, aber hier war sie nicht am Platz, denn ich weiß von keinem unwiedergeborenen Menschen in meiner Gemeinde.« Nein, wir dürfen unseren Zuhörern nicht schmeicheln;

wir müssen ihnen immer wieder sagen, daß sie geborene Sünder sind und geborene Heilige werden müssen, sonst werden sie nie Gottes Angesicht schauen.

Wir dürfen nicht zurückhaltend sein über das schreckliche Übel, die Sünde. Wir müssen mit Betrübnis, aber sehr entschieden davon sprechen, und wenn auch einige sehr kluge Männer schwierige Fragen über die Hölle machen, so werden wir doch unentwegt die Schrecken des Allmächtigen und das Wort des Herrn verkündigen: »Sie werden in die ewige Pein gehen, die Gerechten aber in das ewige Leben.«

Von der herrlichen Wahrheit, daß die Seligkeit allein aus Gnaden ist, werden wir nicht mit unsicherer Stimme zeugen. Wenn wir selbst gerettet sind, so wissen wir, daß die allmächtige Gnade allein es vollbracht hat, und wir fühlen, daß es bei andern ebenso sein muß. Wir wollen im Leben und im Tod mit aller Macht rufen: Gnade, Gnade, Gnade!

Wir werden uns auch sehr entschieden über die Rechtfertigung durch den Glauben aussprechen, denn die Seligkeit ist nicht aus den Werken, auf daß sich nicht jemand rühme. Das Leben im Blick auf den Gekreuzigten sei unsere Botschaft. Der Glaube an den Erlöser ist die rettende Gnade, die in die Herzen aller unserer Zuhörer einzupflanzen wir den Herrn bitten wollen.

Und alles, was wir sonst nach der Schrift für wahr halten, wollen wir mit Entschiedenheit predigen. Noch unentschiedene oder verhältnismäßig unwichtige Fragen mögen wir mit einiger Zurückhaltung behandeln, aber die unbestreitbaren, wesentlichen, grundlegenden Lehrsätze müssen wir ohne Stammeln verkündigen und ohne die Leute zu fragen: »Was wollt ihr gerne hören?« Ja, und ohne den entschuldigenden Zusatz: »Das ist meine Ansicht, aber eine andere Ansicht hat vielleicht auch etwas für sich!« Wir wollen das Evangelium überhaupt nicht als unsere Ansicht predigen, sondern als Gottes Wort, als Gottes Zeugnis von seinem Sohn und als seinen Ratschluß für die Rettung der Verlorenen. Wenn wir das Evangelium zu machen hätten, so könnten wir es ja nach dem Geschmack unseres sittsamen Jahrhunderts zurechtschneiden, aber da wir es nicht zu machen, sonder nur zu wiederholen haben, dürfen wir nicht über das Gegebene hinausgehen. Was Gott uns gelehrt hat, das lehren wir, und wenn wir das nicht tun, so taugen wir nicht für unser Amt. Wer Gottes Wort hat, der verkünde es getreu und antworte den Widersprechern nur mit einem: »So spricht der Herr.« Dies also ist die Sache, in der wir entschieden sein müssen.

Wie sollen wir unsere Entschiedenheit zeigen? Die Beantwortung dieser Frage ist nicht schwer. Unsere Entschiedenheit zeigt sich von selbst. Wenn wir eine Wahrheit wirklich glauben, werden wir sie auch entschieden aussprechen.

Wir müssen aber unsere Entschiedenheit für die Wahrheit nicht nur im Reden, sondern vor allem im Handeln zeigen. Das Leben ist eine kräftigere Predigt als das Wort. Wenn man deinen Wert abschätzt, so wird man deine Taten als Goldstücke und deine Worte als Pfennige zählen. Wenn bei einem Prediger Lehre und Leben nicht übereinstimmen, so folgt die große Menge seinem Beispiel und gibt nichts auf die Predigt. Es kann einer die Wahrheit gut wissen und sie doch durch sein Zeugnis schädigen, weil er ihr durch sein Leben keine Ehre macht. Der Marktschreier, der ein unfehlbares Mittel gegen Schnupfen und Husten ausschreit, aber selber nach jedem Satz seiner Lobrede hustet und niest, ist ein treffendes Bild eines Pfarrers, der nicht heilig lebt. Der Satyr in Äsops Fabel ist zornig, und zwar mit Recht, über den Mann, der heiß und kalt aus einem Munde bläst. Ich weiß kein sichereres Mittel, um die Menschen gegen die Wahrheit einzunehmen, als wenn sie von Menschen zweifelhaften Rufs angepriesen wird. Als der Teufel zu unseres Herrn Zeit Prediger wurde, gebot ihm der Herr Schweigen; er wollte kein satanisches Lob. Wahrheit im Munde eines bösen Menschen ist wie Mehl in einem Kohlensack.

Bruder, wenn die Wahrheit in dir ist, wird sie aus deinem ganzen Wesen strömen wie der Duft aus jedem Zweig des Sandelholzbaumes; sie wird dich treiben wie der Passatwind die Schiffe, wenn er ihre Segel schwellt; sie wird durch ihre Kraft dein ganzes Wesen verzehren wie ein Waldbrand die Bäume. Die Wahrheit ist erst dann ganz dein, wenn sie ihr Siegel auf alle deine Taten gedrückt hat.

Meine Brüder, wenn wir mit dem Herrn Jesus Christus Gemeinschaft haben, so kann nichts unsern Glauben an die Grundlehren des Evangeliums erschüttern, und ebensowenig können wir unentschieden sein. Ein Blick auf das dornengekrönte Haupt und die durchbohrten Hände heilt sicher den modernen Zweifel und all seine Verirrungen. »Gott der Herr ist ein Fels ewiglich.« Wer sich auf ihn gründet, verabscheut den Flugsand. Als der berühmte amerikanische Prediger Summerfield auf dem Sterbebett lag, sagte er zu einem Freund: »Ich habe einen Blick in die Ewigkeit getan. O wenn ich wiederkommen und noch einmal predigen könnte, wie ganz anders wollte ich predigen!« Tut einen Blick in die Ewigkeit, meine Brüder. Denkt daran, wie Atheist*) den Pilgern Christ und Hoffnungsvoll begegnet und zu ihnen sagt: »Es gibt keine himmlische Stadt; ich bin weit gewandert und habe sie nicht gefunden«, und wie dann Christ zu seinem Genossen sagt: »Haben wir sie nicht von dem Berge aus gesehen, wo wir bei den Hirten waren?« Und wenn man sagt: »Es gibt keinen Christus – es ist keine Wahrheit in der Religion«, so antworten wir: »Saßen wir nicht mit Freude unter seinem Schatten? Ist seine Frucht nicht meinem Munde süß? Geht mit eurem Unglauben zu denen, die nicht wissen, an wen sie glauben. Wir haben das gute Wort des Lebens geschmeckt und betastet. Was wir gesehen und gehört haben, davon zeugen wir. Ob die Menschen unser Zeugnis annehmen oder nicht, wir müssen reden, denn wir reden, was wir wissen, und zeugen, was wir gesehen haben.« Das, meine Brüder, ist der sichere Weg zur Entschiedenheit.

Und nun endlich: *Warum müssen wir gerade in unserer Zeit entschieden und kühn sein?* Weil unsere Zeit eine Zeit des Zweifels ist. Sie wimmelt von Zweiflern, wie weiland Ägypten von Fröschen. Jedermann zweifelt an allem – nicht nur in der Religion, sondern auch in der Politik, in der Staatswirtschaft usw. Es ist auch eine Zeit des Fortschritts, und vielleicht lösen sich deshalb viele alte Bande. Nun, meine Brüder, wenn andere zweifeln, so wollen wir fest auftreten, denn wir sind sicher, daß wir auf der Wahrheit

*) In Bunyans Pilgerreise.

stehen. Wäre es eine Zeit der Frömmelei, und die Menschen wollten nichts lernen, dann möchten wir wohl eher den neuen Lehrern lauschen. Aber nun müssen wir auf der konservativen Seite stehen, oder vielmehr auf der radikalen, denn das ist die wirklich konservative. Wir müssen zurückgehen zu der Radix, der Wurzel der Wahrheit; wir müssen fest für das einstehen, was Gott offenbart hat, und so gegen die Unentschiedenheit unserer Zeit kämpfen. Arthur Mursell schildert unsere Zeit sehr treffend: »Gehe ich zu weit, wenn ich behaupte, daß das moderne Denken von der Bibel, dem Evangelium, dem Kreuz nichts mehr wissen will? Wir wollen sehen. Welcher Teil der Bibel wird nicht angegriffen? Die fünf Bücher Moses sind schon lange als unecht aus dem Kanon gestrichen. Was wir von der Schöpfung und der Sintflut lesen, gilt für eine Fabel. Und die Gesetze über die Landmarken, die doch Salomo selbst erwähnt, werden begraben oder beiseite gelegt. Verschiedene Männer greifen verschiedene Teile des Buches an, und verschiedene Systeme richten ihre Batterien des Vorurteils auf verschiedene Punkte, bis die Schrift in Fetzen gerissen und in alle Winde zerstreut, oder das große Lehrbuch des ewigen Lebens in ein dünnes Moralbuch zusammengedrängt ist. Es ist kaum ein prophetisches Buch, das diese modernen Weisheitslehrer nicht bekritteln wie einen Leihbibliothekroman. Jesaja wird nicht nur entzweigesägt, sondern gevierteilt und zerhackt. Der wehklagende Prophet wird in seinen eigenen Tränen ertränkt. Hesekiel wird unter seinen Rädern zermalmt, Daniel wird von den gelehrten Löwen leibhaftig verschlungen. Und jene tiefsinnigen Ungeheuer, die Jonas verschlingen, sind noch gefräßiger als der Fisch, denn sie speien ihren Raub nicht wieder aus. Die Geschichten und Begebenheiten der großen Chronika werden abgeleugnet, weil ein Schulmeister mit Tafel und Griffel die Zahlen nicht richtigstellen kann. Und jedes Wunder, das Gottes Macht vollbrachte, um seinem Volk zu helfen oder dessen Feinde zu vernichten, wird als eine Albernheit verschrien, weil die Professoren mit ihrem Beschwören nicht dasselbe tun können.

Und mit dem Neuen Testament gehen sie nicht besser um als mit dem Alten. Sie achten nicht auf die warnende Stimme, die ihnen zuruft: Ziehe deine Schuhe aus, die Stätte, auf der du stehst, ist heiliges Land. Wer aus Gründen der Pietät in dem geistlichen Raubzug innehält, wird unwissend und sklavisch gescholten. Man sagt uns, die Legenden unserer Kinderstube seien veraltet, und denkende Köpfe neigen sich weitherzigeren Anschauungen zu. So verhält es sich aber nicht, sondern einige denkende Männer, deren Denken aber vom Anfang bis zum Ende im Verneinen besteht und deren Geist an einer chronischen Verkrümmung leidet, so daß er die Form eines Fragezeichens hat, haben den Grund zu diesem System gelegt; diesen wenigen ehrlichen Zweiflern hat sich eine Schar von unruhigen Geistern zugesellt und diesen wieder eine Schar von Feinden des Schriftgeistes und der Schriftwahrheit. Sie bilden eine Partei und nennen sich die führenden Geister des Jahrhunderts. Ihre Anhänger bestehen aus solchen Menschen, die jede neue Mode nachäffen. Leute, die niemals von Strauß oder Baur oder Tübingen gehört haben, behaupten, unser Heiland sei ein wohlmeinender Mann gewesen, der sich aber oft geirrt und viele Fehler gemacht habe. Seine Wunder, wie sie die Evangelien erzählen, seien entweder natürlich zu erklären oder überhaupt nur in der Einbildung vorhanden. Die Auferweckung des Lazarus sei gar nicht geschehen, denn das Evangelium Johannes sei ja von Anfang bis zu Ende eine Fälschung. Die Lehre von der Versöhnung sei als blutig und ungerecht zu verabscheuen. Paulus sei ein gedankenarmer Fanatiker, und viele der ihm zugeschriebenen Schriften seien gar nicht von ihm verfaßt. So wird die Bibel von der Genesis bis zur Offenbarung vor dem Gerichtshof der Kritik abgeurteilt, bis nach der Ansicht derer, die sich die geistigen Führer nennen, der Glaube unserer Zeit nur noch einige vereinzelte Bruchstücke als inspiriert festhält.

Wir müssen entschieden sein. Was haben die Dissenters in der letzten Zeit getan? Sie haben versucht, Denker und große Redner zu werden. Das ist nicht das Wahre. Unsere jungen Geistlichen, dadurch geblendet, haben angefangen zu schreien wie wilde Esel, in der Meinung, man denke dann, sie kommen aus Jerusalem, oder sie hätten in Deutschland studiert. Aber man weiß jetzt, was an ihnen ist. Ein Mensch, der sich gebärdet, als wäre er besonders gescheit und gelehrt, wird jetzt von den wahren Christen verachtet. Einen guten alten Kirchenältesten kann man sagen hören: »Der Herr N. N., den wir hier hatten, ist ein gescheiter Mann, und er predigte wunderschön, aber die Gemeinde ging zurück, solange er hier war. Das nächste Mal wollen wir wieder einen Pfarrer alten Schlags, der etwas glaubt und darüber predigt, sonst bekommt unsere Gemeinde keinen Zuwachs.« Wollt ihr hinausgehen und den Leuten sagen, ihr könntet vielleicht predigen, aber ihr wüßtet nicht recht was; ihr wüßtet nicht ganz gewiß, ob das, was ihr predigt, auch wahr sei, aber bei eurer Berufung hättet ihr euch verpflichtet, so zu predigen, und deshalb tätet ihr es? Dann werdet ihr nur den Toren gefallen und eure ganze Wirksamkeit wird darin bestehen, daß ihr den Unglauben verbreitet. Wenn ein Prophet aufsteht, so muß er reden als von dem Herrn, und wenn er das nicht kann, so gehe er wieder heim. Meine Freunde, jetzt oder nie müßt ihr entschieden sein, denn der Strom der Zeit fließt in einer bestimmten Richtung. Die Anker sind gelichtet, und das Schiff fährt dem Untergang entgegen. Ich habe den Eindruck, daß es in südöstlicher Richtung treibt, und daß es sich dem Kap Vatikan nähert. Wenn es diese Richtung noch lange einhält, so wird es bald an dem römischen Riff scheitern. Wir müssen an Bord gehen, es an das vortreffliche Dampfschleppschiff der evangelischen Wahrheit befestigen und so wieder zurückführen. Könnten wir es doch um das Kap Calvin herum in die Bucht von Golgatha steuern und es in dem schönen Hafen dicht bei Vera Cruz, bei dem Kreuz, vor Anker legen! Gott gebe uns Gnade, daß wir es vollbringen. Wir müssen kräftig angreifen und recht viel Dampf entwickeln, damit wir gegen den Strom schiffen können; dann werden wir mit Gottes Hilfe nicht nur unsere Zeit, sondern auch die kommenden Geschlechter erretten.

17. Die Predigt im Freien

Es wäre leicht zu beweisen, daß zur Zeit religiöser Erweckungen viel im Freien oder an ungewöhnlichen Orten gepredigt wurde; oft waren diese Erweckungen die Folge solcher Predigten. Die ersten offenkundig protestantischen Predigten mußten im Freien oder in nichtkirchlichen Gebäuden stattfinden, denn die Kirchen waren in den Händen der Papisten. Wycliffe predigte allerdings eine Zeitlang in der Kirche von Lutterworth; Hus, Hieronymus und Savonarola hielten ihre erst halbevangelischen Predigten in ihren Kirchen, aber als sie das Evangelium besser kennen und verkündigen lernten, mußten sie sich eine andere Stätte suchen. Die noch junge Reformation war wie der neugeborene Heiland: sie hatte nicht, so sie ihr Haupt hinlegte; aber eine Schar von Männern, vergleichbar den himmlischen Heerscharen, verkündigte das Evangelium unter dem offenen Himmel, wo Hirten und arme Leute ihnen gern zuhörten. In England gibt es noch verschiedene Bäume, die Evangeliumseichen genannt werden. Ich selbst habe in Addlestone in Surrey unter den weitausgebreiteten Ästen einer alten Eiche gepredigt, unter der John Knox während seines Aufenthalts in England das Evangelium verkündigt haben soll. Manch öde Heide oder einsame Berghalde, manch verborgenes Plätzchen im Wald ist auf diese Art geweiht worden, und die Sage schwebt noch um allerlei Höhlen, Schluchten und Berggipfel, wo vor alters die Scharen der Gläubigen zusammenkamen, um das Wort des Herrn zu hören. Doch ließ sich die Stimme des Predigers nicht nur an einsamen Orten hören; es gibt kaum einen Marktplatz, wo nicht einmal ein Reiseprediger gestanden hätte. Solange Wycliffe lebte, durchreisten seine Sendboten das Land und predigten überall das Wort. Eine Parlamentsakte Richards II. (1382) erwähnt die Klagen der Geistlichen über diese nicht ordinierten Prediger, die im groben wollenen Gewand von Stadt zu Stadt zögen und nicht nur in Kirchen, sondern auch auf Kirchhöfen und Märkten predigten. Das Volk strömte herbei, um diese Boten des Kreuzes zu hören, und Krieger mischten sich unter die Menge, bereit, den Prediger zu verteidigen.

In Deutschland und andern Teilen des Festlands wurde die Reformation durch Predigten im Freien von großen Volksmengen sehr gefördert. Lutherische Prediger durchzogen das Land und verkündigten die neue Lehre auf Märkten und Kirchhöfen, auf Bergen und Wiesen. In Goslar predigte ein Wittenberger Student auf einer mit Linden bepflanzten Wiese, weshalb man seine Zuhörer die Lindenbrüder nannte. In Appenzell fand die Menge keinen Raum in den Kirchen, und die frohe Botschaft erschallte von Hügeln, Wiesen und Bergen.

In den Niederlanden wurde die erste Predigt im Freien am 14. Juni 1566 in der Nähe von Gent gehalten. Der Prediger, Hermann Modet, ein früherer Mönch, predigte damals vor 7000 Zuhörern. Die zweite Predigt fand am 23. Juli statt. Das Wort war damals kostbar im Land; das Volk dürstete danach und hatte sich bereitet, zwei Tage nacheinander auf der Wiese zu bleiben. Man hätte eher denken können, ein Kriegsheer habe da sein Lager aufgeschlagen als eine friedliche Menge, die das Wort Gottes hören wollte. Um die Gemeinde war ein Wall von Karren und Wagen; an den Eingängen standen Schildwachen. Auf einem Karren hatte man eine rohe Kanzel errichtet, und von hier aus predigte Modet. Die Zuhörer hatten ihre Piken, Beile und Flinten neben sich, damit sie sie auf ein Zeichen von den Schildwachen ergreifen konnten. Buden, wo man verbotene Bücher kaufen konnte, befanden sich an den Eingängen. Auf den Straßen, die ins Land hineinführten, waren Leute aufgestellt, die die Vorübergehenden einladen mußten, das Evangelium zu hören. Nach den Gottesdiensten zerstreuten sich die Zuhörer in andere Gegenden, wo sie sich in derselben Weise lagerten und ebensolange blieben. Auf diese Weise zogen sie durch das ganze westliche Flandern. Bei diesen Gottesdiensten sang man die ins Niederländische übersetzten Psalmen. Die Lieder des israelitischen Königs, von 5000–10 000 Sängern angestimmt, wurden durch den Wind weithin über Wälder und Wiesen getragen; der Pflüger in seiner Furche, der Wanderer auf dem Weg standen still und fragten sich, woher dieser Gesang komme. Der Gemeindegesang ist immer mit der Predigt des Evangeliums wieder erwacht.

Zu allen Zeiten hat Moody einen Sankey*) bei sich gehabt. Was wäre aus der Welt geworden, wenn niemals außerhalb der Mauern unter dem herrlichen Dach des Himmels gepredigt worden wäre? Es war ein glücklicher Tag für England, als Whitefield anfing, im Freien zu predigen. Wesley, den der Pfarrer des Orts nicht in die Kirche ließ, predigte in Epworth auf seines Vaters Grab. Er schreibt darüber: »Ich bin überzeugt, daß ich in meiner Gemeinde in Lincolnshire durch dreitägiges Predigen auf meines Vaters Grab viel mehr Segen gestiftet habe, als wenn ich drei Jahre in der Kirche gepredigt hätte.« Dasselbe gilt von allen folgenden Straßenpredigten im Vergleich zu denen in der Kirche. Whitefield machte man Schwierigkeiten wegen der Benutzung der Kirche. Da ging er zu den Kohlenarbeitern nach Kingswood. Von dem Hann-an-Hügel aus predigte er das erstemal über Matth. 5, 1–3 vor 200 Zuhörern. Er bemerkt in seinem Tagebuch: «Gott sei Dank, das Eis ist gebrochen, ich bin aufs Feld gegangen! Manche tadeln mich vielleicht, aber die Kanzeln sind mir versagt, und die armen Bergleute kommen um in ihrer Unwissenheit.« Am folgenden Tag schreibt er: »Alle Kirchtüren sind mir verschlossen, und wenn sie auch offen wären, könnten die Kirchen nicht die Hälfte der Zuhörer fassen; um drei Uhr nachmittags ging ich zu den Bergleuten in Kingswood, Gott schenkte uns einen schönen Tag, und beinahe 2000 waren versammelt. Ich predigte fast eine Stunde über Joh. 3, 3 und habe, wie ich hoffe, meine Zuhörer erbaut und getröstet.« Zwei Tage später predigte er an derselben Stelle vor 4000–5000. Zuletzt hatte er 20 000 Zuhörer. Er schreibt: »Da jene Bergleute keine eigene Gerechtigkeit hatten, der sie erst entsagen mußten, hörten sie gar gerne von Jesus, dem Freund der Zöllner, der gekommen ist, nicht die Gerechten, sondern die Sünder zur Buße zu rufen. Daß sie ergriffen waren, merkte ich zuerst an den weißen Rinnen, die die Tränen auf den schwarzen Wangen der eben aus dem Bergwerk gekommenen Arbeiter machten. Viele Hunderte wurden zur Buße und, wie sich nachher erwies, zu einer gründli-

*) Sankey war wohl der erste Evangeliumssänger; er begleitete den Evangelisten Moody.

chen Bekehrung gebracht. Die Veränderung war offenkundig, obgleich viele Menschen sich allem, nur nicht dem Finger Gottes zuschrieben. Die Sache war mir selbst ganz neu; ich hatte erst angefangen, in dieser Weise zu predigen, und mußte durch manchen innern Kampf gehen. Manchmal war mir's, wenn ich die 20 000 vor mir sah, als hätte ich weder zu Gott noch zu ihnen ein Wort zu sagen. Aber der Herr verließ mich nie ganz, und oft durfte ich in seliger Erfahrung sein Wort verstehen: ›Von des Leibe werden Ströme lebendigen Wassers fließen.‹ Der Himmel über mir, der Blick auf die grünen Fluren, die vielen Tausende, die da waren, manche im Wagen, manche zu Pferd, manche auf Bäumen, alle ergriffen und in Tränen gebadet, dazu oft noch das feierliche Dämmerlicht des hereinbrechenden Abends – es war fast zuviel für mich und überwältigte mich ganz.«

Die Straßenpredigt wurde aufs neue belebt durch die »primitiven Methodisten«,[*] die unter denselben Störungen und mit ähnlichem Erfolg predigten, wie 80–90 Jahre früher die Wesleyaner. Auch jetzt wurden Prediger und Zuhörer mit faulen Eiern (besonders Gänseeiern) beworfen. Oft hatte man auch ein Faß mit Teer oder Schmutzwasser aus der Pferdeschwemme bereit, und dazu kam die Musik von Pfeifen, Hörnern und Rätschen. Die Verfechter der Staatskirche sorgten auch den orthodoxen Angreifern für Freibier. So roh wurden die Prediger und ihre Jünger behandelt, daß die Gegner selbst oft das Mitleid ankam. Die Prediger hatten ja das Gesetz auf ihrer Seite, aber man wollte sie gern zum Schweigen bringen, und deshalb drückte die Obrigkeit ein Auge zu. Doch um Christi willen ließen sie sich gern als Landstreicher behandeln, und der Herr bekannte sich zu ihnen und mehrte ihre Anhänger. Noch bis vor kurzem haben diese aufopferungsvollen Brüder viel Feindschaft ausstehen müssen, aber die herrlichen Erfahrungen, die sie machten, ließen sie fortfahren im Straßensingen, in der Straßenpredigt und andern gesegneten Unordnungen, durch die Hunderte von Verirrten zu Jesus gebracht worden sind!

[*] Die »Primitive Methodist Connection« wurde im Jahre 1810 von Hugh Bourne gegründet.

In Schottland wurde um die Zeit der Kirchentrennung (1843), als die Freikirche noch keine eigenen Kirchen hatte, viel im Freien gepredigt. Näheres darüber findet man in dem Leben des Dr. Guthrie.

Ein Hauptvorzug der Predigt im Freien ist, daß da so viele das Evangelium hören, die es sonst niemals hören würden. Es heißt: »Gehet hin in alle Welt und prediget das Evangelium aller Kreatur«, aber dieses Gebot wird so wenig befolgt, daß man denken könnte, es heiße: »Gehe in deine eigene Kirche und predige das Evangelium den paar Kreaturen, die hereinkommen.« »Gehet hinaus auf die Landstraßen und an die Zäune, heißt es zwar in einem Gleichnis, aber man befolgt es auch seinem Sinne nach am besten, wenn man es wörtlich befolgt. Wir müssen wirklich auf die Straßen und Gassen und Landstraßen hinausgehen zu den Strolchen und Stromern und Landstreichern, an die wir nur gelangen können, wenn wir sie da aufsuchen, wo sie sich herumtreiben. Die Jäger bleiben nicht zu Hause und warten, bis ihnen die Vögel in die Stube fliegen; Fischer werfen ihre Netze nicht im Innern des Bootes aus; die Händler ziehen auf die Märkte, sie folgen ihren Kunden und laufen dem Geschäft nach, wenn es nicht zu ihnen läuft. So müssen wir's auch machen. So mancher Bruder predigt Jahr für Jahr unverdrossen den leeren Bänken, während er Hunderten zum Segen werden könnte, wenn er die alten Mauern für ein Weilchen verließe, um lebendige Bausteine für Jesus zu suchen.

Ich weiß, daß die Straßenpredigt in London für viele Leute gesegnet worden ist, die aus irgendeinem Grund in keine Kirche gehen konnten. So kenne ich z. B. einen polnischen Juden, der nach London kam, ohne ein Wort englisch zu können. Wenn er Sonntags durch die Straßen ging, fielen ihm die zahllosen Gruppen auf, die einem ernsten Redner zuhörten. Anfangs blieb er stehen, um etwas Englisch zu lernen, und mit der Zeit wurde er ein immer aufmerksamerer Zuhörer. Dieser echte Israelit hat allen Grund, die Straßenprediger zu rühmen. Niemand weiß, wie viele Fremdlinge schon durch dieses Werk Mitbürger der Heiligen und Glieder von Gottes Haus geworden sind. Bekehrungen von Katholiken sind nach meiner Erfahrung jetzt häufiger als vor zehn Jahren, und

138

das Werk der Gnade ist bei ihnen oft durch die Straßenpredigt angefangen worden. Auch viele Ungläubige unterwerfen sich dem Wort Gottes, das ihnen so entgegengebracht wird. Der Straßenprediger fesselt überdies die Aufmerksamkeit jener sonderbaren Käuze, denen der bloße Anblick einer Kirche zuwider ist, die aber gern einer Straßenpredigt zuhören und oft gerade, wenn sie spöttische Reden führen, recht ergriffen sind.

In den großen Städten gibt es auch immer Leute, die meinen, sie können ihrer schlechten Kleider wegen nicht in die Kirche gehen, und andere, die so schmutzig und übelriechend sind, daß auch der wärmste Menschenfreund und der feurigste Gleichheitsapostel sie sich gern zehn Schritte vom Leib hält. Andere gehen nicht in die Kirche, weil sie das Anhören einer Predigt für eine Art von Strafe halten. Ich weiß nicht, denken sie an die langweiligen Sonntage ihrer Kindheit oder an so manche traurige Predigt, die sie gehört haben – jedenfalls meinen sie, die Leute, die in die Kirche gehen, wollen dadurch schon hier die Strafe abbüßen, die ihnen sonst in jener Welt zukäme. Die Sonntagszeitung, die Pfeife und der Krug haben mehr Reiz für sie als all die Predigten der Bischöfe und Pfarrer der Staatskirchen und Freikirchen zusammen. Der Straßenprediger findet unter diesen Gliedern der unkirchlichen Partei manche köstliche Edelsteine, die einst des Erlösers Krone schmücken werden; es sind aber ungeschliffene Edelsteine, die von den vornehmeren Seelenfischern leicht übersehen werden.

In London predigt man oft in Zelten; sie sind als Notbehelf ganz recht; sie lassen sich leicht von einem Ort zum andern bringen und kosten nicht viel. Ich würde aber, wenn ich die Wahl hätte, viel lieber ganz ohne Dach predigen. Die Leinwand dämpft die Stimme so, daß das Sprechen furchtbar anstrengt. Auch ist die Luft schrecklich in einem Zelt.

Wenn ihr auf dem Land im Freien predigt, habt ihr vielleicht die Wahl zwischen verschiedenen Plätzen. Ein Grasplatz in der Nähe der Kirche ist sehr zweckmäßig, damit man hineingehen kann, wenn es anfängt zu regnen. Man kann auch gut auf dem Platz bei der Kirche eine Vorpredigt halten und dann die Leute in die Kirche führen, ehe sie wissen, was ihnen geschieht. Eine halbe Stunde

Predigt und Gesang vor dem eigentlichen Gottesdienst füllt oft die sonst leere Kirche.

Man hat mir einmal geraten, mich bei der Predigt immer so aufzustellen, daß ich eine Mauer hinter mir habe. Aber hütet euch vor dem, was hinter der Mauer ist! Ein Evangelist wurde einmal mit einem Topf heißen Wassers über eine Mauer weg begossen mit der freundlichen Bemerkung: »Das ist Suppe für Protestanten.« Gideon Ouseley stand einmal während der Predigt mit dem Rücken gegen die Mauer einer Tabakfabrik. Plötzlich öffnete sich ein Fenster und ein Eimer voll Tabakwasser – einer scharfen, für die Augen sehr unangenehmen Flüssigkeit – entleerte sich über ihn.

Wenn ich einen Platz wählen könnte, würde ich mich vor einer Anhöhe aufstellen oder vor einem freien Platz, der in einiger Entfernung durch eine Mauer begrenzt ist. Natürlich muß zwischen der Grenze und der Kanzel genügender Raum für die Zuhörer sein, aber es ist mir lieber, wenn ich ein Ende sehe und nicht in den unbegrenzten Raum hinausrufen muß. Einmal predigte ich in einem herrlichen Dom in Oxfordshire. Es war eine Lichtung in dem dichten Wald von Witchwood, ein viereckiger Platz, wo das Unterholz weggehauen war, während eine genügende Zahl von Eichen uns mit ihren Zweigen beschattete. Das war ein herrlicher Dom, ein Tempel, nicht mit Händen gemacht. Ich habe nie, weder in England noch auf dem Festland, eine steinerne Kirche gesehen, die dieser gleichkam. »Siehe, wir hören von ihr in Ephrata; wir haben sie gefunden auf dem Felde des Waldes.«*) O wie herrlich war es, fern von dem Lärm der Städte unter dem Himmelsgewölbe anzubeten, wo alles die Gemeinschaft mit Gott förderte. Ich bete gern, wie die alten Druiden, unter den Eichen. Eine Taube hatte über meinem Haupt ihr Nest gebaut, und sie flog während der Predigt hin und her, um ihre Jungen zu füttern. Und warum nicht? Wo konnte sie sich sicherer fühlen, als wo der Herr der Liebe, der Friedensfürst, angebetet wurde? Freilich ist mein Dom nicht wasserdicht, und es regnet manchmal nicht nur Gnade, sondern auch Wasser. Aber wir sind dann um so dankbarer für Sonnenschein, und gerade die

*) Psalm 132, 6.

Unsicherheit des Wetters treibt uns noch mehr ins Gebet.

Man muß natürlich den Platz für die Predigt sorgfältig auswählen. Er darf nicht sumpfig sein, besonders um der Zuhörer willen. Lieber unterzieht noch euch selbst einer Unannehmlichkeit als eure Zuhörer; euer Herr hätte es auch so gemacht. Selbst in den Straßen Londons hilft Rücksicht auf die Bequemlichkeit der Hörer sehr dazu, die Menge freundlich zu stimmen. Vermeidet die Nähe fortwährend rauschender Bäume (Pappeln). Erfahrene Prediger sorgen, daß die Sonne weder ihnen noch ihren Zuhörern ins Gesicht scheint. In London freilich sieht man sie so selten, daß man nicht mit ihr zu rechnen braucht. Versucht nicht, gegen den Wind zu predigen; das wäre eine vergebliche Mühe.

Auf dem Land findet sich leicht ein Predigtplatz: auf dem Markt, in einem Hof oder an der Ecke, wo die Faulenzer herumstehen. Während des Jahrmarkts ist der Stand des Marktschreiers am Sonntagabend eine prächtige Kanzel. Zur Zeit eines Volksfestes kann man sich einen Wagen auf der Dorfwiese zum Standort wählen. In London, überhaupt in großen Städten, ist es nicht so leicht, einen Platz zu finden. Das beste ist, wenn man einen noch nicht überbauten Bauplatz von dem Eigentümer erhalten kann, der sich dann mit geringen Kosten einzäunen läßt. Aber das ist nicht oft möglich, besonders nicht für Leute, die kein Geld haben. So muß man eben sehen, wo man an Straßenecken, auf Plätzen, in abgelegenen Winkeln eine ruhige Stelle findet. Die Orte, wo ich in London predigte, sind jetzt alle überbaut. Es war auch, wenn ich in London predigte, immer ein wirklich lebensgefährliches Gedränge. Da ich in meinem immer vollen Tabernakel so viele Zuhörer habe, wie ich mir wünsche, habe ich in London die Straßenpredigt aufgegeben und predige nur noch auf dem Land im Freien; aber Pfarrern, die eine kleine Kirche und eine spärliche Zuhörerschaft haben, wäre durch die Straßenpredigt zu helfen. Eine Kanzel braucht man auf der Straße nicht, ein Stuhl genügt. Je weniger Umstände, desto besser. Wenn ihr zuerst nur zu den paar Nächststehenden sprecht und gar nicht eigentlich predigt, ist's am besten. Es kommt mehr heraus, wenn ihr euch mit einem unterhaltet, als wenn ihr fünfzig vorpredigt. Hemmt nicht absichtlich den Verkehr, aber wenn das Gedränge größer wird, flieht auch nicht gleich erschreckt. Der Schutzmann wird euch bald genug sagen, daß ihr gehen müßt. Am meisten braucht man euch da, wo für den Verkehr keine Gefahr ist, wohl aber für euch selbst: In jenen Höfen und Sackgassen unserer großen Städte, die niemandem bekannt sind als der Polizei. Hier macht Entdeckungsreisen, was hier ebenso wichtig und schwierig ist wie in Innerafrika und am Nordpol. Helden des Kreuzes, hier ist ein Feld des Ruhms für euch! Wer hilft uns, diese Löcher und Höhlen für Jesus erobern? Wer anders als der Herr kann es tun? Ihr Krieger des Herrn, wenn ihr euch in diese Gegenden wagt, so müßt ihr euch darauf gefaßt machen, daß man wie in der guten alten Zeit mit Steinen nach euch wirft. Ich weiß auch, daß einmal aus einem oberen Fenster »zufällig« ein Blumentopf in merkwürdig schräger Richtung herabfiel. Doch wenn einem Menschen der Tod des Ertrinkens bestimmt ist, so wird er schwerlich von einem Blumentopf erschlagen werden.

Es freut mich, wenn ich manchmal höre, daß ein Bruder verhaftet worden ist. Wenn ein Diener des Evangeliums von einem Diener des Gesetzes abgeführt wird, so erregt das Teilnahme für ihn, und der nächste Schritt ist Teilnahme für seine Predigt. Viele, die nichts von ihm wollten, möchten ihn auf einmal gerne hören, wenn ihm Schweigen geboten wird, und noch lieber, wenn sie sehen, daß man ihn auf die Polizei führt. Die schlimmsten Menschen achten einen Mann, der ihnen zuliebe in Ungelegenheiten kommt, und wenn sie sehen, daß man ihn ungerecht behandelt, verteidigen sie ihn eifrig.

Natürlich muß eine Straßenpredigt anders geartet sein als eine Predigt in der Kirche. Nur ja nicht viele Worte machen; sag, was du zu sagen hast, und dann komm auf etwas anderes, sonst werden dir die Zuhörer bald die Meinung sagen. »Heda«, ruft so ein Straßenkritiker, »sag uns, was du weißt, Alter.« Oder: »Kommt's bald? Geh lieber heim und lern, was du noch nicht kannst.« Oft hört man die Ermahnung: »Mach's kurz, Alter.« (Ich wollte, man könnte diese Ermahnung auch an mancher heiligen Stätte geben, die durch langatmige Reden geweiht ist). Oft besteht das Urteil der Zuhörer auch nur darin, daß sie weitergehen. Es ist recht unangenehm, unter »fortlaufendem« Beifall zu predigen; aber es ist ein Beweis, daß dem Prediger die Gedanken auch fortgelaufen sind.

Der Straßenprediger muß immer lebhaft sein, viele Bilder und Geschichten bringen und hier und da eine schlagende Bemerkung einstreuen. Nur nicht lang bei einem Punkt verweilen. Der Gedankengang muß kurz und klar und der zweite Teil der Predigt muß vom ersten unabhängig sein; denn die Zuhörer wechseln fortwährend.

Also kurze Gedanken und kurze Sätze. Bei einer stillen, ländlichen Zuhörerschaft sind manchmal kurze Pausen, in denen die Leute aufatmen und sich besinnen können, sehr wirksam; aber das geht in London nicht. Mach vorwärts, oder ein anderer entführt dir deine Zuhörer. Für Leute, die immer in Bewegung sind und keineswegs nach einem Gottesdienst verlangen, paßt nur eine kurze, knappe, scharfe Ansprache, und ebenso müssen die Gedanken gedrängt und konzentriert sein. Es wäre sehr schlecht angebracht, wenn du anfingest: »Mein Text, meine lieben Freunde, ist eine Stelle aus dem Wort Gottes; er enthält äußerst wichtige Wahrheiten und gibt uns in der klarsten Weise überaus wertvolle, praktische Unterweisung. Ich bitte euch, seid recht aufmerksam, während wir die Stelle von verschiedenen Seiten und in verschiedenem Licht betrachten, damit wir sehen können, welchen Platz sie in der Analogie des Glaubens einnimmt« usw. Das ist ein Beispiel von Weitschweifigkeit, wie sie gegenwärtig Mode ist. Wenn ihr etwa an dem Obelisk der Blackfriarsstraße so anfingt, würde es bald heißen: »Vorwärts, alter Knabe«, oder »Ei, du meine Güte, wie vornehm!« und schließlich ruft jemand mit spöttischer Feierlichkeit: »Amen!« Gebt den Leuten Spreu, und sie geben euch ein volles, gerütteltes und geschütteltes Maß zurück. Wortschwall findet keine Gnade vor einer Straßenversammlung. Schaut den Leuten ins Gesicht, sagt ihnen keck und ernst und deutlich, aber mit Freundlichkeit, was ihr von ihnen wollt. Sprecht nicht über die Zeit hinaus, sonst werdet ihr allerlei nicht sehr Schmeichelhaftes zu hören bekommen. »O je«, sagt einer, »der sollte Leichenbitter werden, da täten die Leute heulen.« Dies galt einem Bruder, der sich durch eine Grabesstimme auszeichnete. »Hör, Alter«, sagt ein anderer, »geh und schmier deine Gurgel. Du mußt ganz trocken sein, du hast ja so lange drauf los gepaukt über gar nichts.« Von dem Bruder, auf den dies gemünzt war, hatte schon vorher jemand gemeint: »Der gäbe einen guten Märtyrer, er ist so trocken, daß er leicht brennt.« Es ist ja traurig, sehr traurig, daß die Leute so roh sind; aber einer oder der andere unter uns ist wohl ein bißchen boshaft und findet, daß sie mit ihren Grobheiten oft das Richtige treffen und »der Natur den Spiegel vorhalten«. Der beste Redner muß sich's oft gefallen lassen, zur Zielscheibe des Straßenwitzes zu werden und muß auch im Notfall mit gleicher Münze bezahlen können. Steifheit, geziertes, zimperliches Wesen, fromme Weitschweifigkeit und ein überlegener Ton fordern mit Recht solche Späße heraus. Einer, der sich selbst für einen großen Mann hält, reizt zum Widerspruch, und ebenso geht es dem, der übernatürliche Heiligkeit zur Schau trägt. Je weniger pfarrermäßig du auftrittst, um so leichter wirst du dir Gehör verschaffen und wenn man dich als Pfarrer erkennt, so gib dich nur möglichst menschlich. »Was kriegst du dafür, Alter?« fragt man gewiß, wenn man dich als Geistlichen erkennt; es ist deshalb gut, wenn du den Leuten gleich sagst, das sei eine freiwillige Arbeit, und es werde kein Geld gesammelt. »Gib uns lieber Brot oder einen Tropfen Bier, als die Traktate da«, hört man auch immer sagen; aber ein männliches Auftreten und die offene Erklärung, daß du keinen Lohn, sondern nur das Beste der Leute suchst, bringt diese abgedroschene Bemerkung zum Schweigen.

Es ist natürlich wünschenswert, daß man deine Predigt hört, aber fortwährendes Geschrei hat keinen Wert. Wenn du alles gleichmäßig herausbrüllst, kannst du ja die wichtigen Stellen gar nicht besonders betonen. Ein ruhiger, eindringlicher, im Gesprächston gehaltener Vortrag ist am wirksamsten. Man schreit und brüllt gewöhnlich nicht, wenn man recht dringend mahnen und bitten will; man braucht weniger Wind und mehr Regen, weniger Geschrei und mehr Tränen. Seid darum weise, ihr, die ihr eures Herrn Botschaft der Menge mit Erfolg verkündigen möchtet, und gebraucht eure Stimme so, wie es euch der gesunde Menschenverstand eingibt.

In einem Traktat, den die Gesellschaft für Mission im Freien herausgegeben hat, steht folgende Liste der Erfordernisse eines Straßenpredigers. Er muß haben: 1. eine gute Stimme; 2. ein natürliches Benehmen; 3. Selbstbeherrschung; 4. eine gute Kenntnis der Schrift und der alltäglichen Dinge; 5. die Fähigkeit, sich jeder Zuhörerschaft anzupassen; 6. die Fähigkeit, treffende Bilder zu gebrauchen; 7. Eifer, Klugheit und gesunden Menschenverstand; 8. ein weites, liebendes Herz; 9. er muß selbst von Herzen glauben, was er predigt; 10. er muß den Erfolg nur von dem Heiligen Geist erwarten; 11. er muß in steter Gebetsgemeinschaft mit Gott stehen; 12. sein Wandel vor den Menschen muß mit seiner Predigt übereinstimmen.

In den Straßen Londons muß man sich auf Störungen gefaßt machen. Die Feindschaft hat ihre Zeiten. Gewisse Klassen von Gegnern tauchen auf und unter, und ebenso wechseln Unordnung und Ruhe. Ihr könnt nicht immer versuchen, Ruhe zu stiften. Mit Betrunkenen läßt sich nicht streiten, auch nicht mit wütenden irischen Katholiken. Da ist nicht viel zu machen, außer wenn die Zuhörerschaft, was manchmal geschieht, dem Prediger hilft und den Störenfried wegschafft. Es gibt auch Leute, die zu den Straßenpredigten gehen, nur um zu stören. Bleib den Störern gegenüber immer höflich und ruhig; wirst du einmal zornig, so bist du verloren. Bleib auch immer bei der Sache, und laß dich nicht auf Seitenwege locken. Predige Christus oder nichts, streite auch nicht anders als das Auge aufs Kreuz gerichtet. Erzähle den Leuten die alte, alte Geschichte, und wenn sie die nicht hören wollen, so geh weiter. Doch sei auch klug, und fange die Menschen mit List. Suche das eine Ziel auf verschiedenen Wegen zu erreichen. Ein bißchen Mutterwitz tut oft Wunder, und nächst der Gnade Gottes wirkt Freundlichkeit am meisten. Ein Bekannter von mir bot einem zornigen Katholiken seinen Platz an und bat ihn zu predigen. Den Kameraden des Mannes gefiel der Spaß, und sie drängten ihn, es zu versuchen, er aber hatte keine Lust und drückte sich aus der Menge. Wenn ein Ungläubiger dich angreift, so vermeide Gegenrede, oder erwidere seine Fragen durch Gegenfragen, denn es ist nicht deine Aufgabe zu streiten, sondern das Evangelium zu predi-

145

gen. John MacGregor sagt: »Es gibt allerlei Zweifler. Manche fragen, um Antworten zu bekommen, andere, um den Prediger in Verlegenheit zu bringen. Als ich einmal im Hydepark predigte, sagte ein ehrlicher Zweifler zu mir: ›Schon seit zehn Jahren möchte ich glauben, aber ich komme über eine Schwierigkeit nicht weg: Es heißt, die Buchdruckerkunst sei vor noch nicht 500 Jahren erfunden worden, und doch soll die Bibel 5000 Jahre alt sein. Ich begreife ums Leben nicht, wie das zugehen soll.‹ – Die Umstehenden lachten ihn nicht aus; die meisten wußten über die Bibel ebensowenig wie er. Aber wie merkten sie auf, als ich ihnen eine halbe Stunde lang von den Bibelhandschriften, von ihrer Aufbewahrung, ihrer Übersetzung, den verschiedenen Lesarten usw. und von den überwältigenden Zeugnissen für ihre Wahrheit erzählte.«

Der Beruf eines Straßenpredigers ist ebenso ehrenvoll wie gefährlich, ebenso segensreich wie mühevoll. Gott allein kann euch die Kraft dazu geben, aber mit ihm habt ihr nichts zu fürchten. Wenn zehntausend Aufrührer vor euch stünden und in jedem eine Legion von Teufeln, so braucht ihr nicht zu zittern. Denn mehr ist er, der für euch ist, als alle die, die gegen euch sind.

18. Über Haltung und Gebärden

Wir sprechen jetzt *von der Haltung, den Gebärden und den Bewegungen beim Predigen.* Ich will keine scharfe Scheidelinie zwischen diesen drei Dingen ziehen, da sie sich nicht gut trennen lassen; sie gehen ineinander über.

Die Predigt selbst ist die Hauptsache; ihr Inhalt, ihr Zweck, der Geist, in dem sie gehalten wird, die heilige Salbung des Predigers, die göttliche Kraft, die dem Hörer die Wahrheit eindringlich macht – all das ist unendlich viel wichtiger als die Art des Vortrags. Doch – bei einer Bildsäule der Minerva muß auch die Sandale richtig gemeißelt sein, und im Dienste Gottes soll man selbst auf Kleinigkeiten heilige Sorgfalt verwenden. Das Leben besteht aus Kleinigkeiten, und oft hängt der Erfolg davon ab. Kleine Füchse verderben den Weinberg, darum wollen wir sie aus dem Predigtamt fernhalten. Ein sonst tüchtiger Pfarrer kann durch eine ungeschickte Haltung die Leute so gegen sich einnehmen, daß seine Wirksamkeit geschädigt wird; ein hervorragend begabter Mann bleibt vielleicht immer in der hintersten Reihe, bloß weil er schlechte Handbewegungen macht. Kleine Eigentümlichkeiten und Sonderbarkeiten in Haltung und Bewegung, über die sich gescheite Leute hinwegsetzen, werden von der großen Menge oft mehr beachtet als die Predigt, und Spötter achten überhaupt auf nichts anderes.

Es ist weniger wichtig, daß ihr euch richtige Gebärden an- als daß ihr euch falsche abgewöhnt. Besser, ihr seid unbeweglich wie eine Bildsäule, als ihr bewegt euch und seid dabei die verkörperte Lächerlichkeit. Es ist höchst selten, daß sich ein Mann aus den selbstmörderischen Schlingen böser Gewohnheit wieder herausarbeitet, wenn er einmal hineingeraten ist. Niemand macht ihn aufmerksam, und so ist er selbst ganz ahnungslos. Es ist mir nur merkwürdig, daß die Frauen solcher Unglücklichen ihnen nicht zu Hause ihre närrischen Fratzen nachmachen und sie durch Auslachen kurieren. Ich weiß von einem Bruder, der anfangs gern gehört wurde, aber infolge der Sonderbarkeiten, die er sich angewöhnte, allmählich seine Zuhörer verlor.

Manche Menschen sind von Natur ungeschickt in Haltung und Gebärden. Es kommt wohl oft von ihrer Herkunft und Erziehung her. Der Bauer ist schwerfällig in Gang und Haltung. Man sieht, daß sein gewöhnlicher Weg das gepflügte Feld ist. Manche Menschen haben etwas Bäurisches in ihrem Wesen, das nicht von ihnen weicht, und wenn man sie wie Grütze im Mörser zerstieße. Der Unteroffizier, der unsere Schulknaben einexerziert, ist eine gute Einrichtung, und die Eltern, die das für Zeitverschwendung halten, sind sehr im Irrtum. Durch Exerzieren bekommt der Körper Gewandtheit und eine stramme Haltung, die man selten auf andere Art erwirbt. Die Schultern werden hinuntergedrückt, die Arme schlenkern nicht mehr unnötig, die Brust weitet sich aus, der Mann weiß, was er mit seinen Händen anfangen soll, und er geht aufrecht, ohne daß man die Absicht merkt. Sehr geistliche Leute denken vielleicht, ich befasse mich mit unnötigem Zeug, das ist aber nicht der Fall. Hoffentlich ist die Zeit nicht mehr fern, wo man es für selbstverständlich hält, daß ein gebildeter Mann eine gute Haltung und gewandte Bewegungen hat.

Häßliche Gebärden werden manchmal verursacht durch eine schwache Stimme und eine dadurch erzeugte Aufregung. So war es bei dem seligen Dr. James Hamilton. Seine Predigten waren herrlich dem Inhalt nach, aber seine Gebärden waren höchst peinlich anzusehen. Er gab sich alle Mühe, über die Schwäche Herr zu werden, und nahm Unterricht bei verschiedenen Lehrern der Redekunst, aber es half nichts, da dem Übel ein organischer Fehler zugrunde lag. Wenn wir bei einem anderen einen solchen Fehler bemerken, so wollen wir ihn möglichst wenig beachten und den besonders hochstellen, der durch Fülle des Gedankens und Schönheit der Sprache den unvorteilhaften Eindruck seines äußeren Menschen vergessen macht, so daß der Geist über den Körper triumphiert. Wenn wir selbst aber einen solchen Fehler haben, müssen wir versuchen, ihn abzulegen. Das Beispiel von Edward Irving*) zeigt uns, wie viel man in diesem Punkt durch Übung lernen kann. Er war zuerst linkisch und unbeholfen, aber mit vieler Mühe brachte er es so weit, daß später die Wirkung seiner Beredsamkeit durch Haltung und Gebärden wesentlich erhöht wurde.

Manche Menschen werden aus Angst unbeholfen. Der Mann ist es nicht von Natur, es liegt auch nicht an der Kanzel, bloß seine Ängstlichkeit spielt ihm diesen Streich. Manche brauchen schon sehr viel Mut, um überhaupt vor eine Gemeinde zu treten, und das Sprechen wird ihnen zur Qual. Kein Wunder, daß ihre Haltung gezwungen ist, denn sie zucken und zittern am ganzen Körper. Vor allem wissen sie nicht, was sie mit ihren Händen anfangen sollen, und sie bewegen sie in einer unruhigen, unregelmäßigen, sinnlosen Weise; wenn man ihnen die Hände an die Seiten festschnürte, so würden sie das wie eine Befreiung empfinden. Ein Geistlicher der englischen Kirche, der das Herauslesen der Predigt verteidigt, gibt als einen Grund dafür an, daß ein ängstlicher Mann doch eine Beschäftigung für seine Hände hat, wenn er die Blätter

*) Stifter der Irvingianer, 1792–1834.

des Manuskripts umwenden muß. Es kann ja auch eine schlechte Gewohnheit eine gute Seite haben, die Ängstlichkeit aber muß man durch eine wirksamere Behandlung vertreiben. Der Prediger muß dem Übel zu Leibe gehen, nicht es vertuschen. Die Übung ist eine gute Arznei und der Glaube an Gott eine noch bessere. Wenn sich der Geistliche an seine Gemeinde gewöhnt hat, so steht er ruhig und natürlich auf der Kanzel, weil er sich auch ruhig fühlt; an seine Arme und Beine, überhaupt an seinen Körper denkt er gar nicht mehr; er geht mit ganzem Herzen ans Werk und nimmt die Stellung an, die einem Menschen, dem's ernst ist, die natürlichste und darum auch die passendste ist. Unstudierte Gebärden, an die man gar nicht denkt, sind die besten, und die höchste Kunst besteht darin, keiner Kunst mehr zu bedürfen.

Manche Seltsamkeiten der Stellungen und Gebärden entstehen, wenn einem das nächste Wort nicht einfällt. Von einem Geistlichen wird erzählt, daß er in einem solchen Fall ein paarmal ungeduldig am Hemdkragen zupfte und sich mit den Fingern ins Haar fuhr, bis es sich sträubte. Ein anderer kratzte sich mit dem rechten Goldfinger im linken Augenwinkel; wenn das nichts half, rieb er sich die Nase heftig mit dem Daumen. Als letztes Mittel spreizte er die Knie auseinander, so daß die Beine eine Ellipse bildeten, fuhr mit den Händen in die Tasche und bog den Oberkörper stark vorwärts. Dann mußte das Wort kommen. Man muß einem Menschen verzeihen, was er in der Todesangst tut, aber er soll lieber sorgen, daß er in keine solche Verlegenheit kommt, dann braucht er auch keine Fratzen zu machen.

Die Stellung des Predigers sei natürlich, aber es soll keine rohe, sondern eine schöne, gebildete Natürlichkeit sein. Er soll besonders die unnatürliche Haltung, bei der die Lunge und die Sprachorgane gedrückt werden, vermeiden. Sein gesunder Menschenverstand muß ihm sagen, daß er sich das Sprechen erschwert, wenn er sich über die Bibel oder das Lesepult beugt. Man mag sich ja gelegentlich einmal vorbeugen, als ob man vertraulich mit den zunächst der Kanzel Sitzenden spräche, aber für gewöhnlich ist diese Haltung schädlich und unschön. Wem fällt es ein, sich vorwärts zu neigen, wenn er im Zimmer spricht! Wie anstrengend wäre es, ein langes Gespräch zu führen, während man den Atmungsapparat an die Tischkante drückte! Stell dich aufrecht hin, tritt fest auf, und sprich wie ein Mann. Manche Redner machen den gegenteiligen Fehler: Sie werfen den Kopf zurück, als ob sie eine Handschrift an der Decke sähen. Auch das ist vom Übel und nur erlaubt, wenn einmal eine begeisterte Anrede es fordert. John Wesley sagt mit Recht: »Man soll den Kopf nicht zu hoch halten, nicht bäurisch vorstrecken, auch nicht auf die Brust herabhängen lassen. Man halte ihn bescheiden und anständig aufrecht, das ist seine natürliche Stellung. Er darf nicht unbeweglich sein wie bei einer Bildsäule, aber auch nicht fortwährend wackeln. Um beide Fehler zu vermeiden, wende man den Kopf sachte je nach Bedürfnus bald nach rechts, bald nach links, und zur Abwechslung blicke man geradeaus, nach der Mitte der Gemeinde.«

Wenden wir uns jetzt von der Stellung zu den *Gebärden*. Dies ist auch ein untergeordneter, doch wichtiger Punkt. Die Gebärden sollen erstens nie übertrieben sein. Wir können keine allgemeine Regel aufstellen, welche Gebärden übertrieben sind und welche nicht, denn was bei dem einen übertrieben ist, ist einfach und natürlich bei einem andern. Verschiedene Völker haben beim Sprechen verschiedene Bewegungen. Zwei Engländer sprechen ruhig und gemessen miteinander im Vergleich zu zwei Franzosen. Unsere gallischen Nachbarn sprechen mit dem ganzen Körper; sie zucken mit den Schultern, bewegen die Finger, haben überhaupt ein sehr lebhaftes Gebärdenspiel. Aus diesem Grund darf auch ein französischer Prediger lebhaftere Bewegungen machen. Wenn wir, ihr und ich, nach Pariser Art miteinander sprächen, so würde man uns auslachen, und ebenso ginge es uns, wenn wir auf der Kanzel heftig und aufgeregt wären. Wie mit den Volksstämmen, so ist es auch mit den einzelnen Menschen. Manche haben von Natur ein lebhafteres Gebärdenspiel als andere, und wenn es natürlich ist, so habe ich nichts daran auszusetzen.

Man kann sich sehr leicht durch Übertreibung lächerlich machen. Dr. Johnson verbietet das Agieren ganz; er meint, da keine Körperbewegungen der theologischen Wahrheit entsprächen, sehe er nicht ein, wie die Wahrheit dadurch bekräftigt werden könne. Die Ansicht des großen Schriftstellers ist allerdings unrichtig, aber immerhin ist's besser, ein Prediger bleibt ganz ruhig, als daß er übertriebene Gebärden macht. Als Nathan zu David kam, hat er gewiß sein Gleichnis ganz ruhig erzählt und bei den Worten »Du bist der Mann« den König sehr ernst angesehen. Jüngere Prediger meinen, der Prophet habe sich mitten ins Zimmer gestellt, den rechten Fuß vorgesetzt, mit dem Finger wie mit einer Pistole zwischen des Königs Augen gezielt, laut auf den Boden gestampft und geschrien: »Du bist der Mann!« Aber dann hätte der königliche Verbrecher nicht mehr an sich, sondern an den verrückten Propheten gedacht und hätte seine Leibwache gerufen, damit sie den Palast säubere. Dem Nathan war es viel zu ernst, um eine unanständige Heftigkeit zu zeigen. Eine tiefe Empfindung wirkt eher beruhigend als aufregend auf die Gebärden. Wenn einer in die Luft schlägt und schreit und tobt und stampft, so ist es ihm nicht ernst. Je ernster es einem ist, um so weniger rohe Heftigkeit zeigt er. John Wesley geht zu weit, wenn er dem Prediger verbietet, die Hände zusammenzuschlagen oder auf die Kanzel zu klopfen, aber er hat ganz recht, wenn er sagt: »Die Hände dürfen nicht in steter Bewegung sein.« Die Alten nannten dies »mit den Händen plappern«.

Nachahmende Gebärden darf man nur mit großer Vorsicht machen. Ein junger Pfarrer rief den Unbekehrten zu: »Ach, ihr verschließt eure Augen gegen das Licht! (er schloß die Augen). Ihr verstopft eure Ohren gegen die Wahrheit! (er steckte die Finger in die Ohren), und ihr wendet der Seligkeit den Rücken!« (und dabei drehte er der Gemeinde den Rücken zu.) Natürlich lachten die Leute.

Haltet in Beziehung auf Gebärden das richtige Maß ein, so daß sie gar keine Aufmerksamkeit erregen, weil sie einen untrennbaren Teil der Rede bilden und gar nicht abgesondert betrachtet werden können. Sobald die Gebärden Aufmerksamkeit erregen, ist das richtige Maß überschritten.

Die Gebärden müssen zweitens ausdrucksvoll und angemessen sein. Man kann durch Gebärden nicht so viel sagen wie durch die Sprache, aber manches kann man viel kräftiger dadurch ausdrükken. Wenn ich ärgerlich die Tür öffne und darauf deute, so ist das ganz so ausdrucksvoll, als ob ich sagte: »Geh hinaus!« Die Hand zurückzuziehen, wenn uns ein anderer die seine reichen will, zeigt sehr deutlich eine unfreundliche Gesinnung und erzeugt wahrscheinlich eine dauerndere Erbitterung als die schärfsten Worte. Der an die Lippen gelegte Finger sagte deutlich: »Schweige!« Kopfschütteln bedeutet Verneinung oder Mißbilligung, das Hinaufziehen der Augenbrauen Verwunderung. Jeder Teil des Gesichts hat seine eigene Sprache für Freude und Schmerz. Wie viel sagt ein Achselzucken, und welches Unheil hat es schon angerichtet! Da nun Haltung und Gebärden eine so mächtige Sprache reden, müssen wir sorgen, daß sie richtig reden. Wir dürfen nicht, wie jener Grieche »O Himmel!« rufen und dabei zur Erde deuten; nicht bei der Schilderung der Todesschwäche auf das Lesepult schlagen. Aufgeregte Redner schießen ihre Gebärden aufs Geratewohl los; sie schildern mit Händeringen die Seligkeit des Glaubens, sie halten sich krampfhaft an der Kanzelbrüstung, während sie die Gläubigen auffordern, die irdischen Dinge nicht festzuhalten. Selbst Brüder, die nicht mehr ängstlich sind, können oft noch nicht die Gebärden mit den Worten in Einklang bringen. Man kann sehen, wie einer gegen die Leute, die er trösten will, eine Faust macht. Hoffentlich ist keiner von euch so unverständig, daß er die Hände faltet, während er sagt: »Das Evangelium ist nicht nur für wenige bestimmt; es ist weitherzig. Es öffnet seine Arme für alle Stände und Völker!« Ebenso unrichtig wäre es, wenn einer seine Arme öffnete und dazu riefe: »Brüder, konzentriert eure Kräfte; sammelt sie, wie ein Feldherr seine Krieger um die Fahne des Königs sammelt!« Jede Gebärde am richtigen Ort! Ausbreitung kann man durch das Ausbreiten der Arme, Vereinigung auf einen Punkt durch Falten der Hände ausdrücken.

Gebärde und Stimme zusammen können oft geradezu das Gegenteil der Worte ausdrücken. Ein französischer Prediger sprach die schrecklichen Worte: »Gehet hin, ihr Verfluchten!« so süßlich, daß ein Schelm unter den Zuhörern zu seinem Kameraden sagte: »Komm her, Junge, laß dich umarmen; das hat der Pfarrer eigentlich sagen wollen.« Leider kommt so etwas ziemlich häufig vor. Wieviel Kraft kann die Sprache der Heiligen Schrift durch des Predigers Ungeschicklichkeit verlieren. Wie schrecklich die Worte sind, die der französische Prediger so schlecht vortrug, empfand ich vor einiger Zeit, als ich sie von einem Wahnsinnigen sprechen hörte, der sich für einen Propheten hielt und mich und meine Gemeinde verfluchen wollte. »Gehet hin, ihr Verfluchten!« ertönte von seinen Lippen wie Donnergrollen, und das letzte Wort, das der Wahnsinnige mit flammenden Augen und ausgestreckter Hand über die Gemeinde hindonnerte, schnitt förmlich in die Seele hinein. Manche Redner scheinen bei einem Boxer Unterricht gehabt zu haben. Während sie das Evangelium des Friedens predigen, zeigen sie ihre Fäuste so drohend, als wollten sie einen der Zuhörer zu einem »Gang« auffordern. Es ist wirklich lustig zu sehen, wenn einer in Fechterstellung sagt: »Kommt her zu mir« und dann, seine Fäuste anders haltend, hinzufügt »und ich will euch – Ruhe geben.« Solche unfreiwillige Komik ist von manchen Männern verübt worden, die die Gedanken ihrer Zuhörer in vollem Ernst auf Höheres lenken wollten.

Es wundert mich nicht, wenn ihr lacht. Es ist viel besser, ihr lacht hier herzlich über solche Dummheiten, als daß später eure Gemeinden darüber lachen. Was ich euch hier vormache, habe ich mir nicht ausgedacht; ich habe es selbst gesehen und werde es leider noch manchmal zu sehen bekommen. Wenn die ungeschickten Hände einmal zum Gehorsam gebracht sind, werden sie unsere besten Bundesgenossen. Wir können mit ihnen fast so gut sprechen wie mit der Zunge, und sie machen eine Art von stummer Musik, die den Reiz der Worte erhöht. Die großen Maler drücken durch die Stellung der Hände in Übereinstimmung mit der Gestalt jedes Gefühl aus. Unleugbar sind die Hände von Guido Renis Magdalenen sehr beredt, die auf Rafaels Cartons oder auf dem Abendmahl von Leonardo da Vinci sehr ausdrucksvoll. Sie sprechen auf diesen Bildern alles aus, was die Hand aussprechen kann. Quintilian sagt: »Alle andern Körperteile unterstützen den Redner, aber die Hände sprechen selbst. Mit Hilfe der Hände können wir fragen, versprechen, anrufen, wegschicken, drohen, bitten, uns entschuldigen; wir können Furcht, Freude, Schmerz, Zweifel, Zustimmung,

153

Reue ausdrücken; mit der Hand zeigen wir Mäßigung oder Über-fülle; an den Fingern merken wir uns Zahl und Zeit.«

Bei allen Gebärden spielt das Gesicht und besonders das Auge eine wichtige Rolle. Es ist schlimm, wenn ein Pfarrer seine Ge-meinde nicht ansehen kann. Wie sonderbar, wenn er Leuten zu-spricht, die er nicht sieht; wenn er die Sünder ermahnt, auf den Gekreuzigten zu blicken, und man sich fragen muß, wo denn die Sünder sind, denn des Predigers Augen blicken ins Buch oder nach der Decke, oder ins Leere. Es mag ja manchmal in der Predigt eine so erhabene Stelle kommen, daß der Prediger mit Recht den Blick zum Himmel erhebt, bei manchen Stellen ist es auch einerlei, wo die Augen hinschweifen; aber man muß die Menschen ansehen, die man ermahnt, sonst macht die Predigt viel weniger Eindruck.

Wer in Haltung und Gebärden vollkommen sein will, muß sei-nen ganzen Körper in der Gewalt haben, denn das einemal ist die Bewegung des Kopfes das richtige, das anderemal die der Hände und ein drittesmal die des Rumpfes. Quintilian sagt: »Die Seiten müssen auch teilhaben an den Gebärden; die Bewegung des Kör-pers gehört auch zu einem wirkungsvollen Vortrag, und zwar so sehr, daß Cicero meint, man könne durch Bewegungen des Kör-pers sogar mehr ausdrücken als durch die Hände. So sagt er in sei-nem Werk De Oratore: Keine unnatürlichen Fingerbewegungen begleiten den Rhythmus der Sprache. Der Redner erzeugt Gebär-den durch Bewegungen des ganzen Körpers und durch eine männ-liche Neigung der Seite.«

Ich könnte noch mehr Beispiele vorführen für das, was ich pas-sende Gebärden nenne, aber die gegebenen genügen. Die Gebärde muß dem Wort entsprechen; sie muß eine Art von fortlaufender, praktischer Erklärung des Gesprochenen sein.

Wir haben gesehen, daß die Gebärden nicht übertrieben und daß sie angemessen sein sollen. Nun kommt die 3. Regel: Gebärden dürfen nie komisch wirken. Dies ist so selbstverständlich, daß ich die Regel nicht besonders einzuschärfen brauche. Ich will euch nur einige abschreckende Beispiele vorführen.

Die erste Art von lächerlichen Gebärden könnte man die steife Art nennen. Männer, die sich solcher Gebärden schuldig machen,

154

scheinen einen unbiegsamen Körper und steife Gelenke zu haben. Die Arme und Beine bewegen sich, als ob sie in eisernen Angeln hingen und von sehr hartem Metall wären. Eine hölzerne Gliederpuppe, wie die Künstler sie brauchen, hat ungefähr solche Glieder, aber den gewaltsamen Ruck, mit dem der lebende Mensch ein Glied hebt und senkt, sieht man an der Puppe nicht. Die Bewegungen haben keine Rundung; alles ist eckig und maschinenmäßig. Wenn ich euch jetzt diese rechtwinkligen Stellungen vormachte, so könnte man denken, ich wolle einen oder den andern sehr tüchtigen schottischen Prediger lächerlich machen. Das kann ich diesen von mir sehr hochgeachteten Brüdern nicht antun, und ich darf deshalb nicht zu sehr ins einzelne gehen. Am Ende wissen aber jene guten Leute selbst, daß man die Beine eigentlich nicht stellen soll, als gehörten sie zu einem Wäscheständer oder zu einer riesigen Zange und daß die Arme nicht so steif sein sollen wie ein Schüreisen. Körperliche Übungen könnten gewiß dies Übel heilen, das manche Pfarrer zu wirklichen Mißgestalten macht. Auf der Plattform der Exeter-Halle liefern solche Unglückliche nicht nur Stoff für die Karikaturenzeichner, sondern leider lenken sie auch die Aufmerksamkeit der Hörer von den herrlichen Reden ab zu den entsetzlichen Bewegungen. Ich hörte einmal mehrere Bemerkungen über des Predigers ungeschickte Haltung und nur wenige Lobsprüche über die vortreffliche Predigt. »Die Zuhörer sollten nicht auf solche äußeren Dinge achten«, sagt unser Freund Philo; aber die Zuhörer tun es eben doch, ob sie sollen oder nicht, und darum ist es besser, man gibt ihnen keinen Anlaß dazu.

Verwandt mit den eben besprochenen steifen Bewegungen sind die regelmäßigen und mechanischen. Hinter dem Tabernakel ist auf einem Haus eine Wetterfahne in Gestalt eines kleinen Soldaten, der mit ziemlich wichtiger Miene bald den einen, bald den andern Arm bewegt. Ich muß oft darüber lächeln, weil der Soldat mich unwiderstehlich an jemand erinnert, der die Arme abwechselnd mit einem Ruck bewegt, oder auch den einen ruhen läßt und mit dem anderen so unaufhörlich auf- und abfährt, als würde er durch den Wind oder ein Uhrwerk bewegt. Auf und ab, auf und ab geht die Hand, niemals nach rechts oder links, der Besitzer der

Hand hat jede andere Bewegung verschworen, außer diesem einförmigen Auf und Ab. Eine Bewegung mag an sich ganz passend sein, aber sie wird unerträglich, wenn sie gleichmäßig, ohne Abwechslung fortgeht.

Ungefähr dasselbe gilt von den zahlreichen Hämmerern, die unter uns arbeiten und die mit Gewalt schlagen und klopfen, zum Verderben der Bibeln und zum Austäuben des Kanzelkissens. Ihre einzige Bewegung ist hämmern, hämmern, hämmern ohne Sinn und Verstand, mag ihr Thema heiter oder rührend sein. Den lieblichen Einfluß der Gestirne, das sanfte Locken der Liebe illustrieren sie durch Faustschläge; die Schönheit und Zartheit ihres Themas suchen sie dir durch Schläge ihres unermüdlichen Hammers begreiflich zu machen. Und wenn das Hämmern wenigstens immer von Herzen ginge! Einen ordentlichen Lärm hört man ja ganz gern und wenn einmal gehämmert sein muß, so soll es wenigstens recht lebhaft und feurig geschehen. Aber wenn einer dabei ganz kühl und ungerührt bleibt und nur hämmert, weil es einmal so seine Art ist, dann wird die Sache unerträglich. Es gibt doch bessere Mittel, um »schlagend« zu predigen, als indem man jeden Pfarrer nachahmt, von dem sein Vorsänger sagte, er habe schon aus einer Bibel das Innere herausgeschlagen und mit der zweiten sei er auch bald so weit.

Doch all das Zucken, Sägen, Pumpen, Hämmern wäre erträglich oder sogar passend, wenn man damit abwechselte; nur die fortwährende Wiederholung derselben Bewegung ist langweilig und sinnlos. Die kopfnickenden Chinesen in den Teeläden und die Wachsfiguren, die sich im Schaufenster eines Friseurs immer gleichmäßig drehen, sind keine würdigen Vorbilder für Männer, die den Beruf haben, ihre Mitmenschen für die Gnade und die Tugend zu gewinnen. Ihr müßt so wahr, so echt, so im tiefsten Grunde ernst und aufrichtig sein, daß euch bloß maschinenhafte Bewegungen unmöglich sind. Euer ganzes Wesen muß Leben, Energie, Geist und Feuereifer atmen.

Sehr komisch wirken die anstrengenden Gebärden. Wenn manche unserer Brüder keinen großen Eindruck machen, so kommt das gewiß nicht vom Mangel an körperlicher Anstrengung her.

Wenn sie die Rednerbühne besteigen, so wollen sie sich gewaltig anstrengen, und bald fangen sie an zu pusten und zu keuchen, als ob sie im Tagelohn arbeiteten. Wenn sie die Predigt beginnen, so geschieht's mit dem Vorsatz, sich hindurchzukämpfen und alles vor sich niederzuwerfen. Bei ihnen leidet das Himmelreich Gewalt nicht nur im biblischen Sinn. »Wie geht's mit eurem neuen Pfarrer?« fragte jemand einen Landmann. »O ganz gut«, sagte der Mann, »er geht auf die Sünde los, als wollte er einen Ochsen niederschlagen.«

Diese Anklänge an einen früheren Beruf sind nie sehr schlimm und jedenfalls viel besser als die unverzeihliche Unbeholfenheit mancher Herren, die von Jugend auf in den Hallen der Wissenschaft geweilt haben. Sie strengen sich oft ebenso sehr an, aber man denkt dabei an keine nützliche Beschäftigung. Sie schlagen die Luft und mühen sich ab mit dem Nichtstun. Leute, die studiert haben, machen meistens viel häßlichere Bewegungen als gewöhnliche Leute. Vielleicht hat die Bildung ihnen die Sicherheit geraubt, so daß sie erst recht aufgeregt und unbeholfen sind.

Manche Redner tun, als klopften sie Teppiche oder spalteten Holz, oder hackten Fleisch oder formten Butter, oder als führen sie den Leuten mit den Fingern in die Augen. Könnten sie sich doch sehen, wie andere sie sehen! Dann würden sie aufhören, dem Publikum so vorzuspielen, und würden ihre Körperübungen für andere Gelegenheiten aufsparen. Übrigens sind mir kräftige und selbst anstrengende Gebärden immer noch lieber als das sichere, vornehme Gebahren mancher selbstzufriedenen Redner. Einer reibt sich äußerst befriedigt die Hände und sagt die ärgsten Gemeinplätze mit der Miene eines Mannes, der Robert Hall und Chalmers übertrifft. Ein anderer hält inne und schaut sich würdevoll um, als ob er einer hochbeglückten Zuhörerschaft unschätzbare Weisheit verkündigte. Es ist nichts als Schuljungengerede; aber die würdevolle Miene, die gebieterische Stellung, sogar der Klang der Stimme zeigen, wie zufrieden der Mann mit sich ist. Das ist kein Predigen mit Anstrengung, sondern das gerade Gegenteil und verdient viel mehr Tadel. Auf dumme Leute macht es Eindruck; sie denken, ein Mann, der so großartig auftritt, müsse auch etwas Rechtes zu sagen haben; aber vernünftige Leute finden diese Vornehmtuerei anfangs komisch und später unausstehlich. In unserem Seminar kann sich ein solch aufgeblasenes Wesen nicht lange halten; denn unsere Zöglinge bestreben sich mit liebenswürdigem Eifer, einen ihrer Brüder aus solcher Gefahr zu retten. Gar manchem Prediger täte die aufrichtige und unbarmherzige Kritik gut, die die aufkeimenden Redner von euch erleiden. Ich wünschte, daß jeder Prediger, der kein solch lehrreiches Märtyrertum erduldet hat, einen aufrichtigen Freund fände, der ihn auf alle seine Sonderbarkeiten aufmerksam machte.

Nun kommen wir noch an die verspäteten Gebärden. Da halten die Hände nicht Takt mit den Lippen, sondern kommen etwas hinterher. Der Prediger scheint ganz ohne Sinn zu hacken und zu klopfen, aber endlich merkst du, daß die Gebärde, die er eben macht, genau zu den Worten paßt, die er vor ein paar Augenblikken gesagt hat. Wenn du die Sache nicht verstehst, weißt du nicht, was daraus zu machen ist, und wenn du sie verstehst, ist sie nicht weniger lächerlich. Es gibt auch Stellungen und Bewegungen, die nicht nur lächerlich, sondern – milde ausgedrückt – entschieden häßlich sind. Um sie auszuführen, braucht der Mann eine Plattform, denn in einer Kanzel versteckt kann er sich nicht so gründlich lächerlich machen. Ein paar Brüder haben auf meiner Plattform das hübsche Stück aufgeführt, daß sie das Geländer faßten und sich immer weiter hinunterfallen ließen, bis sie fast auf dem Boden saßen. Wie viel besser wäre es, wenn von ihnen gälte, was von dem berühmten Wesleyaner Richard Watson gesagt wird: »Er stand vollkommen aufrecht und war ganz ruhig, außer daß er die rechte Hand leicht bewegte und zuweilen den Kopf bedeutungsvoll schüttelte.«

Da ich gern möglichst viele häßliche Gewohnheiten ausrotten möchte, will ich noch einige weniger häufige aufzählen. Ich kannte einen sehr tüchtigen Pfarrer, der in seine linke Hand hineinsah, während er daraus mit der rechten seine Gedanken herauszuklauben schien. Einteilungen, Beispiele, kräftige Stellen schienen auf der flachen Hand zu wachsen wie Blumen und er schien sie sorgfältig, eine nach der andern, mit der Wurzel herauszuziehen und der

Gemeinde zu zeigen. Der Inhalt der Predigten war sehr bedeutend, so daß die keineswegs anmutigen Gebärden in diesem Fall wenig schadeten.

Ein Prediger nicht gewöhnlichen Schlags pflegte sich mit der Faust leicht an die Stirn zu klopfen, als ob er die Gedanken aufwekken müßte, was entschieden mehr sonderbar als bedeutend aussah.

Eine possierliche Gebärde besteht auch darin, daß man mit dem rechten Zeigefinger die linke Hand so berührt, als wollte man ein Loch hineinbohren, oder daß man mit besagtem Zeigefinger in die Luft sticht. Mit der Hand über die Stirn zu fahren, wenn man das Wort für einen Gedanken nicht gleich findet, ist eine sehr natürliche Bewegung; den Kopf zu kratzen mag zwar ebenso natürlich sein, ist aber keineswegs ebenso empfehlenswert.

Manche Brüder bekräftigen ihre Worte mit der ausgebreiteten Hand, die sie taktmäßig mit jedem Satz auf und ab bewegen. Diese Gebärde ist, mäßig verwendet, recht gut, aber sie kann auch recht ungeschickt ausfallen. Wenn der eifrige Redner die Hand sehr oft in der genannten Weise bewegt, so kommt er in Gefahr, das zu tun, was man in gewöhnlicher Sprache »eine lange Nase machen« nennt. Manche Männer verüben dies unwissentlich ein dutzendmal während der Predigt.

Ihr lacht über die Bilder, die ich euch zu eurer Erbauung vorgemacht habe. Sorgt, daß man euch nicht auslachen muß, weil ihr selbst solche oder ähnliche Dummheiten macht.

Meine letzte Mahnung, die alle andern in sich schließt, ist die: seid natürlich in euren Gebärden. Scheut selbst den Schein einer eingeübten Gebärde. Die Kunst ist kalt, nur die Natur ist warm. Die bewahre euch vor allem Schein. Seid wahr in jeder Gebärde und an jedem Ort, selbst auf die Gefahr hin, daß man euch für derb und ungebildet halte. Die Art eures Auftretens sei immer eure eigene Art; sie darf nie eine feine Lüge sein. Das Nachäffen der Vornehmheit, das Erheucheln der Leidenschaft oder der Rührung, das Nachahmen der Vortragsweise eines andern – was ist all das anders als eine Lüge mit der Tat?

Zum Schluß: Laßt nicht die Erinnerung an meine Kritik lächerlicher Stellungen und Bewegungen euch auf die Kanzel verfolgen; lieber verübt alle diese getadelten Dinge, als daß die Angst euer Benehmen gezwungen und unbeholfen mache. Geht frisch drauf los, ob ihr Dummheiten macht oder nicht. Lieber etwas Ungeschicktes machen als ängstlich sein. Etwas, das dir bei einem andern unnatürlich scheint, paßt vielleicht für dich selbst ganz gut; darum laß keines Mannes Urteil für alle Fälle oder für dich *unbedingt* gelten.

Wenn du auch häßlich und unbeholfen wärest, gib dich doch, wie du bist. Deine eigenen Kleider, auch wenn sie zu Hause gewebt sind, stehen dir besser als die eines andern, wären diese auch vom feinsten Tuch. Kleide dich meinethalben wie dein Lehrer, aber entlehne nicht seinen Rock, sondern begnüge dich mit deinem eigenen. Vor allem, sei so voll von Inhalt, so feurig, so liebreich, daß die Leute nicht danach fragen, wie du ihnen das Wort austeilst. Wenn sie sehen, daß es frisch vom Himmel kommt, daß es lieblich und reichlich ist, so wird's ihnen einerlei sein, in was für einem Korb du es bringst. Laß sie meinethalben sagen, deine leibliche Erscheinung sei gering, aber bete, daß sie bekennen mögen, dein Zeugnis sei gewichtig und gewaltig. Beweise dich vor Gott an jedermanns Gewissen, dann wird man nach der Minze und dem Kümmel der Stellungen und Gebärden nicht viel fragen.

19. Über Ernst und Eifer im geistlichen Amt

Wenn man mich fragt: Was bedarf ein christlicher Prediger am meisten, wenn er für Christus Seelen gewinnen will? so antworte ich: *Ernst und Eifer;* und wenn man mich zum zweiten- und drittenmal fragte, so würde ich dieselbe Antwort geben, denn nach meiner Beobachtung steht der wirkliche Erfolg im Verhältnis zu dem Eifer und Ernst des Predigers. Großen und kleinen Männern gelingt es, wenn sie recht in Gott leben, und es mißlingt ihnen, wenn sie ohne ihn leben. Ich kenne hervorragende, berühmte Männer, die eine zahlreiche Zuhörerschaft haben und sehr bewundert werden, die aber so wenige Seelen gewinnen, daß sie eigentlich ebensogut anatomische Vorlesungen oder politische Reden halten könnten. Und ich kenne ebenso begabte Männer, die im Werk der Bekehrung so viel leisten, daß offenbar ihre großen Gaben kein Hindernis, sondern im Gegenteil eine Förderung sind. Denn durch den kräftigen und frommen Gebrauch ihrer Gaben und durch die Salbung des Heiligen Geistes haben sie viele zur Gerechtigkeit geführt. Ich kenne schwachbegabte Brüder, die für die Kirche eine schreckliche Last sind und die in ihrem Kreis ebenso wenig nützen wie ein Blinder auf einer Sternwarte, und andererseits Männer von ebenso geringen Fähigkeiten, die mächtige Jäger vor dem Herrn sind und durch ihren heiligen Eifer viele Seelen für den Heiland erjagen. Mac Cheynes Bemerkung gefällt mir sehr gut: »Gott segnet weniger große Gaben als große Christusähnlichkeit.« In vielen Fällen ist der Erfolg eines Predigers fast ganz seinem brennenden Eifer, seiner verzehrenden Leidenschaft für die Seelen und seiner feurigen Begeisterung für Gottes Sache zuzuschreiben, und jedenfalls wird er um so viel mehr Erfolg haben, je mehr sein Herz von heiliger Liebe entzündet ist. »Welcher Gott mit Feuer antworten wird, der sei Gott«; und der Mann, der eine feurige Zunge hat, der sei Gottes Diener.

Brüder, ihr und ich, wir müssen in unserem Beruf als Prediger immer recht eifrig sein. Wir müssen nach der allerhöchsten Vortrefflichkeit streben. Die Kanzel ist das Thermopylä der Christenheit; da wird die Schlacht verloren oder gewonnen. Für uns Pfarrer muß die Erhaltung unserer Wirksamkeit als Prediger das allerwichtigste sein. Auf der Kanzel, unserer geistlichen Warte, müssen Geist und Herz munter und frisch Wache stehen. Daß wir fleißige Pfarrer sind, genügt nicht, wir müssen eifrige Prediger sein. Manche Unterlassungssünde in der Seelsorge wird uns verziehen, wenn wir unsere Gemeinde am Sonntag wirklich speisen. Aber speisen müssen wir sie, nichts anderes kann das ersetzen. Untüchtigkeit im Predigen ist meistens der Grund, wenn es mit der Wirksamkeit eines Pfarrers den Krebsgang geht. Die Hauptaufgabe eines Kapitäns ist, sein Schiff zu lenken, wenn er das nicht versteht, so hilft ihm alles andere nichts; so müssen wir vor allem andern für die Kanzel sorgen, oder es geht alles schief. Hunde streiten sich oft, weil sie nicht genug zu fressen haben, und in den Gemeinden gibt es manchen Streit, weil die Glieder nicht genug geistliche Nahrung finden, um glücklich und friedlich zu sein. Der vorgebliche Grund der Unzufriedenheit mag ein anderer sein, aber in neun Fällen von zehn sind die ungenügenden Rationen schuld an der Meuterei in der Kirche. Nach einer kräftigen Mahlzeit sind die Menschen guter Laune. Wenn unsere Zuhörer in Gottes Haus die rechte Nahrung erhalten, so vergessen sie über den Freuden des Mahls ihre Beschwerden, aber wenn wir sie hungrig wegschicken, sind sie so reizbar wie ein Bär, dem man die Jungen geraubt hat.

Wenn wir segensreich wirken wollen, so muß unser Eifer während der Predigt recht feurig sein. Cecil sagt mit Recht, das Wesen eines Predigers wirke oft mehr als die Predigt selbst. Man darf nicht mit gleichgültiger, gelangweilter Miene auf die Kanzel gehen und sich auf das Kissen lehnen wie auf ein Ruhepolster. Wenn wir vor der Gemeinde aufstehen und Gemeinplätze verkündigen, die uns nichts gekostet haben, als ob für eine Predigt alles gut genug wäre, so ist das eine Schmach für unser Amt und eine Sünde gegen Gott. Wir müssen auch um unser selbst willen eifrig sein, sonst werden wir nicht lange eine führende Stellung in der Gemeinde behalten. Ferner müssen wir eifrig sein um unserer bekehrten Gemeindeglieder willen, denn wenn wir es nicht sind, sind sie's auch nicht. Das Wasser fließt nicht bergan, und so strömt auch schwerlich der Eifer von den Kirchenstühlen zu der Kanzel hinauf, sondern er muß von ihr hinabströmen. Wir müssen recht feurig sein, wenn wir mit Gottes Hilfe unsere Zuhörer inbrünstig machen wollen. Sie haben während der Woche sehr viel zu tun; viele haben Familienkreuz und schwere persönliche Lasten zu tragen, und sie kommen kalt, matt und zerstreut in die Kirche. Wir müssen diese zerstreuten Gedanken sammeln, sie in dem Ofen unseres Eifers durch heilige Betrachtung und inniges Gebet schmelzen und in die Form der Wahrheit gießen. Ein Pfarrer ist wie ein Schmied, der nichts tun kann, wenn sein Feuer aus ist. Wenn alle andern Lichter verlöscht sind, muß die Lampe im Heiligtum noch hell brennen. Wir müssen die Gemeinde als das Holz und das Opfer betrachten, das durch die Sorgen der Woche ein-, zwei- und dreimal benetzt ist, und müssen dann gleich dem Propheten das Feuer vom Himmel herabbeten. Ein matter Pfarrer macht eine matte Gemeinde. Den Gemeindegliedern kann man nicht zumuten, mit Dampf zu reisen, wenn ihr eigener, erwählter Pfarrer noch die altmodische Kutsche benutzt. Wir sollten alle wie jener Reformator sein, der geschildert ist als »*vividus vultus, vividi oculi, vividae manus, denique omnia vivida*«.

Wir müssen auch eifrig für die Nachwirkung der Predigt sorgen. Gott läßt die, die ihr besätes Feld nicht bewachen und begießen, keine Seelen ernten. Dr. Watts sagt: »Sehet sorgfältig danach, was eure Predigt gewirkt hat. Begießt die Saat nicht nur durch öffentliches Gebet, sondern auch durch Gebet im Kämmerlein. Seid nicht wie der dumme Vogel Strauß, der seine Eier in den Staub legt und dann fortläuft und sich nicht darum bekümmert, ob sie auskriechen oder nicht (Hiob 39, 14–17). Gott hat ihm keinen Verstand gegeben, aber ihr dürft seine Torheit nicht nachahmen. Arbeitet, wachet, betet, damit eure Predigten Worte göttlichen Lebens für die Seelen werden mögen.« Baxter sagt, nach seiner Erfahrung haben auch hochbegabte und geistreiche Männer, hervorragende und sogar sehr fromme Prediger keinen nennenswerten Erfolg, wenn sie nicht die durch ihre Predigten gemachten Eindrücke nachher sorgfältig pflegen. Es ist ein großer und schrecklicher Gedanke, daß durch unsere Predigt Seelen gerettet, aber infolge unserer Nachlässigkeit Seelen verdammt werden können. Laßt uns das nie vergessen. Wir sind wie Hesekiel Wächter im Hause Israel; wenn wir vor der drohenden Gefahr nicht warnen, so kommen viele Seelen durch unsere Fahrlässigkeit um; aber ihr Blut wird schrecklich von uns gefordert werden (Hes. 3, 17).

Oft erlahmt der Eifer, wenn man nicht genug studiert. Wenn wir uns nicht recht mit dem Wort Gottes beschäftigen, so predigen wir nicht mit dem Feuer und der Gnade dessen, der sich selbst von der Wahrheit nährt, die er vorträgt. Brüder, versäumt eure geistlichen Mahlzeiten nicht, sonst verliert ihr Kraft und Mut. Die Lehre von der Gnade ist kräftige Nahrung; wenn ihr davon lebt, werdet ihr die, die sich von der Leckerei der modernen Theologie nähren, überleben und übertreffen.

163

Eure Studien können freilich auch euren Eifer dämpfen. Man kann ja das Gehirn auf Kosten des Herzens nähren, und mancher hat sich in seinem Streben nach Gelehrsamkeit mehr zum Literaten als zum Prediger ausgebildet. Ein origineller Evangelist pflegte zu sagen, Christus sei am Kreuz unter dem Lateinischen, Griechischen und Hebräischen gehangen. So sollte es nicht sein; aber es kommt manchmal vor, daß der Student, der im Seminar Brennstoff sammelt, eben dort das Feuer verliert, mit dem er ihn anzünden sollte. Es wäre eine ewige Schande, wenn wir unser Feuer unter den Reisigbündeln erstickten, mit denen wir es schüren sollen. Wenn wir zu Bücherwürmern ausarten, so ist's zu unserem Schaden und zur Freude der alten Schlange.

Oberflächliches Geschwätz und besonders Scherze mit den Amtsbrüdern, bei denen wir uns mehr gehen lassen als bei andern Christen, schaden oft dem Eifer. Es ist schön, wenn wir gemütlich und ungezwungen mit unseren Amtsbrüdern verkehren; aber die Unterhaltung darf nicht in leeres Geschwätz ausarten, sonst haben wir den Schaden. Es ist ein Unterschied zwischen Heiterkeit und Leichtsinn; der ist ein weiser Mann, der mit seiner ernsten Fröhlichkeit im Gespräch zwischen den dunklen Felsen der Verdrießlichkeit und den Sandbänken des Leichtsinns hindurchsteuert.

Gefährlich für unseren Eifer sind auch die kalten Christen, mit denen wir in Berührung kommen. Wie oft werden wir durch ihre Bemerkungen über die Predigt wie mit kaltem Wasser begossen. Du meinst, du habest selbst die Steine gerührt; aber diese Leute sind ganz unbewegt. Du warst brennend heiß, sie sind eiskalt geblieben. Du hast ermahnt, als handelte es sich um Tod und Leben; sie haben berechnet, wieviel Sekunden die Predigt dauerte, und waren ärgerlich, daß du in deinem Eifer um die Menschenseelen fünf Minuten über die gewöhnliche Zeit gepredigt hast. Wenn solche frostigen Menschen gar Kirchenälteste sind, von denen du doch die wärmste Teilnahme erwartest, so wirkt ihr Benehmen vollends erkältend, besonders wenn du noch jung und unerfahren bist.

Nehmt mir's nicht übel, wenn ich euch ermahne, auf den Zustand eures Körpers zu achten. Jedes Übermaß im Essen kann eure

Verdauung schädigen, und dann seid ihr stumpf, wenn ihr feurig sein solltet. Duncan Matheson erzählt eine kleine Geschichte, die das Gesagte bestätigt. An einem Ort, wo religiöse Versammlungen gehalten wurden, hatte ein Herr die Redner zu einem üppigen Mahl eingeladen. Ein junger Mann, der den Genüssen der Tafel tüchtig zugesprochen hatte, sagte auf dem Weg zur Versammlung mit kläglicher Stimme: »Der Geist ist betrübt, er ist nicht da, ich fühle es.« »Keine Rede davon«, sagte Matheson, »Sie haben einfach zuviel gegessen, und deswegen sind Sie gedrückt.« Matheson hatte recht, und ein bißen von diesem nüchternen Verstand täte den übergeistlichen Menschen gut, die für jede wechselnde Stimmung eine übernatürliche Ursache suchen, während der wirkliche Grund ganz nahe liegt. Wie oft hat man die Folgen eines verdorbenen Magens für geistlichen Rückfall und schlechte Verdauung für geistliche Verhärtung gehalten. Viele körperliche und geistige Ursachen bewirken oft, daß ein Mann mit warmem, feurigem Herzen stumpf und tot erscheint. Eine unruhige Nacht, ein Umschlag des Wetters, eine unfreundliche Bemerkung hat auf manche eine lähmende Wirkung. Aber die, die sich des Mangels an Eifer anklagen, sind oft die eifrigsten Menschen, und das Bekenntnis, daß man kein Leben habe, ist gerade ein Beweis eines vorhandenen, kräftigen Lebens. Seid nicht zu mild gegen euch, damit ihr nicht selbstzufrieden werdet, aber macht euch auch nicht selbst schlecht, damit ihr nicht in Verzagtheit geratet. Was ihr selbst von euch denkt, ist nicht viel wert; aber bittet den Herrn, daß er euch erforsche.

Lang anhaltendes Wirken ohne sichtbaren Erfolg dämpft auch oft den Eifer, obgleich es viel eher zu siebenfältigem Eifer anspornen sollte. Wenn der Nichterfolg uns demütigt, so ist's gut. Wenn er uns aber entmutigt und besonders, wenn er macht, daß wir glücklichere Brüder beneiden, dann ist's Zeit, daß wir ernste Umschau halten. Es ist möglich, daß wir treu gewesen sind, den richtigen Weg eingeschlagen haben und am richtigen Platz stehen, und doch haben wir das Ziel nicht getroffen; wir sind dann tief gebeugt und halten uns kaum für fähig, weiterzuarbeiten; aber wenn wir Mut fassen und unsern Eifer verdoppeln, so werden wir doch noch einmal eine Ernte einheimsen, die uns überreichlich für unser Harren belohnt. Der Ackermann wartet auf die köstliche Frucht der Erde, und mit heiliger, aus dem Eifer geborner Geduld müssen wir ausharren und nicht zweifeln, daß endlich Zions Stunde kommen wird.

Wir dürfen auch nicht vergessen, daß das Fleisch schwach und zum Schlummern geneigt ist. Der göttliche Trieb, kraft dessen wir uns dem Dienst Gottes geweiht haben, muß immer in uns erneuert werden. Wir sind nicht wie Pfeile, die – einmal losgeschossen – von selbst aufs Ziel zufliegen, oder wie Vögel, die die bewegende Kraft in sich selbst haben. Wenn wir nicht wie Schiffe durch den himmlischen Wind beständig getrieben werden, kommen wir nicht vorwärts. Gottgesandte Prediger sind keine Musikdosen, die, einmal aufgezogen, ihre Reihe von Melodien abspielen, sondern sie sind Posaunen, die erst dann ertönen, wenn der lebendige Hauch hineinbläst. Wir müssen auf der Hut sein gegen Trägheit und Gleichgültigkeit, sonst werden wir bald so lau wie die Gemeinde von Laodicea.

Aber die beste Flamme bedarf immer neuen Brennstoffs. Ich weiß nicht, ob die verklärten Geister wie die Engel im Fluge trinken und sich von einem herrlichen himmlischen Manna nähren; aber wahrscheinlicher ist mir, daß kein geschaffenes Wesen, auch wenn es unsterblich ist, ohne Stärkung von außen sein kann. Die Flamme des Eifers in dem erneuerten Herzen bedarf, obwohl sie göttlich ist, immer frischer Kohlen. Auch die Lampen im Heiligtum brauchen Öl. *Nährt die Flamme, meine Brüder, nährt sie oft;* nährt sie mit heiligen Gedanken und heiliger Betrachtung. Besonders denkt nach über euren Beruf; besinnt euch, warum ihr in treibt, was für Absichten ihr dabei habt, auf was für Unterstützung ihr rechnen könnt und welch herrlicher Lohn euer wartet, wenn der Herr mit euch ist. Denkt viel an die Liebe Gottes zu den Sündern, an Christi Tod aus Liebe zu ihnen, an das Werk des Geistes in den Menschenherzen. Denkt an das, was in den Menschen vorgehen muß, ehe sie gerettet werden können. Bedenkt, daß ihr nicht gesandt seid, die Gräber zu übertünchen, sondern sie zu öffnen, und daß ihr das nur tun könnt, wenn ihr, wie Jesus am Grab des

Lazarus, im Geist seufzt, und auch dann könnt ihr es nicht ohne die Hilfe des Heiligen Geistes.

Vor allem nährt die Flamme durch innigen Umgang mit Christus. Niemand ist kaltherzig, der mit Jesus verkehrt wie einst Maria und Johannes, denn *er* macht, daß der Menschen Herzen entbrennen. Ich kenne keinen halbherzigen Prediger, der in stetem Umgang mit dem Herrn Jesus lebt. Der Eifer um Gottes Haus hat unsern Herrn verzehrt, und wenn wir mit ihm in Berührung kommen, so fängt der Eifer an, auch uns zu verzehren; wir fühlen, daß wir nur von den Dingen reden können, die wir bei ihm sehen und hören, und wir können von ihnen nur mit dem Feuer reden, daß durch die wirkliche Bekanntschaft mit diesen Dingen entzündet wird. Die unter uns, die schon seit fünfundzwanzig Jahren predigen, fühlen manchmal, daß es doch etwas einförmig ist, immer dieselbe Arbeit, dieselbe Gemeinde, dieselbe Kanzel zu haben, und die Einförmigkeit erzeugt leicht Ermüdung. Aber wir haben ja auch denselben Heiland, zu dem wir auf dieselbe Weise gehen dürfen wie am Anfang, denn er ist »Jesus Christus gestern und heute und derselbe in alle Ewigkeit«. Bei ihm werden wir wieder jung. Er ist der immer fließende Brunnen des frischen Lebenswassers, und durch seine Gemeinschaft wird unsere Seele zu immer frischer Tatkraft belebt. Wenn er uns zulächelt, ist uns unsere langgewohnte Arbeit immer köstlich und hat für uns einen süßeren Reiz als den der Neuheit. Wir sammeln jeden Morgen frisches Manna für unsere Gemeinde, und während wir es verteilen, fühlen wir, daß wir mit frischem Öl gesalbt werden. »Die auf den Herrn harren, kriegen neue Kraft, daß sie auffahren mit Flügeln wie die Adler, daß sie laufen und nicht matt werden, daß sie wandeln und nicht müde werden.« Wenn wir frisch aus der Gegenwart dessen kommen, der zwischen den goldenen Leuchtern wandelt, schreiben und predigen wir den Gemeinden in der Kraft, die er allein geben kann. Ihr Krieger Christi, ihr seid eures Feldherrn nur dann würdig, wenn ihr in seiner Gemeinschaft bleibt und auf seine Stimme hört wie Josua am Jordan, als er fragte: »Was sagt mein Herr seinem Diener?«

Schürt das Feuer auch durch neue Arbeit. Pflügt nicht immer das gewohnte Feld, sondern macht jungfräulichen Boden urbar. Es erhält das Herz frisch, wenn ihr zu euren gewöhnlichen Amtspflichten neue Aufgaben übernehmt. Ihr jungen Brüder, die ihr bald das Seminar verlaßt und dann vielleicht an Orte kommt, wo ihr niemand habt, von dem ihr lernen könnt, wo ihr geistig und geistlich fast allein steht – achtet auf euch selbst, daß ihr nicht matt, altbacken und unbrauchbar werdet; seid unternehmungslustig, denn das erhält euch frisch. Ihr werdet viel Arbeit haben und wenig Hilfe; die Jahre werden mühevoll und langsam dahinschleichen; tut, was ihr könnt, daß ihr nicht langweilig und schläfrig werdet, und macht euch das zunutze, was ich euch aus meiner Erfahrung raten kann. Mir ist es gut, wenn ich neben meinen alten Pflichten immer wieder etwas Neues unternehme. Wir müssen es machen wie ein Farmer, der jedes Jahr den Gartenzaun um ein paar Fuß hinausrückt und neues Land hereinzieht. Sagt nie: »Es ist genug, wir können jetzt ruhen.« Tut, was ihr könnt, und noch ein bißchen mehr. Ich weiß nicht, wie es der Mann macht, der ankündigt, er könne kleine Leute groß machen; aber wenn jemand überhaupt seiner Länge eine Elle zusetzen könnte, so müßte er sich jeden Morgen auf die Zehen stellen, möglichst hoch hinaufreichen und versuchen, jeden folgenden Tag noch etwas höher zu reichen. Dies ist jedenfalls das Mittel, um geistig und geistlich zu wachsen: »Strecket euch nach dem, was vorne ist.« Versucht es, und ihr werdet bald finden, wie erfrischend es ist, in ein neues feindliches Gebiet einzufallen, neue Höhen zu ersteigen, um die Fahne des Herrn aufzupflanzen. Wenn z. B. einer von euch in einem Landstädtchen mit zweitausend Einwohnern ist, so wird er nach einiger Zeit denken: »Jetzt habe ich alles getan, was an dem Ort zu tun ist.« Ei nun, eine Stunde Wegs entfernt ist ein Dörfchen, wo du Versammlungen halten könntest. Erforsche das Land und sieh, wo du einem geistlichen Mangel abhelfen kannst. Jedermann weiß, wie erfrischend eine neue Beschäftigung ist; einförmige Arbeit ist unnatürlich und ermüdend, drum ist es weise, für Abwechslung zu sorgen.

Wenn ihr in einer großen Stadt zu arbeiten habt, so müßt ihr jedenfalls die Gegenden, in denen Armut, Unwissenheit und Trunkenheit herrschen, kennenlernen. Geht mit einem Stadtmissionar in das ärmste Viertel; da werdet ihr manches Schreckliche sehen, und der Anblick der Krankheit wird euch anfeuern, das Heilmittel zu verkündigen. Man sieht genug Schlimmes auch in den besten Straßen unserer großen Städte, aber in den Armenvierteln kann man oft in entsetzliche Tiefen des Elends und der Sünde blicken. Wie ein Arzt durch die Spitäler geht, so müßt ihr die Gassen und Höfe durchwandern, um zu sehen, wie die Sünde die Menschen ins Elend stürzt. Man könnte blutige Tränen weinen, wenn man sieht, welche Zerstörung die Sünde auf der Erde angerichtet hat. Ein Tag bei einem eifrigen Stadtmissionar wäre ein guter Schluß eurer Seminarlaufbahn und eine gute Vorbereitung für euren Beruf. Seht die Massen dahinleben im Trunk, in der Sabbatschände-rei, in der Gottlosigkeit, seht sie sterben in der Verhärtung oder in Angst und Verzweiflung; wenn irgend etwas, so kann das den ver-löschenden Eifer wieder entzünden. Die Welt ist voll von nagender Armut und drückender Sorge, viele haben nichts vor sich als Schande und Tod. Geht und seht selbst. Dann werdet ihr lernen, eine große Seligkeit zu verkündigen, und den großen Heiland nicht nur mit dem Mund, sondern auch mit dem Herzen zu preisen.

Noch ein Gedanke muß unsern Eifer lebendig erhalten: Denkt an den großen Schaden, den wir uns selbst und unserer Gemeinde zufügen, wenn wir unser Werk lässig treiben. »Sie werden um-kommen« – ist das nicht ein schreckliches Wort? Es ist mir gera-deso schrecklich wie das darauffolgende: »Aber ihr Blut will ich von der Wächter Hand fordern.« Was wird die Strafe eines un-treuen Predigers sein? Und jeder uneifrige Prediger ist auch un-treu. Lieber möchte ich die Strafe eines Mörders der Leiber erdul-den, als die eines Mörders der Seelen. Kein Verderben ist so schrecklich wie das des Mannes, der ein Evangelium predigt, an das er nicht glaubt, und der sich zum Hirten einer Gemeinde auf-wirft, deren Bestes ihm nicht am Herzen liegt. Laßt uns beten, daß wir immer treu erfunden werden mögen, daß der Heilige Geist uns treu mache und treu erhalte.

20. Das blinde Auge und das taube Ohr

Ihr habt mich schon manchmal sagen hören, der Pfarrer sollte ein blindes Auge und ein taubes Ohr haben, und habt euch vielleicht darüber gewundert, denn eigentlich sollte man denken, es sei um so besser, je schärfer die Augen und Ohren sind. Nun, wir wollen uns das geheimnisvolle Thema etwas näher ansehen.

Im Prediger Salomo (Kap. 7, 21) heißt es: »Gib auch nicht acht auf alles, was man sagt, daß du nicht hören müssest deinen Knecht dir fluchen.« Nimm's nicht zu Herzen, lege ihm kein Gewicht bei, handle nicht, als ob du es gehört hättest. Du kannst den Leuten nicht den Mund stopfen, drum verstopfe deine Ohren. Man hätte viel zu tun, wenn man sich um alles Gerede kümmern wollte. Selbst die, mit denen wir zusammenleben, singen nicht immer unser Lob, und die treuesten Dienstboten können einmal im Zorn etwas über uns sagen, was wir nicht hören. Wer sagt nicht einmal im augenblicklichen Ärger etwas über andere, was er nachher gern zurücknähme. Edle Menschen werden so etwas als nicht gesprochen ansehen. Dem Zornigen bleibt man am besten zehn Schritt vom Leibe, und übereilte Worte müssen wir vergessen. Wir müssen wie David sagen können: »Ich aber muß sein wie ein Tauber und nicht hören, und wie ein Stummer, der seinen Mund nicht auftut.« Tacitus läßt einen weisen Mann zu einem Scheltenden sagen: »Du bist Herr deiner Zunge, aber ich bin auch Herr meiner Ohren. Du kannst sagen, was du willst, und ich höre nur, was ich will.« Wir können die Ohren nicht schließen wie die Augen, aber doch können wir, so gut wie der, von dem es heißt, daß er »seine Ohren zustopft, daß er nicht Blutschulden hört«, die Pforte des Ohrs versiegeln, daß nichts Unerlaubtes herein kann. Also, sowohl vom Stadtklatsch als von der übereilten Rede eines ärgerlichen Freundes heiße es: Hör nicht darauf, oder wenn das nicht zu vermeiden ist, so nimm es jedenfalls nicht zu Herzen, denn du hast seinerzeit auch eitle und zornige Worte geredet, und du kämest auch jetzt noch in Verlegenheit, wenn du über alles, was du sagst, selbst über das, was du über deinen liebsten Freund sagst, zur Rede gestellt würdest.

Also, wenn ihr euer geistliches Amt antretet, haltet von Anfang an reinen Tisch. Seid taub und blind gegen die Zwistigkeiten, die ihr in der Gemeinde antrefft. Ihr werdet vielleicht gleich von Leuten überlaufen, die euch wegen eines Familienzwistes oder eines kirchlichen Streits auf ihre Seite ziehen wollen. Seid taub und blind gegen sie; sagt, das Vergangene müsse begraben werden, und ihr wolltet nicht ausessen, was euer Vorgänger eingebrockt hat. Wenn eine schreiende Ungerechtigkeit geschehen ist, so sucht Recht zu schaffen, aber mischt euch nicht in gewöhnliche Händel, sondern sagt den Leuten ein- für allemal, ihr wolltet nichts damit zu tun haben, sie sollten sich vertragen. Ich kam als junger Mann frisch vom Lande an die Kirche in der New-Park-Straße. Die Verhältnisse der Gemeinde waren ziemlich ungeordnet. Ich bin überzeugt, daß es für meine Wirksamkeit und das Gedeihen der Gemeinde das Klügste war, daß ich für all die Streitigkeiten, die vor meiner Ankunft begonnen hatten, nur ein blindes Auge hatte. Es ist höchst unklug, wenn ein junger Mann, der frisch vom Seminar oder von einer andern Stelle in ein Amt kommt, sich durch Einflüsterungen, Schmeicheleien oder Freundlichkeiten für eine Partei gewinnen läßt und es dadurch mit der andern Hälfte der Gemeinde verdirbt. Kümmert euch nicht um Cliquen und Parteien, sondern seid die Hirten der ganzen Herde, und sorgt gleich für alle. Selig sind die Friedfertigen, und ein besonders gutes Mittel, Frieden zu stiften, ist, daß man das Feuer der Zwietracht nicht anfacht oder schürt, sondern es ruhig verglimmen läßt. Tretet also euer Amt mit einem blinden Auge und einem tauben Ohr an.

Besonders empfehlen möchte ich diese Blindheit und Taubheit für Geldsachen, die euch selbst angehen. Es gibt ja Fälle, besonders wenn sich eine neue Gemeinde bildet, wo der Pfarrer sich auch mit solchen Dingen befassen muß. Aber dies sind Ausnahmefälle; ein solcher Pfarrer ist überfordert und arbeitet vielleicht mit weniger Erfolg in seinem eigentlichen Beruf, weil ihn die weltlichen Geschäfte zu sehr in Anspruch nehmen. Wenn die Gemeinde gut geordnet ist und dem Pfarrer einen anständigen Unterhalt gewährt, ist es gut, wenn er die Oberaufsicht führt, aber sich nicht weiter in die Geldsachen mischt. Tun die Verwalter des Kirchenvermögens nicht ganz ihre Schuldigkeit, können aber nicht entfernt werden, so muß der Pfarrer sein zweites Auge aufmachen, damit nicht durch Unordnungen öffentliches Ärgernis gegeben wird. Wir haben so gut wie andere Beamte das Recht, uns mit Geldangelegenheiten zu befassen, aber solange andere sie für uns besorgen, ist es weise, wenn wir uns möglichst wenig darum bekümmern. Wenn der Beutel leer ist, die Frau krank und ein Kinderhäuflein da, dann muß der Pfarrer reden, falls die Gemeinde ihn nicht ordentlich versorgt; aber es ist nicht gut, immer und immer wieder um Erhöhung des Einkommens zu bitten. Der Glaube muß unsere Sorge ums Irdische auf ihr richtiges Maß beschränken und uns befähigen, das selbst zu üben, was wir predigen: »Ihr sollt nicht sorgen und sagen: Was werden wir essen? Was werden wir trinken? Womit werden wir uns kleiden? Denn unser himmlischer Vater weiß, daß ihr des alles bedürfet.«

Das blinde Auge und das taube Ohr wird euch recht gut tun, wenn ihr's mit den Klatschbasen eures Wohnorts zu tun habt. Jede Gemeinde und jedes Dorf ist mit gewissen Klatscherinnen behaftet, die Tee trinken und Scheidewasser reden. Sie können keinen Augenblick schweigen, sondern summen fortwährend – zum großen Ärger der Frommen und Fleißigen. Seht euch nur die Zungen dieser Schwätzerinnen an, dann wißt ihr, was ein perpetuum mobile ist. Bei Teeabenden, Nähvereinen usw. unterwerfen sie den Charakter ihrer Nebenmenschen der Vivisektion. Mit besonderem Vergnügen probieren sie ihr Messer an dem Pfarrer, der Pfarrfrau, den Pfarrerskindern, dem Hut der Pfarrfrau, dem Kleid des Pfarrtöchterleins und so fort ins Unendliche. Es gibt auch Leute, die nie so glücklich sind, als wenn sie »leider« dem Pfarrer sagen müssen, daß Herr A. eine falsche Schlange ist, daß der Herr Pfarrer von den Herren B. und C. eine viel zu gute Meinung habe, und daß Herr D. unglücklich verheiratet sei. Kümmert euch nie um solchen Klatsch, außer um die Bosheit und Herzlosigkeit zu betrauern, die ihm zugrunde liegt. Macht's wie Nelson, der das Fernglas an sein blindes Auge hielt und dann sagte, er sehe das Signal nicht, er wolle die Schlacht fortsetzen. Nur wenn der Klatsch ernsthaft wird und schlimme Folgen haben könnte, müßt ihr ernstlich mit den

Urhebern sprechen. Sagt ihnen, ihr müßtet bestimmte Tatsachen haben, aber euer Gedächtnis sei nicht besonders gut, ihr hättet an so vielerlei zu denken, sie möchten so freundlich sein und euch ihre Behauptungen schwarz auf weiß geben. Das tun sie aber nicht. Sie machen nicht gern klare und bestimmte Angaben. Sie schwatzen viel lieber aufs Geratewohl.

Ich wünsche von ganzem Herzen, man könnte allem Klatsch den Garaus machen, aber das wird nicht geschehen, solange die Menschen sind wie sie sind, denn Jakobus sagt uns: »Alle Natur der Tiere und der Vögel und der Schlangen und der Meerwunder werden gezähmt und sind gezähmt von der menschlichen Natur; aber die Zunge kann kein Mensch zähmen, das unruhige Übel voll tödlichen Giftes.« Was sich nicht ändern läßt, muß man ertragen, und die beste Art, es zu ertragen, ist, daß man nicht darauf hört. An der Mauer eines alten Schlosses steht die Inschrift: ›Die Leute sagen. Was sagen die Leute? Laß die Leute sagen.‹ Zartbesaitete Menschen sollten diesen Spruch auswendig lernen.

Entsagt von Herzensgrund jener argwöhnischen Gesinnung, die mancher Menschen Leben verbittert. All den Dingen, die euch zu einem harten oder unfreundlichen Urteil veranlassen könnten, wendet euer blindes Auge und euer taubes Ohr zu. Ein argwöhnischer Mensch wird sich selbst und andern zur Qual. Fang einmal an, argwöhnisch zu sein, und du findest überall Gründe zum Mißtrauen, die aber meistens dein argwöhnischer Sinn selbst geschaffen hat; du wirst dir dadurch manchen Freund zum Feind machen. Darum sieh nicht um dich mit dem Auge des Mißtrauens; horche nicht an der Wand mit ängstlichem Ohr. Lord Bacon gibt den weisen Rat: »Ein kluger Mann sucht nicht Dinge zu erfahren, die ihm unangenehm sind.« Wenn nichts zu erfahren ist, was unsere Liebe zum Nebenmenschen fördert, so unterläßt man besser das Fragen, denn es könnte etwas zum Vorschein kommen, was die Ursache jahrelangen Zwistes würde. Ich spreche hier natürlich nicht von Dingen, bei denen es sich um Kirchenzucht handelt, denn da muß gründlich untersucht werden. Ich meine persönliche Angelegenheiten. Es ist am besten, wir wissen nicht und versuchen nicht zu erfahren, was Freunde oder Feinde über uns sagen. Die, die uns loben, haben meistens ebenso unrecht wie die, die uns schelten, und man kann eins ins andere rechnen, wenn sich's überhaupt lohnt, das Urteil der Menschen zu beachten. Wenn uns unser Gewissen sagt, daß wir Gottes Zustimmung haben, kann uns das Urteil der Menschen gleichgültig sein. Diesen Standpunkt müssen wir erreichen, sonst sind wir nicht Männer, sondern Kinder.

Wenn ich einmal gewahr wurde, daß mir jemand unfreundlich gesinnt war, so tat ich, als merkte ich nichts davon, und suchte den Betreffenden durch besondere Freundlichkeit und Höflichkeit zu gewinnen, und bald war alles ruhig. Hätte ich den Mann wirklich als Gegner behandelt, so hätte er die ihm zugewiesene Rolle übernommen und sie so gespielt, daß sie ihm Ehre eintrug. Aber ich wußte, daß er ein Christ war; ich dachte, wenn ich ihm mißfalle, so gäbe mir das kein Recht, ihn nicht zu lieben; darum behandelte ich ihn als einen, der, wenn nicht mein, so doch meines Herrn Freund war, übertrug ihm ein Geschäft, das ihm mein Vertrauen zeigte, sorgte, daß er sich mir gegenüber unbefangen fühlte, und gewann ihn so allmählich zu einem treuen Freund und Mitarbeiter. Erinnere nie einen Bruder an ein scharfes Wort, das er gegen dich gebraucht hat. Siehst du ihn in besserer Stimmung, so erwähne den peinlichen Vorgang nicht. Ist er ein vernünftiger, gerechter Mann, so wird er einen Geistlichen, der ihn edelmütig behandelt, das nächstemal nicht kränken; ist er aber grob und ungebildet, so hat's keinen Wert, mit ihm zu streiten.

Lieber laß dich hundertmal betrügen, als daß du in stetem Argwohn lebst. Das ist ja etwas Unerträgliches. Der Geizhals, der um Mitternacht durch sein Zimmer schleicht, der in dem Rauschen eines fallenden Laubs den Tritt eines Räubers hört, ist nicht unglücklicher als ein Geistlicher, der überall Verschwörungen wittert und immer meint, man verbreite üble Nachrede über ihn. Überdies ist der Argwohn nicht nur eine Quelle der Unruhe und Sorge, sondern er schädigt auch den Charakter dessen, der ihn hegt. Ein argwöhnischer König wird zum Tyrannen; einen Gatten macht der Argwohn eifersüchtig, einen Geistlichen verbittert er. Solche Verbitterung löst dann alle freundlichen Beziehungen im Amtsleben auf, und wenn einmal die Milch der Menschenliebe geronnen und sauer ist, so paßt der Mensch besser zu einem Mitglied der Fahndungsmannschaft als zu einem Pfarrer. Wie eine Spinne webt er sich ein Netz von den feinsten Fäden, die alle zu ihm führen, und bei der leichtesten Berührung erzittern. Und im Mittelpunkt sitzt er, ein Häufchen Empfindlichkeit, nichts als Nerven und frische Wunden, erregt und erregbar, ein Märtyrer, der selbst den Brennstoff um sich angehäuft hat und allem Anschein nach gern verbrennen möchte. Der treueste Freund ist nicht sicher vor Argwohn, und wenn er aufs ängstlichste alles vermeidet, was verletzen könnte, so legt man ihm diese Vorsicht als Schlauheit und Feigheit aus. Ein argwöhnischer Mensch ist fast so gefährlich wie ein toller Hund, denn er schnappt nach den Leuten aufs Geratewohl und spritzt seinen giftigen Schaum nach rechts und links hinaus. Streiten läßt sich mit einem solchen Toren nicht, denn mit hartnäckiger Schlauheit verdreht er alle Beweisgründe, so daß sie seine Ansicht zu bestätigen scheinen. Er kann durchaus nicht einsehen, wie unrecht er andern tut, selbst seinen besten Freunden und den kräftigsten Verteidigern der Sache Christi.

Bedarf es auch einer Mahnung, daß ihr *nie hören sollt, was nicht für eure Ohren bestimmt ist?* Der Horcher ist ein geringer Mensch, kaum besser als ein gewöhnlicher Angeber, und wer wiedersagt, was er gehört hat, hat jedenfalls viel mehr gehört, als er hätte hören sollen.

Der Horcher an der Wand hört seine eigene Schand. Das Horchen ist eine Art Diebstahl, und gestohlenes Gut gedeiht nicht. Mitteilungen, die man auf krummen Wegen erhalten hat, werden in den allermeisten Fällen der Sache mehr schaden als nützen. Wenn es ein Richter für passend hält, sich auf solche Weise Auskunft zu verschaffen, so ist ein Geistlicher doch keinesfalls dazu berechtigt. Er ist ein Bote der Gnade und des Friedens; er ist nicht ein Staatsanwalt, der zum Zweck einer Verurteilung Beweise sucht, sondern ein Freund, der durch seine Liebe der Sünden Menge bedeckt. Wir wollen nie die spionierenden Augen Kanaans, des Sohns Hams, in unseren Dienst nehmen; wir halten es mit dem frommen Zartgefühl Sems und Japhets, die rückwärts gingen und die von dem Kind der Bosheit mit Lust geoffenbarte Schande bedeckten.

175

Den Ansichten, die man über euch ausspricht, den Bemerkungen, die man über euch macht, wendet in der Regel das blinde Auge und das taube Ohr zu. Männer, die im öffentlichen Leben stehen, sind der öffentlichen Kritik ausgesetzt, und da das Publikum nicht unfehlbar ist, fällt die Kritik auch manchmal unangenehm und ungerecht aus. Ein gerechtes, ehrliches Urteil dürfen wir nicht unbeachtet lassen, aber für den herben Spruch des Vorurteils, den leichtfertigen Tadel der Vornehmen, das dumme Geschwätz der Unwissenden, die grimmigen Anklagen der Gegner haben wir am sichersten nur ein taubes Ohr. Die, die sich durch unser Zeugnis gegen ihre Lieblingssünden getroffen fühlen, werden uns wohl nicht loben; ihr Lob wäre ein Beweis, daß wir das Ziel verfehlt hätten. Wir möchten natürlich den Beifall unserer eigenen Gemeinde haben, und das Gegenteil kann uns leicht entmutigen oder gar erzürnen. Darin liegt eine Gefahr. Als ich mein Dorf verließ, um die Stelle in London anzutreten, betete ein alter Mann, ich möchte von dem Blöken der Schafe erlöst werden. Damals hatte ich keine blasse Ahnung, was er meinte, aber jetzt verstehe ich es und tue oft dieselbe Bitte. Zuviel Rücksicht auf das, was unsere Zuhörer von uns sagen, sei es Lob oder Tadel, ist vom Übel. Wenn wir Gemeinschaft mit dem großen Hirten der Schafe pflegen, so achten wir wenig auf das Blöken um uns her, aber wenn wir »fleischlich sind und nach menschlicher Weise wandeln«, so lassen wir uns beruhigen durch allerhand, was die armen Schäflein über uns blöken. Vielleicht warst du recht langweilig letzten Sonntag, aber was braucht Frau Schwatz dir zu berichten, daß einer der Ältesten dieser Ansicht ist? Du warst die ganze Woche verreist, und deshalb ist deine Predigt wohl etwas wässerig ausgefallen, aber deshalb brauchst du doch nicht bei deinen Gemeindegliedern herumzuhorchen, ob sie's gemerkt haben. Laß dir's durch dein Gewissen sagen, und gib dir Mühe, daß du's das nächstemal besser machst. Oder umgekehrt: Du hast eine gewaltige Predigt gehalten und mit einem kräftigen Posaunenstoß geschlossen; und nun möchtest du ums Leben gerne wissen, was für einen Eindruck du gemacht hast. Unterdrücke deine Neugierde, und frage lieber nicht. Wenn die Gemeinde mit deinem Urteil übereinstimmt, so gibt das nur deiner jämmerlichen Eitelkeit Nahrung, und wenn sie anderer Ansicht ist, setzt du dich in den Augen der Leute durch dein Verlangen nach Lob herunter. Jedenfalls ist dein eigenes wertes Ich kein würdiger Gegenstand der Sorge, die du aufwendest. Gebärde dich als Mann, und mache es nicht wie ein kleines Mädchen in einem neuen Röckchen, das zu den Leuten sagt: »Sieh doch, was ich für ein hübsches Kleid anhabe.« Hast du noch nicht gemerkt, daß die Schmeichelei zwar süß, aber sehr schädlich ist? Sie verweichlicht dich geistig und macht dich empfindlicher gegen Verleumdungen. In dem Maß, als das Lob dich freut, schmerzt dich der Tadel. Überdies ist es ein Frevel, wenn du dich durch kleinliche Rücksichten auf deine unbedeutende Person von deinem großen Zweck, für die Ehre des Herrn Jesus zu wirken, abbringen läßt, und wenn kein andrer Grund es vermag, so muß dich dieser gleichgültig gegen Lob und Tadel machen. Der Hochmut ist eine Todsünde, die wächst, auch ohne daß man den städtischen Wasserwagen entlehnt, um sie zu begießen. Vergiß Worte, die deine Eitelkeit nähren, und wenn du dich doch über dem Kauen des schädlichen Bissens ertappst, so bekenne die Sünde mit tiefer Zerknirschung. Ich weiß etwas von den geheimen Züchtigungen, die unser guter Vater seinen Dienern erteilt, wenn er merkt, daß sie ungebührlich gelobt werden; darum möchte ich euch aufs ernstlichste warnen, auch auf das Lob eurer besten Freunde nicht zu hören, denn es tut dem Fleische zu wohl. Hütet euch vor solch unverständigen Freunden.

Ein verständiger Freund, der dich schonungslos tadelt, ist, wenn du Verstand genug hast, seinen Tadel zu ertragen, und Gnade genug, dankbar dafür zu sein, ein viel größerer Segen für dich, als eine Schar von urteilslosen Bewunderern. Während ich in den Surrey-Gärten predigte, schickte mir ein ungenannter, sehr fähiger Kritiker jede Woche eine Liste der Wörter, die ich falsch ausgesprochen, und anderer Fehler, die ich gemacht hatte. Leider nannte er seinen Namen nicht, und deshalb konnte ich meine Schuld der Dankbarkeit nie abtragen. Ich benütze diese Gelegenheit, ihm meinen Dank auszusprechen, denn er hat in der freundlichsten Gesinnung und mit der Absicht, mir zu nützen, unerbittlich alles aufgezeichnet, was er für fehlerhaft hielt. Da er sich selten irrte, halfen mir seine Ratschläge, manchen Fehler zu vermeiden oder zu verbessern, und ich freute mich immer auf seine wöchentliche Kritik. Wenn ich einen Satz wiederholte, den ich vor ein paar Wochen gebracht hatte, so erinnerte er mich daran und nannte die Seite in der betreffenden Predigt.

Meistens müßt ihr für falsche Gerüchte, die über euch verbreitet werden, ein taubes Ohr haben. Die Lügner sind leider noch nicht ausgestorben, und ihr könnt, wie Baxter und Bunyan, solcher Vergehungen beschuldigt werden, die ihr aufs tiefste verabscheut. Laßt euch das nicht entmutigen, denn solché Prüfungen sind über die besten Männer gekommen, und selbst unsern Herrn haben giftige Zungen nicht in Ruhe gelassen. Meistens tut man am besten, solche Dinge eines natürlichen Todes sterben zu lassen. Eine große Lüge, die man nicht beachtet, ist wie ein großer Fisch auf trockenem Land. Sie schlägt und zappelt sich zu Tode. Wenn man darauf antwortet, so hilft man ihr wieder in ihr Element und zu längerem Leben. Lügen haben gewöhnlich ihre Widerlegung in sich und stechen sich selbst zu Tode. Manche Lügen haben einen besonderen Geruch an sich, und ihre Fäulnis verrät sich jeder ehrlichen Nase. Wenn ihr euch durch Lügen beunruhigen laßt, so haben sie ihren Zweck teilweise erreicht, wenn ihr aber in der Stille duldet, so verfehlt die Bosheit ihren Zweck, was schon ein halber Sieg für euch ist, und Gott wird helfen, daß ihr bald vollständig befreit werdet. Ein schuldloses Leben ist die beste Schutzwehr gegen Verleumdung. Wer euch kennt, wird dann nicht so bald den Lästerern die Freude machen, euch zu verdammen, und sie werden schließlich nur selbst Ärger davon haben. Es ist in der Regel nicht klug, den Verleumder gerichtlich zu verfolgen. Ich kenne einen mir sehr lieben Diener Christi, der wegen einer Verleumdung vor Gericht ging. Der Verklagte bat um Verzeihung und nahm die Beschuldigung vollständig zurück, aber der Pfarrer verlangte, daß die Sache in der Zeitung veröffentlicht werde. Dadurch erfuhren viele Leute erst etwas davon und meinten dann, der Herr Pfarrer müsse doch wenigstens eine Unvorsichtigkeit begangen haben. Wir, die wir in unserer Stellung eine Zielscheibe des Teufels und seiner Genossen sind, tun am besten, unsere Unschuld durch Schweigen zu verteidigen und unsern Ruf in Gottes Hand zu lassen. Freilich, wenn gegen einen Mann bestimmte, offene Anklagen vorgebracht werden, so ist es seine Pflicht, ihnen klar und offen entgegenzutreten. Bestände er in einem solchen Fall nicht auf Untersuchung der Sache, so hieße das in den Augen der Welt soviel, als er bekenne sich schuldig. Jedenfalls müssen wir den Herrn um Rat fragen, wie wir uns bösen Zungen gegenüber zu verhalten haben, und gewiß wird zuletzt die Unschuld über die Lüge triumphieren.

Meine Brüder, das blinde Auge und das taube Ohr kommt euch auch zustatten im Verkehr mit andern Gemeinden und Geistlichen. Ich freue mich immer, wenn sich ein Bruder, der sich in anderer Leute Angelegenheiten mischt, die Finger verbrennt. Was deines Amtes nicht ist, da laß deinen Fürwitz. Ich werde oft von anderen Gemeinden gebeten, ihre Streitigkeiten zu schlichten, aber wenn ich nicht in aller Form amtlich zum Schiedsrichter bestellt werde, lasse ich mich nicht auf die Sache ein. Meistens fällt auch ein wohlgemeinter Versuch, den Leuten zu helfen, schlecht aus. Innere Streitigkeiten in unseren Gemeinden sind fast wie ein Streit zwischen Mann und Frau: wenn's einmal so weit gekommen ist, daß die Streitenden es ausfechten müssen, fällt der, der schlichten will, der vereinten Wut der Streitenden zum Opfer.

Bridges sagt: »Unser Herr gibt uns ein Beispiel göttlicher Weisheit. Er schlichtete den Zwist in der eigenen Familie, aber als andere ihren Streit vor ihn brachten, sagte er: »Wer hat mich zum Richter und Erbschlichter über euch gesetzt?« Manch kleiner Zwist ist durch Einmischen von außen zu heller Flamme angefacht worden. Vor allem dürfen wir nie ein Urteil abgeben, ehe wir beide Teile gehört haben, aber wenn uns die Sache nichts angeht, so ist's am besten, wir hören keinen von beiden.

Versteht ihr jetzt, warum ich sage, ich habe ein blindes Auge und ein taubes Ohr, und daß ich ganz besonders froh über dieses blinde Auge und taube Ohr bin?

21. Was ist der Zweck und das Ziel unsrer Predigt?

Das große Ziel der christlichen Predigt ist die Ehre Gottes. Ob Seelen bekehrt werden oder nicht – wenn Christus treulich gepredigt wird, so hat der Prediger nicht vergeblich gearbeitet; denn er ist Gott ein süßer Geruch, beides, bei denen, die verloren werden, und bei denen, die selig werden. Aber als Regel gilt doch: Gott hat uns gesandt zu predigen, damit durch das Evangelium Jesu Christi die Menschen ihm versöhnt würden. Es kann ja manchmal geschehen, daß ein Prediger der Gerechtigkeit trotz aller Arbeit wie Noah nur seine eigene Familie rettet, oder daß er wie Jeremia vergeblich über ein unbußfertiges Volk weint; aber in der Regel ist die Predigt bestimmt, die Hörer zu retten. Wir müssen auch an steinige Örter säen, wo keine Frucht unsere Mühe lohnt; aber wir müssen doch auf eine Ernte hoffen und trauern, wenn sie nicht zu rechter Zeit kommt.

Gottes Ehre ist unser Ziel. Wir suchen sie, indem wir uns bemühen, die Heiligen zu erbauen, die Sünder zu retten. Es ist ein schöner Beruf, Gottes Kinder zu unterweisen und sie auf ihren heiligen Glauben zu erbauen. Wir dürfen diese Pflicht nicht vernachlässigen. Wir müssen darum die Lehre des Evangeliums, die Erfahrung des Lebens, die Pflichten des Christen klar darstellen und uns nicht scheuen, den ganzen Ratschluß Gottes zu verkündigen. Wie oft werden große Wahrheiten unter dem Vorwand, sie seien nicht praktisch, zurückgehalten. Aber wenn der Herr sie uns geoffenbart hat, so beweist dies doch, daß er sie für wichtig hält; darum wehe uns, wenn wir weiser sein wollen als er. Wenn auch nur ein Ton aus der göttlichen Harmonie der Wahrheit ausgelassen wird, so ist die ganze Musik verdorben. Vielleicht bekommt eure Gemeinde eine bestimmte geistliche Krankheit, weil ihr ein gewisses geistliches Nahrungsmittel fehlt, das gerade in der von euch unterdrückten Lehre enthalten ist. In unserer körperlichen Nahrung sind Stoffe enthalten, die uns vielleicht zuerst entbehrlich scheinen; aber die Erfahrung lehrt uns, daß sie für die Gesundheit und Kraft notwendig sind. Der Phosphor ist nicht fleisch-, aber knochenbildend; mit vielen Erden und Salzen ist's ebenso: jedes ist in einem gewissen Verhältnis für den Körper notwendig. So geht's mit manchen Wahrheiten, die für die geistliche Ernährung nicht notwendig scheinen, aber den Gläubigen Knochen und Muskeln geben müssen.

Am meisten wirken wir für Gottes Ehre, wenn wir Seelen gewinnen. Wir müssen sorgen, daß Seelen für Gott geboren werden. Wenn es nicht gelingt, müssen wir wie Rahel rufen: »Schaffe mir Kinder, wo nicht, so sterbe ich.« Wenn wir keine Seelen gewinnen, müssen wir trauern wie der Ackersmann, der keine Ernte sieht, oder der Fischer, der mit leeren Netzen heimkehrt. Wir müssen seufzen und stöhnen und mit Jesaja sagen: »Wer glaubt unserer Predigt, und wem wird der Arm des Herrn offenbar?« Die Boten des Friedens sollten unaufhörlich bitterlich weinen, so lange, bis Sünder um ihre Sünden weinen.

Wenn wir von Herzensgrund wünschen, daß unsere Hörer an den Herrn Jesus glauben, so erhebt sich die Frage: *Was müssen wir tun, damit Gott uns zu dem Werk gebrauchen kann?* Das soll das Thema dieses Vortrags sein.

Da die Bekehrung ein Werk Gottes ist, müssen wir uns ganz auf den Heiligen Geist und seine Macht über die Menschenherzen verlassen. Das sagt man uns oft, aber leider fühlen wir es nicht kräftig genug, sonst würden wir mit viel mehr Eifer in der Schule des Heiligen Geistes lernen; wir würden inniger um die heilige Salbung flehen, ihn in unserer Predigt viel mehr wirken lassen. Gewiß haben wir so oft keinen Erfolg, weil uns – vielleicht nicht in der Theorie, aber in der Praxis – die Wirksamkeit des Heiligen Geistes nicht wichtig genug erscheint. Als Gott ist er auf Gottes Thron, und in allem, was wir unternehmen, muß er Anfang, Mitte und Ende sein. Wir sind Werkzeuge in seiner Hand, sonst nichts.

Was müssen wir sonst noch tun, wenn wir Bekehrungen erleben möchten? Wir müssen am meisten die Wahrheiten predigen, die zu diesem Ziel führen. Welches sind diese Wahrheiten? Zuerst und vor allem müssen wir *Jesus den Gekreuzigten predigen.* Wenn wir Jesus verkündigen, locken wir die Seelen an. »Wenn ich erhöhet werde von der Erde, werde ich sie alle zu mir ziehen.« Die Predigt vom Kreuz ist denen, die selig werden, eine göttliche Weisheit und göttliche Kraft. Da der christliche Prediger alle Wahrheiten verkündigen muß, die mit der Person und dem Werk Christi zusammenhängen, so muß er sehr ernst und scharf von dem Übel der Sünde reden, das einen Heiland notwendig gemacht hat. Er zeige, daß die Sünde die Übertretung des Gesetzes ist, daß sie Strafe fordert und daß der Zorn Gottes gegen sie geoffenbart ist. Er behandle die Sünde nie als etwas Unbedeutendes, als ein Unglück, sondern zeige sie als überaus sündig. Er gehe auch ins einzelne und erwähne die Sünden, die besonders im Schwange sind: die Trunksucht, die unser Land verheert; die Lüge, die in der Gestalt der Verleumdung überall ihr Haupt erhebt; die Unsittlichkeit, die wir mit heiligem Zartgefühl erwähnen, aber schonungslos brandmarken müssen. Erklärt die zehn Gebote und folgt dem göttlichen Befehl: »Zeige meinem Volk seine Übertretung und dem Haus Jakob seine Sünde.« Offenbart, wie unser Herr es tat, den geistlichen Sinn des Gesetzes und zeigt, wie es durch böse Gedanken, Wünsche und Begierden übertreten wird. Das wird viele Sünder ins Herz stechen. Der alte Robert Flockhart sagt oft: »Wir können nicht mit dem Seidenfaden des Evangeliums nähen, wenn wir ihm nicht mit der spitzigen Nadel des Gesetzes einen Weg stechen.« Das Gesetz kommt wie die Nadel zuerst und zieht den Evangeliumsfaden nach, darum predigt die Sünde, die Rechtfertigung, das künftige Gericht. Erklärt oft solche Worte wie die des 51. Psalms. Zeigt, daß Gott Lust hat zu der Wahrheit, die im Verborgenen liegt, und daß die Reinigung durch das Opferblut unumgänglich nötig ist. Zielt auf das Herz; untersucht die Wunde; berührt die empfindlichen Stellen der Seele. Schont die Menschen nicht. Sie können erst geheilt werden, wenn sie verwundet, erst auferweckt, wenn sie erschlagen sind. Niemand zieht den Rock von Christi Gerechtigkeit an, ehe er seiner eigenen Feigenblätter entkleidet ist; niemand wäscht sich an der Gnadenquelle, ehe er seine Unreinheit erkannt hat. Darum, meine Brüder, predigt unaufhörlich das Gesetz, seine Forderungen, seine Drohungen und des Sünders Übertretungen.

Lehrt die Verderbtheit der menschlichen Natur. Zeigt den Menschen, daß die Sünde nicht ein Zufall, sondern der notwendige

Ausfluß der natürlichen Verderbtheit des Menschen ist. Dies ist freilich keine Modewahrheit. Man spricht lieber von der Würde des Menschen – vielleicht von seinem Fall, aber nicht ohne Not von seiner Verderbnis. Brüder, laßt euch durch diesen Wahn nicht betören, sonst könnt ihr nur auf wenige Bekehrungen hoffen. Den Leuten alles Gute verheißen und das Übel unserer Verderbnis abschwächen, ist nicht das Mittel, sie zu Jesus zu führen.

Aus der vorangehenden Unterweisung folgt die Notwendigkeit der göttlichen Einwirkung des Heiligen Geistes; denn eine große Not fordert ein göttliches Eingreifen. Man muß den Menschen sagen, daß sie tot sind und daß nur der Heilige Geist sie lebendig zu machen vermag; daß der Geist wirkt nach seinem Wohlgefallen und daß niemand seinen Besuch fordern oder seine Hilfe verdienen kann. Das scheint entmutigend, aber es schadet nichts; Menschen, die die Seligkeit auf dem falschen Wege suchen, muß man entmutigen. Wenn sie sich nichts mehr auf ihre eigene Kraft einbilden, bringt man sie umso leichter dazu, von sich selbst auf einen andern, auf den Herrn Jesus, zu sehen. Die Lehre von der Erwählung und andere große Wahrheiten, die verkündigen, daß die Seligkeit ganz aus Gnaden ist, nicht ein Recht des Geschöpfs, sondern die Gabe des allmächtigen Herrn, unterdrücken den Stolz im Menschen und bereiten ihn, die Gnade Gottes anzunehmen.

Wir müssen unsern Zuhörern die Gerechtigkeit Gottes und die Gewißheit, daß alles Böse bestraft wird, vorhalten. Ruft ihnen die Lehre von der Wiederkunft Christi ins Ohr, nicht als eine merkwürdige Prophezeihung, sondern als eine ernste Tatsache. Predigt den Herrn, wie er kommen wird, die Welt zu richten mit Gerechtigkeit, wie er die Völker vor seinen Richterstuhl ruft und sie scheidet, wie ein Hirte die Schafe von den Böcken scheidet. Paulus predigte von der Gerechtigkeit und der Keuschheit und dem künftigen Gericht, so daß Felix zitterte. Diese Wahrheiten sind auch jetzt noch kräftig. Wir nehmen dem Evangelium seine Kraft, wenn wir ihm seine Strafdrohungen nehmen. Die modernen Anschauungen über Vernichtung und Wiederbringung veranlassen vielleicht manche Pfarrer, nur matt von dem letzten Gericht und seinen Folgen zu predigen, so daß die Schrecken des Herrn wenig

Eindruck auf die Zuhörer machen. Dies wäre sehr zu bedauern, denn ein Hauptmittel, Bekehrungen zustande zu bringen, würde dann nicht angewandt.

Geliebte Brüder, von der großen, seelenrettenden Lehre von der Versöhnung müssen wir ein recht klares Zeugnis ablegen. Wir müssen ein wirklich stellvertretendes Opfer und die daraus folgende Vergebung der Sünden predigen. Nebelhafte Ansichten über das Versöhnungsblut sind im höchsten Grade schädlich; Seelen werden unnötig in der Knechtschaft gehalten, Fromme bringt man um die ruhige Glaubenszuversicht, weil man nicht klar verkündigt: »Gott hat den, der von keiner Sünde wußte, für uns zur Sünde gemacht, auf daß wir würden in ihm die Gerechtigkeit, die vor Gott gilt.« Wir müssen offen und unmißverständlich die Stellvertretung predigen, denn wenn irgendeine Wahrheit in der Schrift deutlich gelehrt ist, so ist es diese. »Die Strafe liegt auf ihm, auf daß wir Frieden hätten, und durch seine Wunden sind wir geheilt.« »Welcher unsere Sünden selbst hinaufgetragen hat an seinem Leibe auf das Holz.« Diese Wahrheit gibt dem Gewissen Ruhe, denn sie zeigt, daß Gott gerecht sein kann und doch »rechtfertigen den, der da ist des Glaubens an Jesum«. Dies ist das große Netz der Evangeliumsfischer. Die Fische werden durch andere Wahrheiten gelockt oder in die rechte Richtung getrieben, aber diese Wahrheit ist das Netz selbst.

Wenn die Menschen gerettet werden sollen, müssen wir in den deutlichsten Ausdrücken die Rechtfertigung durch den Glauben predigen, denn durch sie wird die Versöhnung zu einer persönlichen Erfahrung. Wenn wir durch das stellvertretende Werk Christ gerettet werden, so braucht's kein Verdienst auf unserer Seite. Wir haben nichts zu tun, als in kindlichem Glauben anzunehmen, was Christus für uns getan hat. Es ist köstlich, bei der großen Wahrheit zu verweilen: »Dieser Mann, nachdem er ein Opfer für die Sünde gebracht hat, das ewiglich gilt, ist gesessen zur Rechten Gottes.« O herrlicher Anblick! Christus sitzt am Ehrenplatz, weil sein Werk getan ist! Wohl mag die Seele in einem so ganz vollkommenen Werk ruhen.

Nicht alle zeugen klar von der Rechtfertigung. Ich hörte einmal

eine Predigt über »die mit Tränen säen, werden mit Freuden ernten.« Die Moral der Predigt kam darauf hinaus: Seid recht gut,
und wenn ihr auch deshalb leiden müßt, so wird euch doch Gott am
Ende belohnen. Der Prediger glaubte selbst an die Rechtfertigung,
ohne Zweifel, aber er predigte das Gegenteil. Zu Kindern spricht
man meistens auch nur von der Liebe zu Jesus und nicht vom
Glauben. Das macht einen schädlichen Eindruck auf kindliche
Gemüter und lenkt sie von dem wahren Friedensweg ab.

Predigt eifrig die Liebe Gottes in Christus Jesus; preist die über-
schwengliche Gnade Gottes, aber predigt immer zugleich die Gerechtigkeit. Preist nicht in der so beliebten Art einseitig die Liebe,
sondern faßt Liebe in der höheren, theologischen Bedeutung, nach
der sie wie in einem Ring alle göttlichen Eigenschaften in sich
schließt. Gott wäre nicht die Liebe, wenn er nicht alles Unheilige
haßte. Preist nicht eine Eigenschaft auf Kosten einer anderen. Die
grenzenlose Barmherzigkeit sei in schönem Einklang mit der
strengen Gerechtigkeit und der unbeschränkten Allgewalt. Gottes
Wesen soll den Sünder demütigen und ihm ehrfurchtsvolle Scheu
einflößen. Hütet euch, daß ihr unsern Herrn nicht falsch darstellt.

Alle diese Wahrheiten und einige andere, die zusammen das
evangelische Lehrsystem ausmachen, zielen darauf, die Menschen
zum Glauben zu führen; darum seien sie die Grundlage eurer Unterweisung.

Zweitens: Wenn es euch recht am Herzen liegt, Sünder zu retten, so müßt ihr nicht nur die geeigneten Wahrheiten predigen,
sondern ihr müßt sie auch in der richtigen Weise predigen. Erstens
müßt ihr recht viel durch Unterweisung wirken. Sünder werden
nicht in der Finsternis (der Unwissenheit), sondern aus der Finsternis errettet. Man muß sie den Heilsweg lehren. Manche erweckte Seelen würden Gottes Ratschluß zu ihrer Seligkeit gerne
annehmen, wenn sie ihn nur kennen würden. Wenn ihr sie unterweist, so wird Gott sie retten. Wenn der Heilige Geist euren Unterricht segnet, so werden sie ihre Sünde erkennen und zu Buße
und Glauben geführt. Ich halte nichts von der Predigt, die nur immer ruft: Glaube, glaube, glaube! Es ist recht und billig, daß wir
den armen Leuten sagen, was sie glauben sollen. Es muß Unter-

weisung da sein, sonst ist die Ermahnung zum Glauben lächerlich, und es kommt nichts dabei heraus.

Doch die Zahl der Menschen, die Verstandesgründe verlangen, ist klein im Vergleich zu der Zahl derer, bei denen man sich an das Herz wenden muß. Sie wollen Beweise nicht für den Verstand, sondern für das Herz. Man muß ihnen zusprechen wie eine Mutter, die ihren Sohn bittet, sie nicht zu betrüben, oder wie eine Schwester, die in den Bruder dringt, wieder heimzukommen und sich mit dem Vater auszusöhnen. Die Beweisführung muß zur Überredung werden durch die lebendige Macht der Liebe. Erst wenn die kalten Beweise durch die Liebe glühend gemacht werden, bekommen sie die rechte Kraft. Ein Geist kann eine ungeheure Macht über andre üben. Wenn leidenschaftlicher Eifer einen Mann fortreißt, so wird die Rede ein gewaltiger Strom, der alles vor sich hertreibt. Ein frommer und zugleich weitherziger, selbstverleugnender Mann hat große persönliche Macht; um seiner Persönlichkeit willen läßt man seinen Rat und Zuspruch gelten. Aber wenn er bittet und überredet, selbst mit Tränen, dann ist sein Einfluß wunderbar, und Gott der Heilige Geist nimmt ihn in seinen Dienst. Brüder, wir müssen bitten. Unser Bitten und Flehen muß sich mit unserer Unterweisung vereinigen. Wir müssen uns immer und immer an die Gewissen wenden und in die Menschen dringen, daß sie zu Jesus fliehen, damit wir etliche selig machen. Man tadelt manchmal Geistliche, daß sie beim Bitten und Ermahnen auch von sich sprechen. Aber hat Paulus das nicht auch getan? Zu einer Gemeinde, die dich liebt, darfst du wohl von deinem Schmerz über die noch Unbekehrten sprechen, darfst sagen, wie sehnlich du ihre Bekehrung wünschst, wie unaufhörlich du darum betest. Du darfst ihnen auch sagen, wie du Gottes Güte in Christus Jesus erfahren hast, und du darfst die Menschen bitten, zu kommen und dieselbe Erfahrung zu machen. Wir dürfen unsern Zuhörern nicht ein bloßer Begriff oder nur ein Beamter sein, wir müssen als Menschen von Fleisch und Blut mit ihnen reden, wenn wir wollen, daß sie sich bekehren. Wenn du dich selbst als ein lebendiges Beispiel dessen, was die Gnade gewirkt hat, anführen kannst, so ist dies ein sehr kräftiger Beweis, und du darfst ihn nicht aus Furcht, für eigenliebig zu gelten, unterdrücken.

Manchmal müssen wir auch mit einem andern Ton reden; nicht immer belehren, beweisen, überreden, sondern auch einmal drohen, Gottes Zorn über die Unbußfertigen verkündigen. Wir müssen den Vorhang lüften und sie in die Zukunft blicken lassen, ihnen ihre Gefahr zeigen und sie vor dem zukünftigen Zorn warnen. Dann aber müssen wir wieder einladen und den Erweckten die reichen Schätze unendlicher Gnade zeigen, die den Menschen umsonst geschenkt werden. In unseres Herrn Namen laden wir ein: »Wer da will, der nehme das Wasser des Lebens umsonst.« Freilich, ganz strenge Calvinisten sagen: Die Gottlosen kann man ermahnen und unterweisen, aber sie einzuladen, hat keinen Wert; sie sind tot in Sünden und können gar nicht kommen. Aber warum predigen wir ihnen dann überhaupt? Wenn wir sie nur zu dem ermahnen, was sie ohne Gottes Geist tun können, so sind wir bloße Moralprediger. Unsere Predigt wäre überhaupt vergeblich, wenn nicht die echte Predigt eine Glaubenstat wäre, zu der sich der Heilige Geist bekennt und durch die er geistliche Wunder wirkt. Wenn wir ganz allein stünden und kein göttliches Eingreifen erwarteten, so täten wir am besten, in den Schranken der Vernunft zu bleiben und die Menschen zu dem zu ermahnen, was sie auch von Natur schon tun können.

Meine Brüder, wenn wir Seelen retten wollen, müssen wir auch weise die richtige Zeit wählen, in der wir zu den Unbekehrten sprechen. Bringt nicht, wie es manche Pfarrer machen, die Mahnung an die Sünder regelmäßig am Ende der Predigt, wenn die Hörer müde sind. Wenn das Interesse geweckt ist und wenn sie keinen Angriff erwarten, dann schießt einen Pfeil gegen die Leichtfertigen ab, und er wird sie wirksamer treffen als ein ganzer Regen von Pfeilen zu einer Zeit, wo sie sich in ihre Waffenrüstung gehüllt haben. Die Überraschung ist ein vortreffliches Mittel, die Aufmerksamkeit rege zu machen und dem Gedächtnis ein Wort einzuprägen.

Laßt keine Predigt vorübergehen, ohne euch an die Gottlosen zu wenden, aber bestimmt auch Zeiten, in denen ihr sie beständig angreift; geht dann mit ganzer Seele in den Kampf; sucht augenblickliche Bekehrungen zustande zu bringen; bemüht euch, Vorurteile zu zerstören, Zweifel zu lösen, Einwendungen zu besiegen; treibt den Sünder aus all seinen Schlupfwinkeln. Veranlaßt die Glieder eurer Kirche zu besonderer Fürbitte und bittet sie, mit den Angeregten und den Gleichgültigen zu reden. Unsere Februarversammlungen im Tabernakel sind immer besonders gesegnet und fruchtbar. Der ganze Monat wird diesem Werk gewidmet. Der Winter ist gewöhnlich des Predigers Erntezeit, denn an den langen Abenden können die Leute gut zusammenkommen.

Nehmt euch bei jeder Predigt vor, ihre Wirkung müsse sein, daß die Zuhörer sich entweder dem Herrn unterwerfen oder daß sie keine Entschuldigung haben. Die Christen um euch her müssen sich nicht wundern, wenn Seelen gerettet werden; sie müssen an die unverminderte Kraft des Evangeliums glauben und sich vielmehr wundern, wenn die Predigt keinen Erfolg hat. Die Sünder dürfen nicht die Predigten gewohnheitsmäßig hören und mit der scharfen Waffe der Schriftwahrheit spielen. Sagt ihnen wieder und wieder, daß eine wahrhaft evangelische Predigt sie entweder besser oder schlimmer macht. Ihr Unglauben ist eine tägliche, stündliche Sünde; laßt sie nie aus eurer Predigt schließen, daß sie Mitleid verdienen, wenn sie fortwährend Gott zum Lügner machen, weil sie seinen Sohn verwerfen.

Ihr fühlt die Gefahr der Gottlosen; laßt ihnen keine Ruhe in ihren Sünden; klopft immer wieder an ihre Herzenstür; klopft, als gelte es das Leben. Eure Sorge, euren Eifer, eure Schmerzen um sie wird Gott zu ihrer Erweckung segnen. Gott wirkt mächtig durch solche Arbeit. Aber eure Angst um die Seelen muß echt, nicht erheuchelt sein, darum müßt ihr in inniger Gemeinschaft mit Gott leben. Matte Frömmigkeit gibt keine geistliche Kraft. Männer, die nicht recht im Herrn leben, können scharfe Predigten halten, aber es kommt nicht viel dabei heraus. In dem ganzen Wesen des Mannes, der beim Herrn gewesen ist, liegt etwas, das die Herzen mehr rührt als die glänzendste Beredsamkeit; merkt euch das, und wandelt stets mit dem Herrn. Ihr müßt viel Nachtarbeit im geheimen tun, wenn ihr viele verirrte Schafe heimbringen wollt. Die schlimmsten Teufel fahren nur aus durch Beten und Fasten. Laßt die Menschen von der Erwählung reden, was sie wollen: Gott segnet die Wirksamkeit des Predigers, der die richtige Herzensstellung hat, und ohne diese Stellung wird er keine großen Werke tun.

Neben der eifrigen Predigt müßt ihr noch andere Mittel gebrauchen. Seid zugänglich für die Suchenden, schafft Gelegenheiten, um in persönliche Berührung mit den Leuten zu kommen. Es ist traurig, daß manche Geistliche sich gar nicht darum bemühen, und wenn sie je mit einem Erweckten zusammenkommen, so hat dieser selbst den Mut gehabt, den Pfarrer aufzusuchen. Bestimmt von Anfang an Stunden, in denen ihr für Suchende zu sprechen seid. Oft können durch ein paar Worte Zweifel gehoben, Irrtümer berichtigt und der Druck vom Herzen genommen werden. Ich habe es erlebt, daß ein Mensch durch ein paar aufklärende Worte, die ebensogut viel früher hätten gesprochen werden können, von jahrelangem Jammer erlöst wurde. Sucht die verirrten Schafe eins nach dem andern, und wenn euch eines ganz in Anspruch nimmt, so unterzieht euch gern der Mühe. Der Herr zeigt uns den guten Hirten nicht, wie er die verlorene Schafe herdenweise nach Hause treibt, sondern wie er eins nach dem andern auf den Schultern heimträgt und sich darüber freut.

Haltet Versammlungen, die für Suchende berechnet sind, in denen auch für sie gebetet wird und Zeugnisse von Neubekehrten und andern ihnen Mut machen. Es bleibt eurer Weisheit überlassen, wann ihr es solchen, die zu Jesus gekommen sind, nahelegen wollt, ihren Glauben öffentlich zu bekennen. Doch dürft ihr sie nicht dazu überreden.

Es ist gut, wenn ihr die Leitung von Evangelisationsversammlungen manchmal einem andern Bruder übertragt; denn manche Fische gehen nicht in euer Netz, wohl aber in das eines andern. Eine neue Stimme dringt ein, wo die altgewohnte nicht mehr wirkt, und hilft auch die schon Aufmerksamen noch mehr fesseln. Ernste, geschickte Evangelisten können auch dem tüchtigsten Pfarrer helfen und pflücken manchmal Früchte, die er nicht erreichen kann. Jedenfalls ist es gut, um Einförmigkeit zu vermeiden, in den gewöhnlichen Gang des Gottesdienstes einige Abwechslung zu bringen. Laßt euch nicht durch Eifersucht daran hindern. Was schadet's, wenn eine andere Lampe die eure überstrahlt, sie leuchtet doch auch denen, deren Bestes ihr sucht. Sagt mit Mose: »Wollte Gott, alle Diener des Herrn wären Propheten!« Wer frei ist von selbstsüchtiger Eifersucht, findet auch keinen Anlaß dazu; seine Gemeinde sieht vielleicht, daß ihr Pfarrer nicht so begabt ist wie andere; aber sie ist überzeugt, daß kein anderer ihn an Liebe zu ihren Seelen übertrifft. Ein liebender Sohn braucht nicht zu glauben, sein Vater sei der gelehrteste Mann im Ort; er liebt den Vater um seiner selbst willen, nicht weil er besser ist als andere. Ruft hier und da einen warmherzigen Amtsbruder aus der Nachbarschaft, daß er sein Licht in der Kirche selbst leuchten lasse; sucht einen Prediger zu bekommen, der die Kunst, Seelen zu gewinnen, versteht; dann wird vielleicht mit Gottes Hilfe der harte Boden umgebrochen, und ihr werdet bessere Tage sehen.

Kurz, meine lieben Brüder, wendet jedes Mittel, wendet alle Mittel an, um Gott durch Bekehrungen zu preisen, und ruht nicht, bis eures Herzens Sehnen erfüllt ist.

BIOGRAPHISCHE NOTIZEN
über zitierte englische Theologen

Allein, Joseph, 1623–68, einer der ersten englischen Nonkonformisten, schrieb »The Alarm to the Unconverted«.

Baxter, Richard, 1615–91, Presbyterianer von milder unionistischer Richtung, als Pfarrer von Kidderminster in großem Segen, 1647 beim Parlamentsheer, schreibt eine Pastoraltheologie (The Reformed Pastor), die »Ewige Ruhe der Heiligen«, »Ruf an die Unbekehrten«, als Nonkonformist 18 Monate lang im Gefängnis.

Bunyan, John, 1628–88, »der große Träumer«, baptist. Laienprediger, Verfasser des in 84 Sprachen übersetzten und in zahllosen Auflagen verbreiteten »Pilgrims Progress« oder »Wallfahrt des Christen nach der himmlischen Stadt«.

Cecil, Richard, 1748–1810, einer der Gründer der »evangelischen Partei« in der englischen Kirche sowie der Eclectic Society, aus welcher 1799 die englisch-kirchliche Missions-Gesellschaft hervorging, großer Prediger.

Chalmers, Thomas, 1780–1847, einer der Väter der schottischen Freikirche und der Evangelischen Allianz, höchst origineller und anziehender Prediger, Calvinist.

Gurnall, William, 1616–97, Pfarrer von Lavenham in Suffolk, Verfasser von »Der Christ in voller Waffenrüstung oder der Krieg der Heiligen mit dem Teufel« 1655.

Hall, Robert, 1764–1831, baptist. Prediger in Cambridge, zuletzt in Bristol, erträgt jahrelang die schwersten körperlichen und seelischen Leiden mit christlichem Heldenmut; ein Meister des Stils; seine Predigten tief und schön, ebenso ernst wie warm. Seine Werke 1832 in 6 Bänden, dazu 1843 noch 50 Predigten erschienen.

Hamilton, James, 1814–67, presbyt. Prediger, seit 1841 in London; schrieb »Das Leben im Ernst«, »Der Ölberg«, »Der verlorene Sohn« u. a.

Hill, Rowland, 1744–1833, methodist. Reiseprediger, aber zugleich anglikanischer Diakon, ungemein packend, witzig, kühn und originell, schrieb »Village Dialogues«, 1801, voll Menschen-kenntnis und praktischer Weisheit.

Mac Cheyne, Robert Murray, 1813–43, presbyt. Prediger in Dundee, bereist 1838 Palästina. Seine »Memoirs and Remains«, in über 100 Auflagen verbreitet, gehören zu den Klassikern der eng-lischen Erbauungsliteratur.   /

Martyn, Henry, 1781–1812, hochbegabter, gelehrter und frommer Theologe in Cambridge, seit 1806 anglikanischer Kaplan in Nordindien, zugleich als Missionar wirkend, seit 1811 in Persi-en, übersetzt das Neue Testament ins Hindostani und Persische. Seine Biographie, eine Art Heiligenbild, sehr viel gelesen.

Summerfield, John, 1798–1825, der »seraphgleiche« Prediger der amerikanisch-bischöflichen Methodisten, immer leidend, als ein Sterbender für Sterbende predigend.

Watson, Richard, 1787–1833, wesleyanischer Prediger, seit 1816 in London, schrieb eine Glaubens- und Sittenlehre, ein Bibl. und Theol. Wörterbuch; ein milder, edler Geist.

Whitefield, Georg, 1714–70, neben Wesley größter methodisti-scher Prediger, aber im Gegensatz zu diesem Calvinist, siebenmal in Nordamerika, bereist England, Schottland und Irland, zuletzt Kaplan der Gräfin Huntingdon.